FUNDAMENTALS OF ACCOUNTING

会計学基礎論

| 第七版 |

神戸大学会計学研究室 編

同文舘出版

執筆者紹介 （執筆順）

北川　教央（神戸大学教授）　　　第 1 章

北川　教央　　　　　　　　　　　第 2 章

清水　泰洋（神戸大学教授）　　　第 3 章

髙田　知実（神戸大学教授）　　　第 4 章

安間　陽加（神戸大学准教授）　　第 5 章

與三野禎倫（神戸大学准教授）　　第 6 章

三矢　　裕（神戸大学教授）　　　第 7 章

松尾　貴巳（神戸大学教授）　　　第 7 章

佐久間智広（神戸大学准教授）　　第 7 章

音川　和久（神戸大学教授）　　　第 8 章

國部　克彦（神戸大学教授）　　　第 9 章

堀口　真司（神戸大学教授）　　　第 9 章

梶原　武久（神戸大学教授）　　　第 10 章

序　文

　本書は，昭和60年に初版を刊行した『会計学基礎論』の第七版にあたる。

　初版が刊行された当時，神戸大学を含む多くの大学では，会計学の基礎を初学者に教示するための学科目として「簿記」をあてることが多かった。しかしながら，「簿記」は会計に特有の計算的枠組みを教示するものとして重要ではあるが，それ自体かなり技術的な性格を有し，また，「簿記」をよりよく理解するためにはそれ相応の会計学の知識を必要とするなど，まったくの初学者に対する入門的学科目として必ずしも適当といえない側面があった。そこで，当時の神戸大学経営学部では，多岐にわたる会計学の全般的かつ基礎的知識を提供するための低年次開講科目として「会計学基礎論」を設け，初学者向けの講義を行うこととした。本書は，このような会計学の初学者向け講義のためのテキストとして誕生したのである。

　幸いにも，本書は，神戸大学のみならず他大学でもテキストとして採用され版を重ねることができた。これまで重版する都度，法令の改正等に対応させるべく絶えず改訂を加えてきたが，今般も四半期報告書の廃止などの制度改正を受け，現行文面を見直し内容のアップデートをはかった。

　もっとも，「第七版」の刊行目的も，従来の版と同様であり，あくまでも大学において会計学を初めて学ぼうとする人たちのために，会計学の全般的かつ基礎的内容をできるだけ平易に解説することにある。

　本書は，大きく10の章から構成されている。

　第1章「会計の意義と役割」では，企業会計の仕組みと会計情報の企業内外の利用者への役立ち，および，会計学を構成する諸領域について説明している。

　第2章「会計の基礎」では，企業活動が貸借対照表と損益計算書に写し出されるまでの過程を支える会計の諸原則について説明を加えている。

　第3章「簿記の仕組み」では，会計の計算構造を支える複式簿記の基本原理を学習できるように，取引の認識から決算に至るまでの手続を解説している。

(2) 「第七版」への序文

　第4章「商品売買の会計」では，企業会計の中心的課題である期間損益計算にかかわる諸原則について，商品売買という一般的事例を通じて説明している。

　第5章「資産の会計」と第6章「負債・資本の会計」では，貸借対照表に掲記される資産・負債・資本に関して，その意義と分類，そして，それらが期間損益計算という枠組みの中でどのように処理されるかについて解説している。

　第7章「原価の計算」では，原価計算を取り上げ，その意義と目的，原価の諸概念と原価要素の種類，原価計算の方法と形態等について解説している。

　第8章「財務諸表の公開」では，個別企業の財務報告や企業集団の財務報告に加えて，監査報告書についても説明を加えている。

　第9章「財務諸表の利用」では，財務諸表の分析を通じて企業の実態をいかに把握するかということに焦点をあて，種々の分析手法について解説している。

　最後の第10章「マネジメントへの役立ち」では，会計情報が企業内部でどのように利用されるかについて，業績管理や意思決定等の側面から解説を加えている。

　以上の内容から構成される本書は，経営学部や商学部のみならず，経済学部や法学部等において，これから会計学の基礎を学習しようとする人たちにとって，会計学の基礎的かつ全般的知識を十分に提供するものと確信している。

　本書が多くの人たちに利用され，それによって会計学への関心がいっそう高まるのであれば，編集・執筆にあたった者として，これ以上の喜びはない。

　最後になるが，「第七版」の刊行にあたりお世話になった同文舘出版株式会社 青柳裕之氏に対して心よりお礼を申し上げる次第である。

　2025年1月吉日

神戸大学会計学研究室

目　　次

第1章　会計の意義と役割————————————————————— 3

§1　会計の仕組み ………………………………………………… 3
　　1　企業と会計 …………………………………………………… 3
　　2　測　　定 ……………………………………………………… 4
　　3　伝　　達 ……………………………………………………… 6

§2　会計の役立ち ………………………………………………… 7
　　1　符号器と復号器 ……………………………………………… 7
　　2　企業外部の情報利用者 ……………………………………… 9
　　3　企業内部の情報利用者 ………………………………………10

§3　会計学の諸領域 ………………………………………………11
　　1　会計の全体像 …………………………………………………11
　　2　原価計算 ………………………………………………………12
　　3　監　　査 ………………………………………………………12
　　4　税務会計 ………………………………………………………13
　　5　国際会計 ………………………………………………………13

§4　プロフェッショナルへの道 …………………………………14

第2章　会計の基礎————————————————— 17

§1　企業活動とその測定 …………………………………………17
§2　貸借対照表………………………………………………………21
　　1　流動項目と固定項目 …………………………………………21
　　2　流動資産型企業と固定資産型企業 …………………………23
§3　損益計算書………………………………………………………24

(4)　目　　次

　　　1　企業活動と収益・費用 ……………………………………25
　　　2　高利益率型企業と薄利多売型企業 ……………………26
　§4　会計の基礎構造 ……………………………………………27
　　　1　会計公準 ………………………………………………28
　　　2　会計基準 ………………………………………………31

第3章　簿記の仕組み ————————————————39

　§1　簿記の意義………………………………………………39
　　　1　企業活動と簿記 ………………………………………39
　　　2　複式簿記の要件 ………………………………………40
　　　3　簿記と会計 ……………………………………………42
　　　4　簿記の歴史 ……………………………………………43
　§2　簿記の目的………………………………………………44
　　　1　簿記と期間損益計算 …………………………………44
　　　2　企業資本の運動と二つの損益計算方法 ……………46
　§3　記帳原則 …………………………………………………48
　　　1　取引の意義 ……………………………………………48
　　　2　取引の分析 ……………………………………………50
　　　3　勘定と元帳 ……………………………………………57
　　　4　記帳原則 ………………………………………………58
　§4　損益計算の仕組み ………………………………………62
　　　1　取引の類型 ……………………………………………62
　　　2　収益・費用勘定の設定 ………………………………64
　　　3　二つの損益計算方法の例示 …………………………66
　§5　仕訳帳と元帳 ……………………………………………68
　　　1　複式簿記と二面的記帳 ………………………………68
　　　2　仕訳帳と仕訳記入の方法 ……………………………68
　　　3　元帳と転記の方法 ……………………………………73

目　　次　(5)

§6　試算表の作成 ……………………………………78
　　1　合計試算表と元帳記入の検証 …………………78
　　2　残高試算表と財務諸表の誘導 …………………80
§7　損益の計算と決算手続 ……………………………83
　　1　決算の意義 ………………………………………83
　　2　損益勘定の設定 …………………………………85
　　3　純損益の振替 ……………………………………87
　　4　決算残高勘定の設定 ……………………………88
　　5　財務諸表の誘導と 6 桁精算表の作成 …………91
　　6　開始記入 …………………………………………93
　　7　大陸式決算手続と英米式決算手続 ……………95
§8　商品売買の処理 ……………………………………98
　　1　分記法と総記法 …………………………………98
　　2　商品勘定の分割 ……………………………… 103
§9　決算整理と 8 桁精算表 ……………………… 106
　　1　現金主義と発生主義 ………………………… 106
　　2　決算整理の事例 ……………………………… 108
　　3　棚卸表と 8 桁精算表の作成………………… 113
　　4　簿記手続の一巡 ……………………………… 115

第4章　商品売買の会計 ——————————— 123
§1　売上高の認識・測定：実現原則 ………………… 123
　　1　収益とは ……………………………………… 123
　　2　実現原則 ……………………………………… 124
　　3　売上高の計上 ………………………………… 126
§2　売上原価の認識・測定：発生原則 ……………… 129
　　1　費用とは ……………………………………… 129
　　2　売上原価の計上 ……………………………… 130

§3　損益計算の構造：対応原則 ……………………………………… 137

　　1　期間損益計算と対応原則 …………………………………… 137

　　2　期間損益計算の性格 ………………………………………… 140

§4　収益認識に関する会計基準について ………………………… 141

第5章　資産の会計───────────────── 145

§1　資産の意義…………………………………………………… 145

§2　流動資産 ……………………………………………………… 146

　　1　当座資産 ……………………………………………………… 146

　　2　その他の流動資産 …………………………………………… 151

§3　固定資産 ……………………………………………………… 151

　　1　有形固定資産 ………………………………………………… 151

　　2　無形固定資産 ………………………………………………… 155

　　3　投資その他の資産 …………………………………………… 156

§4　繰延資産 ……………………………………………………… 157

　　1　繰延資産の意義 ……………………………………………… 157

　　2　繰延資産の内容 ……………………………………………… 158

　　3　繰延資産の償却 ……………………………………………… 158

　　4　のれんおよび繰延資産に関する配当等の制限 ……………… 159

第6章　負債・資本の会計──────────────── 163

§1　負債・資本の定義 …………………………………………… 163

§2　負　　債……………………………………………………… 164

　　1　流動負債 ……………………………………………………… 164

　　2　固定負債 ……………………………………………………… 165

　　3　引　当　金 …………………………………………………… 166

§3　資　　本……………………………………………………… 168

　　1　払込資本 ……………………………………………………… 168

目　　次　(7)

　　2　自己株式 ……………………………………………… 169

　　3　留保利益 ……………………………………………… 169

　　4　剰　余　金 …………………………………………… 170

　　5　純資産の部と株主資本等変動計算書 ……………… 172

第7章　原価の計算―――――――――――――――― 175

§1　原価計算の意義と目的 ……………………………… 175

　　1　原価とは ……………………………………………… 175

　　2　原価計算の目的 ……………………………………… 177

§2　原価の諸概念 …………………………………………… 179

　　1　実際原価 ……………………………………………… 179

　　2　予定原価・標準原価 ………………………………… 179

　　3　製品原価と期間原価 ………………………………… 180

　　4　全部原価と部分原価 ………………………………… 181

§3　原価計算制度と原価計算基準 ……………………… 181

　　1　原価計算制度 ………………………………………… 181

　　2　原価計算基準の意義 ………………………………… 183

§4　原価要素の種類と原価計算の計算段階 ………… 184

　　1　原価要素の形態別分類 ……………………………… 184

　　2　製造直接費と製造間接費 …………………………… 185

　　3　原価計算の方法と計算段階 ………………………… 186

§5　原価計算と工業簿記 ………………………………… 187

　　1　工業簿記の特色 ……………………………………… 187

　　2　原価計算と工業簿記の関係 ………………………… 188

§6　原価計算の形態 ……………………………………… 191

　　1　総合原価計算の体系 ………………………………… 192

　　2　個別原価計算の形態 ………………………………… 193

(8) 目 次

§7 総合原価計算の方法 ……………………………………… 193

  1 単純総合原価計算における費目別原価計算 ……………… 194

  2 単純総合原価計算における製品別原価計算 ……………… 195

  3 平均法による期末仕掛品の評価 ………………………… 196

  4 組別総合原価計算の方法 ………………………………… 197

§8 個別原価計算の方法 ……………………………………… 199

第8章 財務諸表の公開 ——————————— 203

§1 財務諸表の作成方法 ……………………………………… 203

  1 主要な財務諸表 …………………………………………… 203

  2 損益計算書の作成 ………………………………………… 204

  3 貸借対照表の作成 ………………………………………… 207

§2 個別企業の財務報告 ……………………………………… 211

  1 会社法の計算書類 ………………………………………… 211

  2 金融商品取引法の財務諸表 ……………………………… 213

§3 企業集団の財務報告 ……………………………………… 216

  1 連結財務諸表の意義と開示 ……………………………… 216

  2 連結の範囲 ………………………………………………… 217

  3 連結財務諸表の作成 ……………………………………… 219

§4 期中の財務報告 …………………………………………… 220

  1 期中財務諸表の意義と開示 ……………………………… 220

  2 期中財務諸表の性質 ……………………………………… 221

§5 監査報告書 ………………………………………………… 222

第9章 財務諸表の利用 ——————————— 225

§1 財務諸表分析の体系 ……………………………………… 225

§2 収益性分析 ………………………………………………… 227

  1 資本利益率 ………………………………………………… 227

2　資本利益率指標の分解——売上高利益率と資本回転率 ……… 229

　　3　収益性分析の実際 ……………………………………………… 231

　　4　趨勢分析 ………………………………………………………… 234

§3　安全性分析……………………………………………………… 235

　　1　短期的な支払い能力の分析 …………………………………… 235

　　2　長期的な資本構成に関する比率 ……………………………… 237

　　3　安全性分析の実際 ……………………………………………… 238

§4　損益分岐点分析 ………………………………………………… 240

§5　生産性分析と社会性分析……………………………………… 243

第10章　マネジメントへの役立ち……………………………… 247

§1　会計情報とマネジメント管理会計の意義 ………………… 247

　　1　管理会計情報と財務会計情報 ………………………………… 247

　　2　管理会計固有機能の認識 ……………………………………… 248

　　3　管理会計の発展 ………………………………………………… 249

　　4　管理会計の全体像 ……………………………………………… 250

§2　業績管理の会計 ………………………………………………… 252

　　1　業績管理会計システムの設計 ………………………………… 252

　　2　業績管理の三つの機能 ………………………………………… 253

　　3　集権組織と分権組織 …………………………………………… 253

　　4　機械的組織と有機的組織 ……………………………………… 254

　　5　職能別組織と事業部制組織 …………………………………… 255

　　6　分権的組織における業績管理——事業部制業績管理会計 … 256

　　7　戦略の実施化および戦略促進に対する業績管理会計の意義 … 257

§3　意思決定支援の会計 …………………………………………… 259

　　1　個別支援と総合支援 …………………………………………… 259

　　2　各種の原価・収益概念 ………………………………………… 260

　　3　利益管理システムと意思決定支援のための会計 …………… 263

(10)　目　　次

§4　原価の管理··267

　1　原価の管理と業績管理 ·····························267

　2　環境の変化が標準原価計算に及ぼす影響 ·······268

　3　物量管理の台頭 ····································270

　4　原価企画の役立ち ·································270

　5　原価企画の逆機能 ·································273

§5　設備投資計画と意思決定支援 ·····················274

　1　設備投資計画の評価方法 ·························274

　2　意思決定とその支援 ······························277

資　　料··285

【トーカロ株式会社　2024年3月決算期】

財務諸表等（有価証券報告書から抜粋）

　貸借対照表・損益計算書・株主資本等変動計算書・注記事項

索　　引··295

会計学基礎論

〔第七版〕

第1章 会計の意義と役割

§1 会計の仕組み

1 企業と会計

　現代の企業は多種多様な利害関係者のなかで**経済活動**を行っている。[図1-1]は，製造業を例にして企業が経済活動を行っている環境を示している。

図 1-1 企業環境

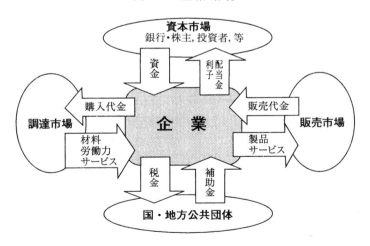

　製造業では，「調達─生産─販売」が中心となる経済活動であるが，それに付随する活動も経済活動に含まれる。たとえば，調達市場において従業員を雇

4　第1章　会計の意義と役割

用する。資本市場で資金を提供してくれた株主に配当を支払う。販売市場で商品の宣伝をする。将来の生産活動につながる研究開発を行う。国家や地方公共団体に税金を支払う。これらはすべて企業が行っている経済活動であり，その結果，企業の**経営成績**と**財政状態**が決定される。

このような経済活動のみでなく，企業をとりまく環境に生起する多くの**経済事象**も企業の経営成績と財政状態に影響している。たとえば，調達市場において生ずる原材料や購入部品の価格変動，販売市場での顧客の嗜好の変化，税制・税率の変更，借入金利の低下や上昇等，これらの経済事象もすべて企業の経営成績と財政状態に影響を及ぼすことになる。

会計は，このような経済活動・経済事象の結果を主として貨幣額で測定し，伝達する行為で，［図1−2］はそれを示している。

図 1−2　会計の構成図

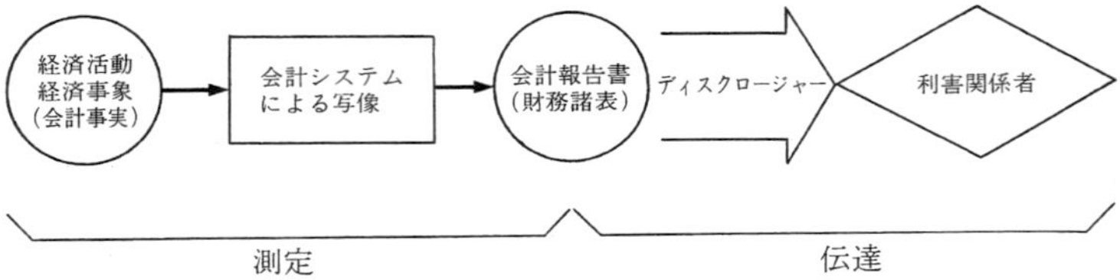

会計は**測定**と**伝達**という二つの部分から成っている。様々な経済活動・経済事象のうち会計システムにインプットされるものを会計事実という。会計システムの中ではインプットされた経済活動・経済事象が貨幣額による数値に写像（mapping）される。こうした行為を会計では測定とよぶ。測定の結果は報告書の形で利用者に提供されることとなる。こうした行為を会計では伝達とよぶ。

2　測　　定

会計システムのなかで行われている**写像**（mapping）とは，
(1)　経済活動・経済事象のなかから会計事実を識別するプロセス
(2)　ある一定のルールに基づいて会計事実へ数値を割り当てるプロセス
から成っている。これらは，写像という言葉どおり地図の作成と極めて類似し

た行為である。

　地球は表面が起伏に富んだ巨大な3次元の物体である。地図はそれを滑らかで小さな2次元の図形で表現しようとするものである。したがって，どのような表現方法を採用しても，実体についての多くの情報が失われることになる。たとえば，識別したいこととして「二地点間の正確な距離」が選ばれたとする。しかし，どんな二地点間の距離も地図上の線分の長さに縮尺倍率を乗ずることで得られるように割り当てられた世界地図は存在しない。メルカトル図法，モルワイデ図法，正積方位図法，等の図法は，その地図の利用者を特定化し，その利用者が重視する部分に関しては出来る限り歪みのない正確な値が提供されるような図法でしかない。メルカトル図法は等角航路を正確に表現することを目的としたため，最短距離や面積に関する情報を知ることはできない。地図上でオーストラリアがグリーンランドより小さく表現されてしまうことは，メルカトル図法の欠点としてよく知られている。

　企業の経済活動・経済事象を写像しようとする会計も同じである。ひとつの真実な値を提供できる写像は存在していない。1年で何十万，何百万となる経済活動・経済事象を数枚の報告書に要約しようとすれば，かなりの情報が失われてしまう。次のような事例を取り上げてみる。

　　希望小売単価1,000円の商品を原価600円で50万個仕入れ，1年間に売価900円で5万個だけしか販売できず，45万個が在庫として残った。また，その時点で複数の他社の平均的な売価は800円であった。新たに仕入れるとすれば原価は650円に上昇しており，廃棄処分すれば100円にしかならない。一方，一般物価指数は仕入時点を100とすれば105に上昇していた。

　会計はこのような経済活動・経済事象をどのように写像するのか。

　写像は，作成される数値（**会計情報**という）の利用目的に適合するような形で行われる。［図1-1］に示された利害関係者の利用目的（情報要求）はそれぞれ異なっている。株主の情報要求，債権者の情報要求，経営者の情報要求は異なっている。それぞれの情報要求に応じた形の写像が望まれる。もし，企業

6　第1章　会計の意義と役割

が実際に経験した事実のみを知りたいという利害関係者の情報要求を満たそう
とすれば，600円で50万個の商品を仕入れたという経済活動と900円でその
うちの5万個が販売されたという経済活動のみを会計事実としてとらえる写像
が選択されるかもしれない。もし，経営者であれば，販売された5万個を各月
毎の売上に細分化し，販売個数の変化を時間の推移とともにとらえた情報を必
要とするかもしれない。初期に販売が集中していれば，顧客の嗜好の変化でそ
の商品の需要は低下しており，原価600円という情報は経営者にとって有用で
はないかもしれない。

　地図と同様に，会計における写像も一つの真実な値に写しとることは不可能
である。たった一つの経済活動でさえ，多面的かつ確率的な性質をもっている
からである。会計学はこうした写像の中身を研究の対象としている。その歴史
は測定の進歩を表している。

3　伝　　　達

　写像の結果は利害関係者（利用者）に伝達される。それが企業の内部者であ
るような研究領域を**管理会計**（management accounting），それが外部者である
ような研究領域を**財務会計**（financial accounting）という。

　企業内部の利用者としては，様々な階層の経営管理者がいる。管理者が必要
とする情報は階層によって異なっている。それぞれの利用目的に応じた会計情
報が利用者の最も望ましいと考える様式で，しかも必要とされる時点で報告さ
れる。

　外部の利用者としては［図1—1］に示したように，株主，投資者，銀行，
政府機関，仕入先等，多くのグループが存在している。図には含まれていない
が，地域住民，従業員も利用者として含める場合もある。企業が経済活動等の
結果を外部者に伝達することを**ディスクロージャー**といい，こうした制度全般
を**ディスクロージャー制度**または**企業内容開示制度**とよんでいる。会計学にお
いて伝達とは，作成された会計情報を利害関係者の利用可能な状態にすること
を指している。こうした外部の利用者への伝達には法律の規制が働いている。

その法律とは，金融商品取引法，会社法，税法である。それぞれ法の目的が異なっているため，それらの法律に基づいて作成される情報は異なっている。法で定められた財務諸表により定期的な伝達が行われる。他の利用者はそれを自己のために用いることになる。

§2　会計の役立ち

1　符号器と復号器

会計システムへのインプットとして選択された会計事実は，数値へと変換される。利用者は数値自体に関心があるのではなく，それが写像している実体についての正確な情報を取りだそうとしている。

図1-3　符号化と復号化

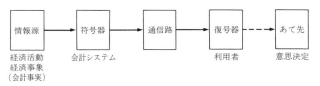

こうした関係は符号化と復号化という簡単なモデルで表現される。[図1-3]はその例である。情報源は経済活動・経済事象であり，符号器は会計システムであり，復号器は利用者である。したがって，復号器の側で符号器について不明な点があれば，復号は完全に行われず，情報源に関する正確な情報は得られない。

前節の地図の例を参考として取り上げてみることにする。神戸港からアメリカ合衆国のサンフランシスコに向かう船が太平洋上でしなければならないことは，船首を目的地に向けておくことである。人工衛星が打ち上げられていない時代に外洋上で知りうる情報は，曇っていれば羅針盤からの北と南の方角のみである。その時点でさらに必要な情報は，目的地に向かうためには北の方角に向って船首を何度の角度で保っておけばよいか，という情報である。この数値

8　第1章　会計の意義と役割

を提供してくれるのがメルカトル図法による地図である。そこでは航海者が出発地点と到着地点の二点間に直線を引けば，目的地に到達する間に取らなければならない進路が即座に決定される。これはメルカトルが，当時の情報利用者，つまり航海者の情報要求を満たそうとして，そうすれば必要な情報が得られるように作成した地図だからである。

　その犠牲として，この図法はそれ以外にはほとんど正確な情報を提供することができない。だからといって航海者が等積図法のモルワイデ図法の地図を用いて何かを測定したとしても，ほとんど何も目的を達成できないのである。逆に，作成目的を知らないでメルカトル図法の地図をみて，グリーンランドがオーストラリアよりも大きいと判断すれば，それは誤った判断となる。この場合，復号が不完全にしか行われていない。

　地図で神戸とサンフランシスコの間に直線を引き，実際に測ってみると経線との角度は88度前後になる。つまり，何も見えない外洋でも羅針盤で常に船の角度を真北からそれだけ東に向けておけば，それはその時点での正確な意思決定となるのである。復号は正確に行われ，実体についての正確な情報が入手される。これ以外の方法で，地球儀上の二つの直線が為す角度を正確に測定しようとすれば，かなり複雑な計算が必要となる。

　実体である地球上の地点との関係でとらえると，その直線は地球上での対応点を船が航行して行くことを表しているのではない。あくまでも，経線に対する角度を計算するために引かれたものにすぎない。会計学もこれと同じである。たとえば購入時の価格がつけられた土地の価格を，売却が可能な価格として利用者が解釈すれば，その復号は正確に行われてはいない。正確な復号が行われなければ，その会計情報は役に立たない。

　船の航行には風と潮流の影響が伴うので実際にはこれほど単純ではない。これも会計で同様に当てはまる。たとえば，現在の経済で恒常的に生じている物価変動は，ノイズであるだけでなく，それ自体が企業に影響を与える経済事象として会計システムへのインプットにもなりうる。

2 企業外部の情報利用者

　企業外部の利用者に対して会計情報が果たしている役割としては，**利害調整機能**と**情報提供機能**の二つがある。前者は所有と経営が分離して以後，現在にいたるまで常に認識されてきた役割であるが，後者は［図1—1］のように多くの利害関係集団のなかで企業の経済活動が位置づけられてから主張され始めた役割である。

　会計発展の初期においては，資金提供者（株主）と資金の管理・運用を委託された受託者（経営者）の間に生ずる利害を調整することに会計報告は用いられていた。資金提供者は受託者の管理・運用の誠実性に関する情報を必要としており，それを満たすために受託者から一定期間毎に資金の管理・運用状況を報告させたのである。報告によって受託者の受託責任の解除が行われた。

　現代では企業の利害関係集団も多様化し，会計情報の果たす役割も変化している。利害調整機能だけをみた場合でも，従来の株主と経営者の間の利害調整に加えて，会計情報は株主と債権者の間の利害調整機能も果たしている。株主と債権者は同じような資金提供者でありながら，その権利と責任において大きな差があり，利害が対立している。株主総会での議決権の有無，そこでの配当額決定への参加，出資額を限度とした有限責任，等の株主に有利な状況は，配当制限と会計報告を行うことで利害調整が図られている。

　近年の資本市場の発達は，株主を現在株主と潜在株主，つまり既に資金を投資した集団と資金をもち投資対象を選択している集団に分けたし，社債・転換社債・ワラント債の出現により債権者の層は多様化し，自己の資金の運用・保全方法を従来より柔軟な形で行いうるようになった。こうした株主と債権者の変化は，出資金・元金の安全と配当・利子の確保のために必要とした情報から，将来にヨリ多くの資金を回収するための投資意思決定情報へと，会計情報に対する需要を変化・拡大させた。［図1—4］は，企業の決算数字が新聞で報道される日に，株価が大きく変化することを明らかにしたものであるが，これは会計情報が株式投資の意思決定で現実に利用されていることの証拠である。

図 1–4　会計情報の役立ち

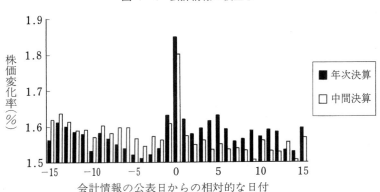

(出所)　後藤雅敏「経営者が公表する予測情報の有用性に関する実証研究」会計 (1993年8月)。

　このほか政府等の諸機関は，適切な税金の徴収，補助金の交付，公益企業の料金の設定や交通運賃の認可，等で企業に関する情報を必要としている。また仕入先や顧客は取引条件や支払能力に関する意思決定のため企業情報を必要としている。さらに，地域住民が環境問題との関連で企業の情報を求めることもある。こうした多くの集団が適切に意思決定をするための情報の提供に会計報告の役割が要求されるようになってきた。

3　企業内部の情報利用者

　企業の組織はいくつかの階層から形成されている。階層の種類はそれぞれの企業ごとに異なっているが，経営管理者を階層で分ければトップ・マネジメントと現場に近い監督者は必ずどんな組織にも存在している。彼らはそれぞれ異なった内容の意思決定を要求され，それぞれがそれに役立つような情報を必要とする。

　企業のトップ・マネジメントが要求される意思決定として，組織全体の目標や長期計画の設定がある。長期計画は巨額の設備投資のような意思決定に関係している。そこでは，複数の投資計画案の比較検討が行われる。個々の投資計

第1章　会計の意義と役割　11

画から予測されるキャッシュ・フローに基づいて，代替案の選択がなされる。選択時に行われる計算では，投資から得られる将来のキャッシュ・フロー，資本コスト等のデータが必要となる。これらの情報は会計システムからのアウトプットとして得ることができる。

　逆に，現場に近い管理者は短期間の計画に関する意思決定が必要となる。たとえば，原価発生額の管理は部門単位，工程単位で行われ，実際消費額と標準消費額が比較され，差異を業績評価あるいは次期以降の管理のための情報として使用する。こうした情報は短期間（1カ月あるいは10日間，1週間，1日）の結果として要求される。このような情報も会計システムからのアウトプットである。

　このように企業内部の情報利用者についても，各階層の管理者で利用する情報が異なっている。会計システムはそのすべての情報要求を満たすべく設計され利用される。

§3　会計学の諸領域

1　会計の全体像

　§1で会計学の諸領域として，財務会計と管理会計の二つの領域があることを述べた。これは報告対象者が企業の外部者か内部者かで会計学の全体領域を分類したものであった。それぞれの領域はさらに専門の領域へと細分化することができる。それら個々の領域に関する簡単な紹介を本節で行うが，会計における測定の土台を提供している複式簿記に関しては第3章で，制度上の規定やその理論的な根拠に関しては第4章以降で，また管理会計に関しては第10章で述べられる。本節では，原価計算，監査，税務会計，国際会計の4領域を紹介する。

12　第1章　会計の意義と役割

2　原 価 計 算

　製造業に属する企業は，［図1−1］に示されているように外部から調達した材料，労働力，その他諸用役を用いて製品を生産・販売し，財貨を稼得する活動を行っている。その際，原価の低減を促進したり製品の販売価格を決定するために必要な情報を生み出す方法として**原価計算**は誕生している。企業経営を継続させるためには，正確な原価計算が要求される。こうした初期の目的から現在では，それをも含めてより広い観点から企業内部の経営管理者の各階層に対して，原価管理に必要な情報を提供することを目的として，位置づけられるようになってきている。

　原価計算が管理会計と密接に結び付くのは明らかであるが，財務会計とも財務諸表の記載事項との関係で結び付いている。財務諸表を作成するためには，原価計算から得られる仕掛品，半製品，完成品の製造原価データが必要である。これらのデータは貸借対照表では棚卸資産の値と関係している。また，損益計算書では売上原価の数値につながり，正確な計算がなされないのであれば，その企業の中心となる業務から得られた利益，売上総利益が正しく計算されない。

　原価計算の適用形態は，当然に業種，経営規模その他当該企業の個々の条件に応じて変わる。製造形態は多種多様であり，それぞれの製造形態に適合した計算方法が採用される。たとえば，化学系のプラスティックを製造する企業と家庭電化製品を組み立てる企業とは生産工程が全く異なっており，原価計算の方法も異なってくる。

3　監　　　査

　監査は会計情報の信頼性を保証する役割を果たしている。独立した第三者により，財務諸表上の数値の信頼性を保証することによって，情報の利用者を保護している。これまでに発覚した種々の粉飾決算は，監査の重要性を物語っている。

監査は一般に外部監査と内部監査に分かれる。**外部監査**はさらに公認会計士による監査と監査役による監査に分かれる。**公認会計士監査**は企業外の独立した第三者，つまり公認会計士または監査法人によって行われる。金融商品取引法は，証券市場で資本調達を行う企業が提出する財務諸表に，こうした第三者による監査証明を付することを要求している。また，会社法も資本金5億円以上または負債の総額が200億円以上の場合には，株主総会に提出する計算書類が公認会計士による監査を受けたものであることを特例により要求している。**監査役監査**は企業の監査役によって行われる。会計監査と業務監査を行うが，公認会計士の監査を受けている場合は会計監査はそれに依存する。**内部監査**は経営管理の一環として企業内部の部課が担当するもので，社内の規定が遵守されているか，業務が指示どおり実行されているか，等を検査する。また，その監査結果は外部監査にも利用される。内部監査は法律の適用を受けるものではなく，企業が社内管理のために自発的に行う監査である。

4　税　務　会　計

企業は経済活動の結果として稼得した利益から種々の税金を支払わなければならない。**税務会計**はその税額を計算するために，税法を適用する会計である。税法は，その目的を金融商品取引法や会社法とは異にし，課税の公平性にある。したがって計算の規定は異なっており，会計システムからのアウトプットに，税法上の特別の規定による修正が加えられる。当然に，金融商品取引法に準拠して計算された利益と税法上の**課税所得**（利益とはよばない）は異なってくる。

税額は企業の利益に占める割合が大きく，企業にとっては重要な問題である。また，法人税は国家の歳入の重要な部分を占め，政策的な見地から行われる諸要請は国家財政や景気に影響するため，その点でも重要である。

5　国　際　会　計

国際会計は，企業活動の国際化に伴って発生する問題を取り扱う領域であ

14　第1章　会計の意義と役割

る。まず第一に，外貨建ての取引や海外支店との合併精算表の作成，在外子会社との連結財務諸表の作成には外貨換算の問題が生ずる。現在は変動相場制であるため，取引時点と代金決済時点の換算レートが同じである場合はほとんどない。どの時点の換算レートを用いれば最も適切であるのか，種々の方法が提案されている。決済前に為替相場の変動から生じている損益の処理方法が問題となる。

　また国際会計には各国の会計を比較し，その相違点に基づき会計の国際的な統一化を議論する領域もある。各国の会計は慣習や法律の違いから当然に異なったものとなる。そこでは，財務諸表の国際比較は非常に困難である。会計基準や監査基準の国際的な統一化には，各国の会計思考や経済情勢の相違が障壁となる。しかしながら，国際会計基準委員会（国際会計基準審議会）によって設定された国際会計基準（国際財務報告基準）が公表され，統一化の道が図られている。

§4　プロフェッショナルへの道

　会計の職業専門家として公認会計士と税理士がある。それぞれ公認会計士法，税理士法により制度として確立されている。**公認会計士**は，監査を会計の専門家として行うことが主たる業務であるが，税務に関する相談や経営に関する相談も行う。公認会計士の資格を得るためには国家試験に合格しなければならない。試験は短答式試験と論文式試験に分かれる。短答式試験は，財務会計論，管理会計論，監査論，企業法からなっている。また，論文式試験は，会計学，監査論，企業法，租税法の四つの必須科目に加えて，1科目を経営学，経済学，民法，統計学の中から選択しなければならない。

　公認会計士は単独で事務所を開設し監査業務を行うこともできるが，近年では企業規模の拡大により，公認会計士が共同して特別の法人を設立し，監査業務を行うようになってきている。この法人を**監査法人**という。企業が国際的な活動を行うようになり，監査法人もそれに対応して提携・合併等で巨大になっ

てきている。

　税理士は税務代理，税務書類の作成等の税金に関する業務に携わる。その業務を行うには税理士試験に合格しなければならないが，公認会計士と弁護士も税理士業務を行うことができる。

　以上は法律のもとでの専門家であるが，企業にも会計の専門家は必要である。法律で定められた諸規則を満たすような財務諸表を作成するためには，会計に関する専門知識が要求される。また，種々の経営管理者の情報要求を満たすような会計システムの構築にも同様のことがいえる。こうした業務に従事するためには，公認会計士，税理士と同様，極めて専門的な会計の知識が要求される。

　しかしながら，本章で概説したように，会計は企業が関わった経済活動・経済事象を写像するプロセスであり，そのプロセスを理解していなければ，経営成績と財政状態を表現した財務諸表はただの紙切れ同然のものである。企業の経営成績や財政状態について何かを語ろうとする場合に，会計は企業人にとっての共通の言語であるから，それを十分に理解しておくことが，ビジネスのプロフェッショナルとして成功するために不可欠な条件であるといえる。

〔参　考　文　献〕

Ⅰ．会計学の全体にわたって簡明に説明が行われている文献
　［1］　武田隆二『会計学一般教程（第7版）』中央経済社，2008年。
　［2］　武田隆二『最新財務諸表論（第11版）』中央経済社，2008年。
　［3］　桜井久勝『財務会計講義（第25版）』中央経済社，2024年。
Ⅱ．会計の役立ちを解説した文献
　［4］　武田隆二『情報会計論』中央経済社，1971年。
　［5］　武田隆二『最新財務諸表論（第11版）』中央経済社，2008年。
　［6］　飯野利夫『財務会計論（三訂版）』同文舘出版，1993年。
　［7］　新井清光（著）・加古宜士（補訂）『新版財務会計論（第7版）』中央経済社，2003年。
　［8］　桜井久勝『会計利益情報の有用性』千倉書房，1991年。特に第1章「会計情報の需要と供給」。

第2章　会計の基礎

§1　企業活動とその測定

　会計は，企業の営む経済活動を測定し，その結果を報告書にとりまとめて，株主や債権者などの利害関係者に伝達している。企業の目的が利潤追求にある以上，その報告書を通じて伝達される最も重要な情報は，企業が経済活動の結果としていくらの利益を達成したかということである。利益の獲得をめざして行われる企業の経済活動の全貌は，損益計算書および貸借対照表というわずか二つの書面によって，極めてうまく描写することができる。そこでこの章ではまず，企業の営む活動が計数的に測定されて，損益計算書と貸借対照表に写しとられる仕組みをみてみよう。

　企業が営む経済活動は，大きく次の三つの側面に分類して考えることができる。すなわち①資金調達（financing），②資金投下（investing），および③営業活動（operating）がそれである。

　企業はまず，資本主からの出資によって成立する。その出資額が十分でなければ，銀行などからの借入れによって，経済活動に必要な資金が準備される。資本主が出資した資金は通常，自己資本または単に資本とよばれる。これに対し銀行等の債権者から調達された資金を，他人資本または負債という。いま，ある企業が資本主からの出資300万円によって設立されるとともに，銀行から200万円を借り入れて，合計500万円の資金を調達したとしよう。

　次に企業はこれらの資金を投入して，経営活動を営むのに必要な資産を獲得する。たとえば商業を営む企業であれば，まず商品を仕入れなければならない。

18　第2章　会計の基礎

また製造業では設備投資を行ったり，原材料を購入する必要がある。ここでは上記の企業が商業を営んでおり，500万円のうち400万円の現金を投下して商品を仕入れたとする。

　それらの資金を利用して利潤追求を行うのが，日常的な営業活動である。たとえば上記の企業は，1年間にわたる営業活動の結果として，商品400万円のうち250万円分を，売価300万円で得意先に掛売りしたとしよう。したがってこの企業は，1年間の商品売買によって50万円の利益を獲得したことになる。

　これら一連の企業活動を図示すれば，［図2-1］のとおりである。このような企業活動の流れは，貸借対照表および損益計算書という，わずか二つの財務諸表を用いてうまく要約することができる。

図 2-1　企業活動の流れ

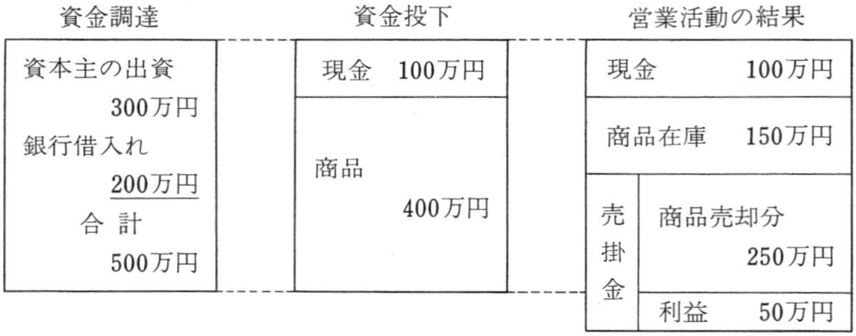

資金調達	資金投下	営業活動の結果
資本主の出資 　　300万円 銀行借入れ 　　200万円 合　計 　　500万円	現金　100万円 商品 　　400万円	現金　　　　100万円 商品在庫　　150万円 売掛金　商品売却分　250万円 　　　　利益　50万円

　貸借対照表は，ある時点で，①企業が経済活動に利用している資金がどのような源泉から調達されているか（資金の調達源泉），また②その資金がどのような資産へ投下されているか（資金の運用形態）を，左右に対照表示したものである。そのような企業資金の調達と運用の関係を，**財政状態**（financial position）という。したがって貸借対照表は，企業のある1時点の財政状態を示す表である。

　貸借対照表における項目の配列は，［図2-2］に示すように，左側に企業が資金を投下している具体的な資産の内訳を示し，右側にその資金の調達源泉を，他人資本たる負債と出資者の拠出した資本に区分して記載するという構造にな

っている。

図 2-2 貸借対照表の構造

したがって貸借対照表の項目の間には，常に次の等式が成立することになる。

$$資　産＝負　債＋資　本$$

これを**貸借対照表等式**という。この等式に従って，上記の企業の貸借対照表を作成すれば，資金調達時点（期首），商品仕入時点，および売上完了時点（期末）のそれぞれにおいて，［図2-3］のとおりである。

図 2-3 貸借対照表の推移

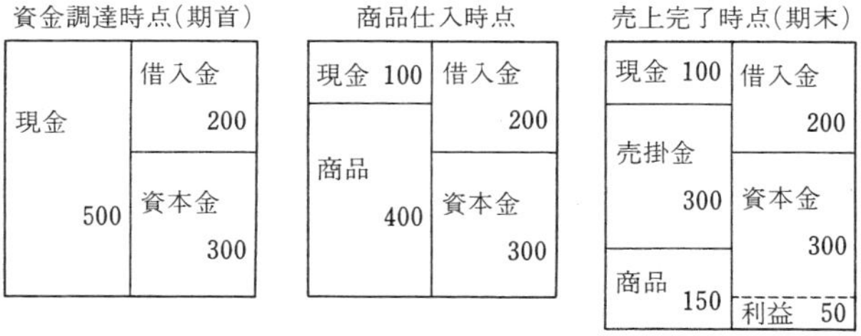

なお売上完了時点（期末）の貸借対照表で，利益50万円が資本金の次に記載されているのは，企業活動の結果として得られたこの利益が，最終的には出資者に帰属するからである。すなわち出資者に帰属する資本の金額は，1年間の営業活動の結果，期首の300万円から期末の350万円へ，50万円だけ増殖したことになる。

そのような自己資本の増殖分の原因を明らかにするのが損益計算書である。

20   第2章　会計の基礎

すなわち**損益計算書**は，企業が1期間において，どのような費用をどれくらいかけて，いくらの売上高を達成し，その結果，いくらの利益が得られたかを示す表である。損益計算書が企業の**経営成績**を表示するといわれるのは，このためである。

　上の設例での利益50万円は，この企業が250万円で仕入れた商品を300万円で販売したことから生じている。すなわち，引き渡した商品の原価250万円が費用となり，売上代金300万円が収益となって，両者の差額として50万円の利益が達成されたのである。［図2-4］は，そのような費用と収益を損益計算書で左右に分けて対照表示し，差額として利益が算定される仕組みを示している。

図 2-4　損益計算書の構造

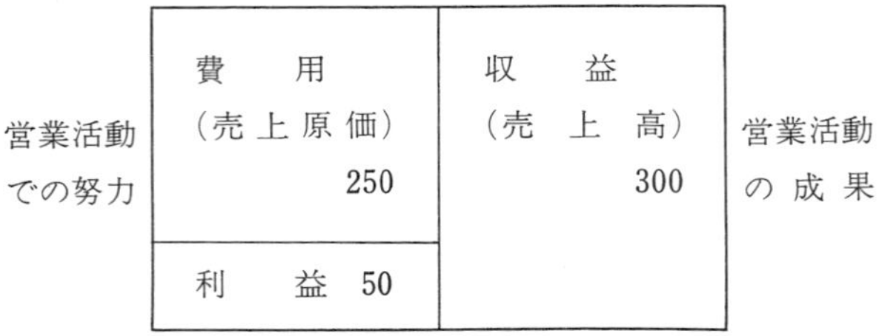

営業活動での努力 ／ 営業活動の成果

費　　用 （売上原価） 250	収　　益 （売　上　高） 300
利　　益　50	

　収益は，営業活動によって達成された成果であり，費用は，その成果を得るために費やされた努力を金額的に表したものである。費用が左側で，収益が右側に表示されるのは，貸借対照表で資本金が右側に表示されていることと，首尾一貫させるためである。すなわち貸借対照表の資本金は，出資者に帰属する企業の正味財産を表しているが，売上などの収益は正味財産を増加させる要因であるから右側に表記され，費用は正味財産を減少させる要因であるから左側に記載されることになる。このことは［図2-4］の右側の収益300万円と左側の費用250万円を相殺した場合に，右側に残る利益分50万円が自己資本の増殖分として，貸借対照表でも同じく右側に記載されることを考えれば明らかであろう。この左右の順序により，貸借対照表と損益計算書の項目の配列が首尾一貫することになる。

最後に次の［図2―5］は，貸借対照表と損益計算書の関係，およびこれらの財務諸表によって企業活動が描写される状態を要約して示したものである。まず期首の貸借対照表は，その時点での資本調達と資金投下の状態を対照表示している。また損益計算書では，期首から期末にいたる期間中の営業活動から得られた利益が算定される。そして再び期末時点で，資金の調達と投下の状態を表示した貸借対照表が作成されることになる。会計報告に用いられるのは，そのような1期間の損益計算書と期末の貸借対照表である。

図 2―5　貸借対照表と損益計算書の関係

損益計算書が，1期間中の営業活動に伴う収益・費用というフロー項目を対比して利益を計算するのに対し，貸借対照表は期末時点の資金調達と資金投下の状態を表す資産や負債などのストック項目の残高を対照表示している。貸借対照表を中心にみれば，損益計算書は期首と期末の貸借対照表に記載された自己資本の変化の原因を表していると解釈される。また損益計算書を中心にすれば，期末の貸借対照表は，次期の利益計算に繰り越されるストック項目を列挙したものと考えることができる。したがって貸借対照表は，当期と次期の損益計算書をつなぐ連結環としての機能を果たしていることになる。

§2　貸借対照表

1　流動項目と固定項目

前節では極めて単純な企業活動の例を用いて，貸借対照表の仕組みを説明した。しかし現実の企業活動ははるかに複雑であり，貸借対照表に記載される項

22　第2章　会計の基礎

目の数も多い。次の［表2−1］は，株式会社について作成された現実的な貸借対照表の一例である。

　表示されている項目数は多いが，その仕組みは前節で解説したものと何ら変わりはない。すなわち表の右側には，企業が経済活動に用いている資金の調達源泉が負債と資本（表記上は純資産）に分けて示されており，左側にはその資金を投下して保有されている資産の項目が列挙されている。

　貸借対照表において，資産は流動資産と固定資産に区分し，負債は流動負債と固定負債に区分して表示する。これは企業に投下されている資金を流動的な

表 2−1　貸借対照表の例示　　（単位：百万円）

（資産の部）		（負債の部）	
流動資産	**91,126**	流動負債	**56,950**
現金及び預金	33,550	支払手形	25,343
受取手形	8,351	買掛金	8,359
売掛金	10,264	短期借入金	16,382
有価証券	12,353	未払金	3,027
製　　品	12,168	未払法人税等	1,624
仕掛品	7,648	前受金	724
原材料	4,974	その他	1,492
前渡金	745	固定負債	**30,187**
短期貸付金	1,055	社　　債	20,252
その他	224	長期借入金	3,775
貸倒引当金	△206	退職給付引当金	6,160
固定資産	**32,736**	負債合計	87,137
有形固定資産	**20,716**	（純資産の部）	
建　　物	10,752	資本金	**9,121**
機械装置	2,956	資本剰余金	**16,331**
車両運搬具	740	資本準備金	16,100
工具器具備品	1,586	その他資本剰余金	231
土　　地	4,682	利益剰余金	**11,293**
無形固定資産	363	利益準備金	1,168
特許権	363	その他利益剰余金	10,125
投資その他の資産	**11,657**	任意積立金	5,768
投資有価証券	7,909	繰越利益剰余金	4,357
長期貸付金	3,593	純資産合計	36,725
長期前払費用	178		
貸倒引当金	△23		
資産合計	123,862	負債及び純資産合計	123,862

第2章　会計の基礎　　23

部分と固定的な部分に分類することにより，資金の源泉と運用の関係をよりいっそう明瞭に表示するための工夫である。

　このような区分表示を行うためには，資産と負債はそれぞれ流動項目と固定項目に分類されなければならない。その分類に際しては，まず最初に，それぞれの項目が企業の営業循環の範囲内にあるか否かが検討される。ここに営業循環とは，［図2―6］に示したように，原材料を仕入れて製品を生産し，それを販売して代金を回収し，それが再び原材料や商品の仕入に用いられるという，企業の主たる営業活動の循環をいう。［図2―6］には，営業循環の過程内にある項目名があわせて列挙されているが，これらの項目はすべて流動資産ないし流動負債とされる。この分類基準が**営業循環基準**（operating cycle basis）である。

図 2―6　営 業 循 環

仕　　入	生　　産	販　　売	代金授受
商品・原材料 買掛金・支払手形	仕掛品 製　　品	売 掛 金 受取手形	現金・前渡金 前受金

　営業循環とは関係がない項目については，**1年基準**（one year rule）が適用されている。ここに1年基準とは，決算日から1年以内に期日の到来する債権・債務，および1年以内に費用や収益になる資産・負債を流動項目とし，1年を超えるものを固定項目とする基準である。したがって土地・建物などは固定項目であり，貸付金・借入金などの債権・債務は，その期限が1年以内か1年を超えるかにより，流動項目と固定項目に分類されている。

2　流動資産型企業と固定資産型企業

　このような分類を行うことにより，貸借対照表は企業の資金調達と運用の関係，すなわち財政状態の特徴を明瞭に報告することができる。たとえば［図2―7］は，わが国の電力業と小売業に属する上場企業について，2024年3月期の貸借対照表の金額を業種別に合計し，総資産額を100%とした場合の各項目の構成割合を図示したものである。

24　第 2 章　会計の基礎

図 2−7　電力業と小売業の比較

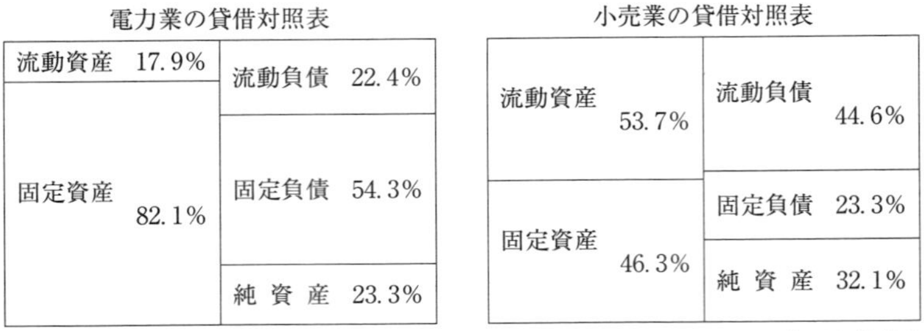

電力業の貸借対照表

流動資産　17.9%	流動負債　22.4%
固定資産 82.1%	固定負債　54.3%
	純　資　産　23.3%

小売業の貸借対照表

流動資産 53.7%	流動負債 44.6%
固定資産 46.3%	固定負債　23.3%
	純　資　産　32.1%

（日本経済新聞社「NEEDS Financial QUEST」より取得したデータに基づき筆者作成）

この両図を比較すれば，次のような業種の特徴が明らかになる。

①　流動資産と固定資産の割合——電力業では資産の 80% 以上が固定資産であるのに対し，小売業では流動資産が 50% 以上を占めている。したがって電力業は固定資産型企業であり，小売業は流動資産型企業であるといえる。このような差異は，電力業では資金の大半が発電設備などの有形固定資産に投下されており，小売業では商品在庫や受取手形・売掛金などの形で多額の資産が保有されていることによる。

②　負債と資本（表記上は純資産）の割合——企業が調達した資金のうち資本の割合は，電力業では 23.3% であり，小売業では 32.1% である。なおこの調査の対象となった日本の上場企業全体の平均値は 43.4% である。

③　流動負債と固定負債の割合——電力業では固定負債の割合が大きく，小売業では逆に流動負債の割合が大きい。負債の流動・固定の割合と，資産の流動・固定の割合の間には，明らかな対応関係が認められる。

このようにして貸借対照表を注意深く観察することにより，個々の企業や業種ごとの資金調達とその運用に関する特徴を知ることができる。

§3　損益計算書

貸借対照表が企業の財政状態を描写するのに対し，損益計算書は経営成績を

表示する。その方法は，１期間の収益と費用を対応づけて，その差額として利益を計算することによって行われる。［図２—４］では，そのような収益・費用の項目として，売上高と売上原価しか示されていないので，ここではその他の収益・費用も視野にいれて，損益計算書の機能を検討してみよう。

1　企業活動と収益・費用

　損益計算書は，企業がその会計期間に獲得した利益の金額だけでなく，その利益がどのようにして生じたかを明らかにすることによって，企業の経営成績をよりいっそう適切に表示することができる。前期に比べて当期の利益が増加したといっても，それが生産や販売面でのコスト削減努力から生じている場合もあれば，遊休不動産の臨時的な売却から生じている場合もあるであろう。したがって，利益がどのようにして生じたかを表示するためには，まず収益と費用を，企業が行う経済活動と関連づけて発生源泉別に分類する必要がある。

　企業の経済活動は，主たる営業活動とそれに付随する財務活動に大別される。営業活動はさらに，仕入・生産活動，販売活動および経営管理活動から構成されている。他方，金融活動とは，銀行からの資金借入れや社債発行とそれに対する利子の支払い，および余剰資金の貸付けや証券投資とそこからの利子・配当の受取りなどをいう。このほか企業は，臨時に保有土地を売却したり，また企業活動とは直接関係のない自然災害などの影響を受けたりする。［表２—２］はこのような企業の経済活動および事象の分類と関連づけて，収益や費用を区分したものである。

表 2—2　企業活動と収益・費用の分類

経済活動の分類		費用・収益の分類	
当期の主たる営業活動	仕入・生産活動	売上原価	売上高
	販売活動	販売費及び一般管理費	
	経営管理活動		
当期の金融活動		営業外費用	営業外収益
その他の経済活動および事象		特別損失	特別利益

26 第2章 会計の基礎

収益のうち最も重要なものは，当期の主たる営業活動の成果としての**売上高**である。営業活動に付随する当期の金融活動から生じた受取利息や受取配当は，主たる営業活動以外からの収益という意味で**営業外収益**として分類する。これら以外の活動や事象から生じたものは**特別利益**である。

他方，費用のうち当期に販売した商品・製品について，その仕入・生産活動に要した原価は**売上原価**になり，販売活動から生じた荷造運送費や広告宣伝費，および経営管理活動から生じた役員報酬や本社従業員給与などは，**販売費及び一般管理費**として分類する。さらに当期の金融活動から生じた支払利息などは**営業外費用**として，またその他の活動や事象から生じたものは**特別損失**として分類する。

2 高利益率型企業と薄利多売型企業

このような分類を行うことにより，損益計算書は企業の収益と費用の関係，すなわち経営成績の特徴を明瞭に報告することができる。たとえば［図2−8］は，わが国の医薬品業と繊維業に属する上場企業について，2024年3月期の

図 2−8 医薬品業と繊維業の比較

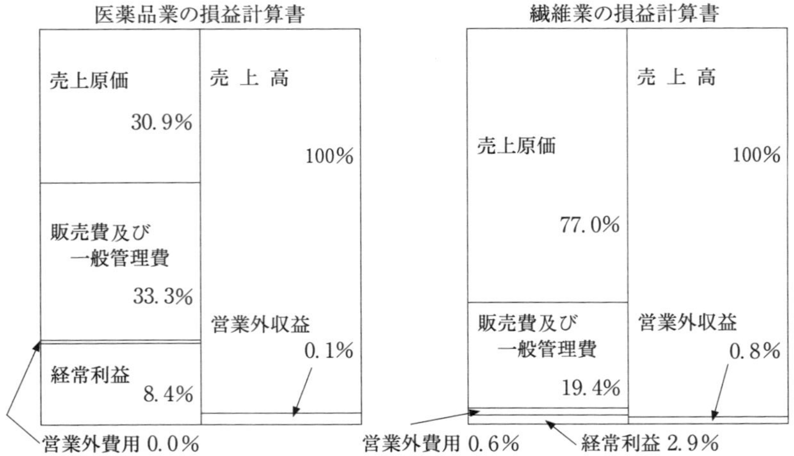

医薬品業の損益計算書

売上原価 30.9%	売上高 100%
販売費及び一般管理費 33.3%	
経常利益 8.4%	営業外収益 0.1%

営業外費用 0.0%

繊維業の損益計算書

| 売上原価 77.0% | 売上高 100% |
| 販売費及び一般管理費 19.4% | 営業外収益 0.8% |

営業外費用 0.6%　経常利益 2.9%

（日本経済新聞社「NEEDS Financial QUEST」より取得したデータに基づき筆者作成）

損益計算書の金額を業種別に合計し，売上高を100％とした場面の各項目の構成割合を図示したものである。

この両図を比較すれば，次のような業種の特徴が明らかになる。

① 売上原価の割合——売上高に対する売上原価の割合は，医薬品業では30.9％であるのに対し，繊維業では77.0％にも達している。このため小売業では，売上高から売上原価を控除して計算される粗利益の割合が小さくなっている。

② 販売費及び一般管理費の割合——繊維業の販売費及び一般管理費の割合は19.4％と小さいが，医薬品業では33.3％と比較的大きい。その理由の一つは，医薬品業が研究開発費や広告宣伝費などのかたちで，多額の費用を投入するためである。

③ 売上高に対する利益の割合——当期の経常的な営業活動と金融活動の総合的な成果は経常利益として算定されるが，売上高に対するその利益の割合は，医薬品業の8.4％に対し，繊維業はわずか2.9％にすぎない。したがって，医薬品業は高利益率型の企業として，また繊維業は薄利多売型の企業として特徴づけることができる。

このようにして損益計算書を注意深く観察することにより，個々の企業や業種ごとの営業特性を知ることができる。

§4　会計の基礎構造

企業の経済活動を測定し，その結果を貸借対照表や損益計算書にとりまとめて報告するという一連の会計行為の背景には，それを可能にするいくつかの基礎構造が存在している。このような基礎構造は，技術的なものと理論的なものに分けて考えることができる。会計の技術的な基礎構造は，いうまでもなく複式簿記の技術であり，これについては第3章で解説される。そこで以下では，理論的な側面からみた会計の基礎構造を検討する。

28   第2章　会計の基礎

1　会　計　公　準

　会計の理論的な基礎構造を構成する命題は，**会計公準**（accounting postu-lates）とよばれる。すなわち会計公準は，それなくしては会計が成立しないという意味で，会計理論や実務の基礎を成す最も基本的な概念や前提事項である。したがって，企業が会計を行う場合の指針となる会計原則ないし会計基準も，会計公準に基づいて構築されることになる。

　このような会計公準として，どのような命題を取り上げるべきかについては，多くの学説があるが，こんにち最も一般的に考えられているのは，①企業実体の公準，②継続企業の公準，および③貨幣的測定の公準の三つである。これらの公準はそれぞれ，会計の記録や計算を成立されるための形式的な前提としての意味と，経済的な実質を伴った仮定ないし前提としての意味の，二通りの側面をもっている。［表2—3］は，三つの会計公準のそれぞれについて，そのような形式的意味と実質的意味を要約して示したものである。

(1)　企業実体の公準

　会計を行うにはまず第1に，どのような組織について会計の記録や計算を行うかということ，すなわち会計が行われる対象の範囲や単位を特定する必要がある。一般には，法的に独立した企業ごとに，会計が行われることが多い。このように「会計の計算は個々の企業実体を対象として行う」とする命題が，**企業実体**（business entity）**の公準**であり，会計単位の公準ともよばれている。

　会計の対象となる最も一般的な企業実体は，法的に独立した個々の企業であ

表 2-3　会 計 公 準

会計公準	形式的意味	実質的意味
企業実体の公準	会計の計算は，企業実体を対象として行う。	企業は出資者から独立した別個の存在である。
継続企業の公準	会計の計算は，期間を区切って行う。	企業は倒産しない。
貨幣的測定の公準	会計の計算は，貨幣額を用いて行う。	貨幣価値は変化しない。

るが，それだけに限らない。たとえば，一つの企業がいくつかの部門に分かれていて，経営管理の必要性から部門ごとに業績が測定される場合には，個々の部門が独立の会計単位になる。また親会社が多くの子会社を支配下におき，企業グループとして経済活動を営む場合に，グループ全体を一つの組織とみなして作成される連結財務諸表では，そのようなグループが一つの独立した企業実体として取り扱われる。

　企業実体の公準は，このようにして会計の対象範囲を形式的に特定するだけでなく，企業と出資者の関係を規定する実質的な意味をも含んでいる。すなわち企業は，たとえそれが個人商店であっても，その出資者たる個人から独立した別個の存在であるとする見方である。したがって，会計の記録や計算に関する判断は，出資者の立場からではなく，企業としての立場から行われることになる。

(2)　継続企業の公準

　現代の企業は，解散を前提とはせず，永遠に存続し成長することをめざして経営されている。したがって，企業の解散時点を待って利益を計算することは不可能であるから，企業の会計は人為的に期間を区切って，経営成績や財政状態の測定をせざるをえない。このように企業活動が無限に継続しているため，「会計の計算は期間を区切って行う」とする命題が，**継続企業**（going concern）**の公準**である。

　人為的に区切られた期間は，会計期間とか事業年度とよばれ，通常その長さは 1 年である。その 1 年の最後の時点を期末または決算日というが，わが国では圧倒的に多数の企業が 3 月 31 日を決算日に決めている。したがってそのような企業について，損益計算書は 4 月 1 日から翌年 3 月 31 日までの期間の経営成績を表し，貸借対照表は 3 月 31 日現在の財政状態を表すことになる。

　継続企業の公準は，継続する企業活動を 1 年ずつに区切って会計の計算を実行可能にするという形式的な意味だけでなく，その名称のとおり，企業が通常は倒産しないものと仮定するという実質的な意味をも含んでいる。この仮定は，現在の会計において極めて重要な意味をもっている。

30　第2章　会計の基礎

　たとえば企業が150万円を支払って，商品の配達用トラックを購入したとする。このトラックは，3年間にわたり使用可能であり，3年後には中古車としても価値がゼロになるものとしよう。このトラックを1年間使用したことに関して，企業が行う一つの合理的な会計処理は［150万円÷3年＝50万円］という計算を行い，トラックの使用に伴う価値低下分として50万円の減価償却費を損益計算書に計上するとともに，次期以降に使用される部分を表す残りの100万円を貸借対照表に資産として計上することである。

　このような会計処理が正当化されるのは，まさに企業の継続性が仮定されているからである。もし企業の解散を前提とするならば，このトラックは決算日現在の中古車市場での売却時価によって評価するのが合理的である。

(3)　貨幣的測定の公準

　企業が取り扱う財貨は多種多様であり，その物理的な測定単位も財貨ごとに異なっている。このような多様な項目にわたって，合計や差引の計算を行うには，各項目を共通の測定尺度で表現しておく必要がある。このために選ばれた共通の尺度が貨幣額である。各種の財貨の測定尺度として貨幣額を用いることによって初めて，企業活動の統一的な測定と報告が可能になる。したがって「会計の計算は貨幣額を用いて行う」という**貨幣的測定**（monetary measurement）**の公準**は，会計を成立させるのに不可欠な前提条件である。

　貨幣額で表現された財貨の評価額は，たとえその測定時点が異なっていても，そのまま合計や差引の計算に用いられる。しかし厳密にみれば，貨幣価値は絶えず変動しており，長期的な下落傾向があることは明らかである。それにもかかわらず現在の会計は，そのような貨幣価値変動を無視して測定額を無調整のまま計算に用いているのであるから，貨幣価値の安定性を仮定していることになる。したがって貨幣的測定の公準は，単なる形式的な前提条件にとどまらず，貨幣価値は変化しないという実質的な仮定を含んでいることになる。

　貨幣価値の変動が小さいうちは，このような仮定から生じる弊害は少ない。このためわが国でも現在のところ，貨幣価値の変動を無視して会計の計算が行われている。しかし貨幣価値の変動が顕著な場合には，過去の会計記録を一般

物価水準で調整したり，個々の財貨を決算日現在の市場価格で評価しなおす必要が生じる。このような修正を行う会計は，**物価変動会計**とよばれ，財務会計の特殊な研究領域になっている。

2　会　計　基　準

⑴　企業会計原則

　会計公準が，会計の最も根本的な基礎構造であるのに対し，会計基準は，会計公準に立脚して形成された社会的ルールとして，企業が会計を行う場合の規範や指針となるものである。企業が作成した貸借対照表や損益計算書が社会的に信頼され，その機能を有効に果たすためには，企業はそれらの書類を社会的に公正妥当と認められた会計基準に従って作成しなければならない。

　そのような会計基準として，わが国には「**企業会計原則**」という明文の規定がある。この会計基準は，企業会計制度の改善と統一を通じて，戦後の経済再建を促進する目的で，1949 年に当時の経済安定本部により定められたもので，その後は大蔵省の**企業会計審議会**によって，更新が図られてきた。そして2001 年以降は，政府から独立した民間機関が会計基準を設定すべきであるとする世界的な動向に調和させるため，わが国では**企業会計基準委員会**とよばれる組織が会計基準を設定するようになっている。

　企業会計原則は，その前文にも述べられているとおり，「企業会計の実務の中に慣習として発達したもののなかから，一般に公正妥当と認められたところを要約したものであって，必ずしも法令によって強制されないまでも，すべての企業がその会計を処理するに当って従わなければならない基準である」。企業会計原則のうちの重要事項については，その解釈の指針として「**企業会計原則注解**」が公表されている。また企業会計審議会は，製造業を営む企業が，製品の製造原価を算定する場合に準拠すべきルールとして「**原価計算基準**」を定めている。これらの規定はいずれも，わが国の企業が会計を行う場合の指針として，今なお重要な機能を果たしている。

　「企業会計原則」は，①一般原則，②損益計算書原則，および③貸借対照表

32　第2章　会計の基礎

原則という三つの部分から構成される。

⑵　一 般 原 則

　一般原則は，企業会計の全般にかかわる基本的なルール，あるいは損益計算書と貸借対照表の両方に共通するルールであり，「企業会計原則」では次の七つが挙げられている。

　①　**真実性の原則**は「企業会計は，企業の財政状態及び経営成績に関して，真実な報告を提供するものでなければならない」とする原則である。

　こんにちの会計では，永続する企業活動を1年ごとに区切って利益を計算するため，将来における設備の使用可能年数や売上代金の回収可能性など，多くの事項について主観的な見積りを必要とする。また一つの取引について，複数の会計処理方法が認められている場合があり，採用した方法により，利益計算の結果は異なる。したがって真実性の原則でいう真実とは，決して絶対的な真実ではなく，会計基準の遵守によって達成される相対的な真実を意味している。すなわち一般に公正妥当と認められる会計基準に従って会計が行われるとき，その結果は真実なものとみなされるのである。

　なお真実性の原則に反する虚偽記載には，借入金や費用など，現実に存在するものを隠蔽したり，商品や売上など，実際には存在しないものを存在するかのごとくに会計処理する場合がある。このような虚偽記載を通じて架空利益を計上する行為を**粉飾決算**といい，逆に利益を隠蔽した場合を逆粉飾決算というが，いずれも社会的に許されない行為である。

　②　**正規の簿記の原則**は「企業会計は，すべての取引につき，正規の簿記の原則に従って，正確な会計帳簿を作成しなければならない」とする原則である。

　したがって企業はまず，発生したすべての取引を，事実や証拠に基づいて，継続的・組織的に記録することによって，網羅性・検証可能性・秩序性をそなえた会計帳簿を作成しなければならない。そのうえで帳簿記録を集計した結果に基づいて，財務諸表を作成する必要があり，帳簿記録と無関係に実地調査で財務諸表を作成してはならないのである。

　この目的のために最も適合した帳簿記録の方法は，複式簿記の技術である。

第2章 会計の基礎 33

複式簿記の仕組みは第3章で解説される。

③ **資本と利益の区別の原則**は「資本取引と損益取引とを明瞭に区別し，特に資本剰余金と利益剰余金とを混同してはならない」とする原則である。

企業は事業主ないし株主からの出資によって成立し，それらの出資額は貸借対照表に資本として表示されて，その企業の純資産となる。企業はこの純資産と，債権者からの借入資本を運用して営業活動を行い，利益を獲得する。そして得られた利益は最終的に出資者に帰属するから，結果として企業の純資産が増加する。したがって1期間の利益額は，純資産の増加分としても把握することができる。この点は［図2─3］で示されているとおりである。

このように企業が利益の獲得をめざして行う取引を**損益取引**といい，その結果として企業の純資産が間接的に増加する。しかし企業の純資産は，損益取引以外の原因によっても変化する。たとえば，出資者による追加出資や資本の引出しなど，企業の純資産を直接的に変化させることを目的として行われる取引がそれであり，これらは**資本取引**とよばれる。資本取引の結果，企業の純財産が増加しても，それは利益の獲得を意味してはいない。したがって正しい利益額は，損益取引から生じた純財産の増加分として計算されるべきであり，資本取引による純財産の増加分を混入させてはならないとするのが，この原則の趣旨である。

株式会社の会計では，この問題は資本剰余金と利益剰余金の区別となって現われる。また現実の取引では，資本取引と損益取引のいずれに該当するか，判断が微妙な取引が存在する。これらの問題点については，第6章で詳しく解説される。

④ **明瞭性の原則**は「企業会計は，財務諸表によって，利害関係者に対し必要な会計事実を明瞭に表示し，企業の状況に関する判断を誤らせないようにしなければならない」とする原則である。

近年における企業の大規模化や社会的な影響力の増大に伴い，株主や債権者などの利害関係者はますます拡大し多様化してきた。そして彼らは，自己の利益を守り，適切な経済的意思決定を行うために，企業の動向に強い関心をもち，

企業に関する情報を必要としている。財務諸表は，利害関係者に対して彼らが必要とするような，企業の経営成績と財政状態に関する情報を公開するという重要な役割を担っている。したがって財務諸表が，そのような情報がうまく伝達できるように，各種の工夫をほどこして明瞭に表示することを要求するのがこの原則である。

たとえば［表2-1］のように，資産や負債を流動項目と固定項目に区分した貸借対照表を作成したり，また［表2-2］のように，企業活動の種類に応じて収益と費用を分類した損益計算書を作成するのも，企業の情報を明瞭に表示するための工夫である。そのような工夫の全貌は，第8章で体系的に解説される。

⑤　**継続性の原則**は「企業会計は，その処理の原則及び手続を毎期継続して適用し，みだりにこれを変更してはならない」とする原則である。

この原則の背後には，一つの取引や経済的事実について，複数の会計処理方法が認められているという現状がある。たとえば50万円で仕入れて保有中の商品の時価が，決算日に40万円に低下しているとしよう。この商品を貸借対照表にいくらの金額で計上するかについては，従来は次の二通りの方法が認められてきた。すなわち取得原価の50万円で計上する方法（**原価基準**という）と，取得原価と時価を比べた低い方の40万円で計上する方法（**低価基準**という）である。従来は認められてきたこれら二通りの方法のうち，2008年4月以降の開始年度からは，低価基準を採用しなければならなくなった。

しかし，複数の会計処理が認められている分野はこれ以外にも存在し，そこではどの方法を採用するかは企業の自由にまかされている。そしていったん一つの方法を採用すれば，その後は毎期同じ方法を継続して適用することを要求するのが継続性の原則である。会計に関する法令の改正や，企業の組織・規模または経済環境の激変に伴う変更などで，「正当な理由」があると認められなければ，会計処理方法の変更は許されない。

この原則の目的は，次の2点に求められる。ひとつは，毎期同じ方法を採用することにより，財務諸表を期間相互にみて比較可能にすることである。継続

性の原則はまた，経営者が会計処理方法の変更を通じた利益の捻出や圧縮により，恣意的な利益操作を行うのを防止するのにも役立つ。

⑥　**保守主義の原則**は「企業の財政に不利な影響を及ぼす可能性がある場合には，これに備えて適当に健全な会計処理をしなければならない」とする原則である。

資本主義経済では，企業に生じた損失はその企業みずからが負担し吸収しなければならない。したがって企業は，各期の利益を多少とも控え目に計上して，純資産を帳簿金額よりも充実させることにより，そのような将来の危険に備えておく必要がある。保守主義の原則でいう健全な会計処理とは，このような利益を控え目に計上することになる会計処理を意味しており，それが是認されるのも，将来の不確実性に対処して企業の存続を確保するためである。

利益を控え目に計上するには，費用や損失を予想して早期に計上するとともに，収益の計上はそれが確実になるまで待てばよい。このような保守主義の考え方はしばしば，「予想の損失は計上しなければならないが，予想の利益を計上してはならない」という格言によって表現されている。たとえば保有中の商品の時価が低下した場合に，評価額を時価まで切り下げて評価損を計上してもよいが，時価が上昇しても商品の評価益を計上してはならないとされているのも，保守主義の一つの現われである。

しかし利益を控え目に計上する保守的な会計処理が過度に行われると，財務諸表は企業の経済的事実を反映しなくなるから，真実性の原則に違反することになる。したがって保守主義の適用は，一般に公正妥当と認められる会計基準の範囲内においてのみ是認されるものである。

⑦　**単一性の原則**は「株主総会提出のため，信用目的のため，租税目的のため等，種々の目的のために異なる形式の財務諸表を作成する必要がある場合，それらの内容は，信頼しうる会計記録に基づいて作成されたものであって，政策の考慮のために事実の真実な表示をゆがめてはならない」とする原則である。

企業は多様な目的ごとに形式の異なる財務諸表を作成するだけでなく，それぞれの財務諸表で企業が表現したいと望む経営成績の内容が相違することがあ

る。たとえば，株主総会に提出する財務諸表や，銀行融資の獲得などの信用目的で作成する財務諸表では，経営者の経営能力を株主に認めてもらったり，企業の収益力や債務返済能力を銀行などにアピールするために，企業はできるだけ多くの利益や純資産を計上したいと望むかもしれない。逆に税務申告目的のためには，課税所得を圧縮して税金の節約を図るために，利益を少なく計上する動機を有するであろう。

このような矛盾する要請に同時に応えるには，いわゆる二重帳簿を作らざるをえないが，そのような不正は許されない。すなわち個々の財務諸表は，その作成目的が異なっても，経済的事実を反映した会計記録から誘導して作成されるべきものであり，その実質内容が同一でなければならないことは言うまでもない。したがって単一性の原則は，財務諸表の形式的多元性を認めつつ，実質的な一元性を要求するものである。

なお最後に，「企業会計原則」では独立の原則として明示されてはいないが，実務で頻繁に援用されるものとして，**重要性の原則**がある。この原則により，項目の性質や金額の大小からみて重要性が乏しいと判断される場合には，理論的に厳格な会計処理方法によらず，事務的な経済性を優先させた簡便な会計処理方法を採用することが是認されている。

(3) 損益計算書原則と貸借対照表原則

「企業会計原則」は，一般原則に続いて，損益計算書と貸借対照表に関連する会計処理と表示の原則を，損益計算書原則および貸借対照表原則として列挙している。その具体的な内容は，本書の以下の部分で詳述されるので，ここではそれらの原則のうち利益測定に関連する最も基礎的な考え方だけを概観しておこう。

現行の利益計算を支える会計上の基本的な考え方は，**発生主義会計**とよばれる。収益と費用をその発生を意味する経済的事実に基づいて計上し，両者を対応づけた差額として期間の利益が決定される。発生主義会計に対立する考え方は，**現金主義会計**である。現金主義会計のもとでは，収益と費用が現金の収入と支出に基づいて計上されて利益の計算が行われる。会計の利益計算は，古く

は現金主義によって行われていたが，信用経済の発達や固定設備の増大により，徐々に発生主義会計へと進化してきた。

　これら二つの基本的な考え方の相違を明らかにするために，この章の第1節で示した取引例を再び検討しよう。すなわち企業が400万円の現金を支払って仕入れた商品のうち，250万円分を売価300万円で得意先に掛売りしたという取引である。この取引に関する利益の計算を，現金主義会計と発生主義会計で行った場合の結果は，それぞれ次のとおりである。

現金主義会計の利益計算		発生主義会計の利益計算	
商品売上の収入	0	商店の売上高	300万円
商品仕入の支出	400万円	商店の売上原価	250万円
利益	▲400万円	利益	50万円

　現金主義会計の収益は，現金収入に基づいて計上されるから，掛売り上げの時点ではいまだ収益は計上されない。他方，費用は現金支出に基づいて計上されるから，商品仕入のための現金支出額400万円が費用となる。この結果，当期には400万円の損失が計上されることになるが，この計算が非現実的であることは改めて指摘するまでもないであろう。

　現金主義会計の欠陥を除去するために発達してきたのが，発生主義会計である。発生主義会計は，実現原則・発生原則および対応原則という三つの計算原則に支えられている。**実現原則**は収益の計上に関連するもので，企業が財貨やサービスを提供し，その対価として貨幣性の資産を取得した時点で収益を計上すべきものとする。したがって上の例では，商品の引渡しにより売掛金を得た時点で300万円の収益が計上されることになる。他方，費用は**発生原則**に基づき，経済的価値の費消（expiration）の事実，またはその原因となる事実が生じた時点で計上される。このため商品を仕入れただけでは費用は発生せず，収益の獲得のためにそれを払い出した時点で初めて費用となる。このような企業の経済活動によって生じる積極的結果（収益の実現）と消極的結果（費用の発生）との間に因果関係が存在することに注目し，両者を対応づけた差額として利益を計算するのが**対応原則**である。この原則により，上の例では300万円の売上

38　第2章　会計の基礎

収益に対応する売上原価250万円が計上され，差額として50万円の利益が算定されている。

　以上が現金主義会計と対比した場合の，発生主義会計の概略である。このような現行の発生主義会計を中心とする会計原則の詳細とその具体的な適用については，第4〜8章でよりいっそう詳しく解説される。なお，収益計上に関する会計基準については，第4章で詳しく解説している。

〔参　考　文　献〕

　最近の国際的な傾向として，財務会計の具体的なルールを設定するに先立って，会計の基礎概念を基本的な枠組み（フレームワーク）として提示し，これと首尾一貫した会計基準を形成しようとする試みが広く行われている。そのような基礎概念としてフレームワークに含まれるのは，①会計の目的規定，②会計情報が備えるべき質的特性，③資産・負債・収益・費用など，財務諸表の構成要素，および④これら要素の認識と測定などである。

　基礎概念のフレームワークは，会計学の学習にとっても重要である。次の文献［1］はアメリカの概念フレームワークの翻訳書であり，［2］は日本の概念フレームワークを論じた文献である。［3］はこれらの基礎概念に関する研究書である。このようなアプローチの先駆的な文献として［4］も歴史的な意味を持っている。なお，国際会計基準の概念フレームワークの詳細については，文献［5］および［6］を参照してほしい。

［1］　平松一夫・広瀬義州（訳）『FASB 財務会計の諸概念（増補版）』中央経済社，2002年。

［2］　斎藤静樹（編著）『財務会計の概念フレームワーク（第2版)』中央経済社，2007年。

［3］　─────（編著）『会計基準の基礎概念』中央経済社，2002年。

［4］　飯野利夫（訳）『アメリカ会計学会　基礎的会計理論』国元書房，1985年。

［5］　桜井久勝（編著）『テキスト国際会計基準（新訂第2版)』白桃書房，2024年。

［6］　秋葉賢一『エッセンシャル IFRS（第7版)』中央経済社，2022年。

第3章　簿記の仕組み

§1　簿記の意義

1　企業活動と簿記

　企業とは，経済学や経営学における伝統的概念に従うならば，一般に営利を目的として，さまざまな生産要素を結合し，財ないしサービスを生産・販売する単位と規定される。このような企業が営む経済活動は，その規模が拡大し，内容が複雑化するにつれて，人間の記憶のみに依存することが困難となり，これを何らかの基礎的手段により記録・加工・伝達する必要が生じてくる。かかる手段を提供するのが**簿記**（bookkeeping）である。すなわち，簿記とは，企業が営む購買・製造・販売・財務といった種々の経済活動を計数的に記録・加工・伝達するための手段を意味する。

　簿記は帳簿記入の略語であるといわれる。しかし，それは単なる帳簿への記入行為を意味するのではなく，帳簿記入行為を可能ならしめる特定の技術をいう。具体的にいうならば，次ページの［図3—1］に示されるように，企業の経済活動をその固有のシステム（帳簿システム）を通じて貨幣数量的に計量化し，記録・加工した結果を報告書にとりまとめるための記帳技術なのである。この報告書を**財務諸表**（financial statements）とよぶならば，それは事実として生じた企業の経済活動を簿記システム内の一定のルールに従って貨幣数値に還元した集約一覧表にほかならない。株主や債権者その他の利害関係者は，かかる報告書を基に，そこに示された会計情報を分析することにより，企業活動

図 3−1 簿記システムと会計コミュニケーションのループ

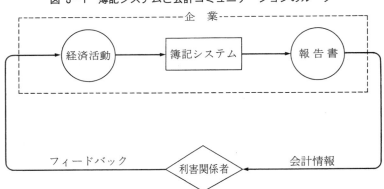

の経過や成果を判断することができるのであり，その結果としての彼らの意思決定は爾後の企業活動にフィードバックされることになる。ここに，簿記システムを中心とした会計コミュニケーションのループを描くことができる。

以下，第3章では，このような簿記，特に今日の企業会計における最も代表的な簿記形態と考えられる**複式簿記**（double entry bookkeeping）の基本的仕組みについて解説することにしよう。

2 複式簿記の要件

複式簿記は，次の三つの要件を前提として成り立っている。

① 貨幣的評価の要件
② 二面的記帳の要件
③ 勘定記入の要件

このうち，**貨幣的評価の要件**とは，企業の経済活動のうち，貨幣金額でもって計量化されるもののみを会計データとして記録することを意味する。もちろん物量評価も可能ではあるが，しかし，今日の高度に発達した貨幣経済制度の下にあっては，貨幣がすべての企業活動を記録するための公分母として用いられ，それによって，会計計算の統一性が保証されるのである。

次に，**二面的記帳の要件**とは，企業の経済活動が生起すると必ずそこに相対

立する二つの経済価値の流れが生じる（たとえば，商品を現金で販売した場合を考えてみると，一方で商品が減少するとともに，他方で対価として受領した現金が増加する）ということに着目して，企業活動をそれに伴う価値の対流関係に即して二つの側面から記録することを意味する。そして，記録の対象となる企業の経済活動のすべてについて二面的記帳，つまり，**複式記入**（double entry）が組織的に保証される簿記のことを，特に**複式簿記**というのである。

　最後の**勘定記入の要件**とは，上記の二面的記帳を**勘定**（account：a/c）という特殊な形式を用いて行うことをいう。勘定とは簿記における記録・計算の単位であり，それは，以下の［図3-2］に示されるように，勘定の記録内容を表わす名称である**勘定科目**（たとえば，現金，売掛金，商品，備品，買掛金，借入金など），および，プラスの計算量とマイナスの計算量をそれぞれ区別して記

図 3-2　勘定とその構成要素

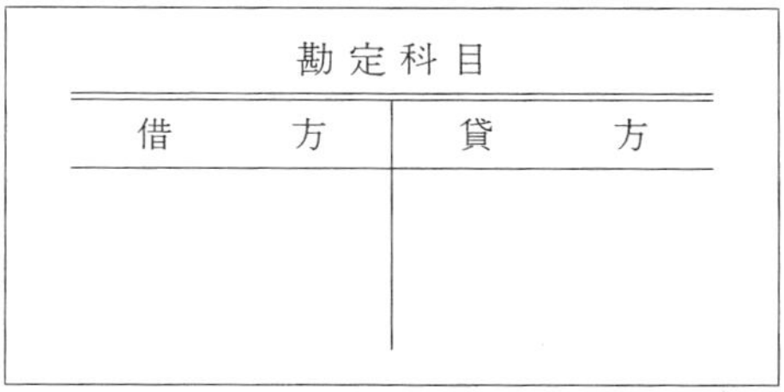

勘　定　科　目	
借　　　方	貸　　　方

図 3-3　販売活動と複式簿記の要件

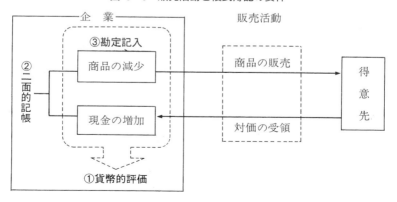

入する左右対照的な二つの記入欄，つまり，**借方**（debtor：Dr.）と**貸方**（creditor：Cr.）という，あわせて三つの構成要素から成り立っている。複式簿記にあっては，企業活動が価値の対流関係に即して二つの側面から把握され，必ずいずれかの勘定の借方側と別の勘定の貸方側とに複式記入されることになる。

上述した複式簿記に関する三つの要件を販売活動を例に取り上げて図示したものが，前ページの［図3—3］である。

3　簿記と会計

簿記が帳簿記入に関する技術であるとするならば，等しく帳簿記入に関連をもつと考えられる会計が簿記とどのような関係にあるかという，きわめて基本的な問題が提起される。

帳簿記入の範囲が，自己の金銭の出納，あるいは，信用取引に起因する他者との債権・債務の記録にとどまっている段階では，貨幣の動きや債権・債務の変動を明確に把握することに主たる関心が向けられていた。しかし，企業活動が拡大しかつその内容が複雑化するに伴って，商品や備品，建物，土地などが帳簿記入の範囲に含められるようになると，記帳技術の運用にかかわる簿記の知識だけでは解答を与えることのできない新しい問題が生じてきた。

たとえば，ある時点で売残りの商品が存在するとき，この商品の価値を，その時点での売却価額（ないし再調達原価）と購入時点での取得原価のいずれで見積もるのか，あるいは，備品や建物などを長期間使用したとき，その期間内に減少する価値をどのように見積もるのかといった問題である。ここに資産評価の問題が生じる。そして，このような評価問題の認識は，会計知識の体系化という観点からみれば，それまでの記帳技術論の段階から，今日的な意味での「会計学」への発展をもたらした大きな要因の一つであったと考えられる。

このようにみてくるならば，簿記も会計も等しく帳簿記入に関連をもつものではあるが，会計が，帳簿記入の実質的側面，つまり，企業の経済活動を貨幣金額でどのように量定するのか，あるいは，そもそもいかなる企業活動を帳簿記入の対象にするのかといった問題を取り扱うのに対して，簿記は，会計の領

域で決定された内容を所与として，これを帳簿記入の面でどのように表現するのかという形式的側面を取り扱うものとして，両者を一応区別することもできる。しかし，実際には，両者を明確に区別することが困難である場合が多い。なぜなら，実質が形式を規定し，逆に，形式が実質を規定するというように，両者はあくまでも不可分の関係におかれ，相互補完的に関連しあっているからである。かくして，両者は，技術的には帳簿記入に関する一つのシステムを作り上げるとともに，知識体系的にはそれにかかわる学問領域，つまり，広い意味での会計学を構成するのである。

4 簿記の歴史

簿記，特に今日の企業会計における最も代表的な簿記の形態とされる複式簿記が，いつ，どこで，どのようにして誕生したのかという問題については，従来から会計史の主要研究テーマの一つとして取り上げられ，さまざまな所説が展開されている。そのうちで最も支配的な見解は，地中海商業の復活を契機に著しい繁栄を示した中世末期イタリアの経済社会に複式簿記の起源を求めようとする**中世イタリア起源説**であり，この説は，さらに，ジェノヴァ起源説，トスカーナ起源説，ロンバルディア起源説に分けられる。これに対して，少数説ではあるが，古代ローマの世界に複式簿記の起源を求めようとする**古代ローマ起源説**なども提起されており，複式簿記誕生の時期と場所については，史料的制約や，複式簿記の本質規定をめぐる論者間の差異もあって，明確に一致した見解を見出すまでには至っていない。

しかしながら，複式簿記が，概ね13世紀初頭から14世紀末までの間に，イタリアで，商業と銀行業の簿記実務の中から生成・発展し，15世紀に体系的組織が確立したという点では，多くの研究者の間に一応の合意が認められる。このような基本的構造がひとまず確立された15世紀段階での複式簿記を世界ではじめて印刷教本として解説したのが，会計史上，最も著名な文献とされる**ルカ・パチョーリ**（Luca Pacioli；ただし，姓のみの場合にはパチョーロ（Paciolo）と表記される）の「簿記論」である。これは，彼が1494年にヴェネツィアで出

44　第3章　簿記の仕組み

版した数学百科全集『数術・幾何・比および比例総覧』（*Summa de Arithmetica Geometria Proportioni et Proportionalita*）の一部に収められており，その中で，パチョーロは，当時の国際商業の一大中心地であったヴェネツィアで用いられていた複式簿記を解説していた。

　複式簿記の知識は，このようなパチョーロの「簿記論」に代表される簿記の解説書ないし教科書を介して，あるいは，実際の商取引に携わっていたイタリアや外国の商人達の活動を通じて，イタリアから，ドイツ，ネーデルラント（オランダ），フランス，イギリス，スペインなどへと伝播していった。しかし，その本格的な普及は，18世紀前半に国際商業の覇権を確立し，しかも，世界に先駆けて自生的に産業革命を展開したイギリスにおいてさえ，大規模企業，特に株式会社形態を採る企業の増大をみる19世紀後半を待たねばならなかった。

　他方，ヨーロッパから遠く隔たったわが国においても，すでに17世紀初めに複式簿記が当時の平戸（長崎）に置かれていたオランダ東インド会社の商館で利用されていたことを示す史料が残存しているが，しかし，その本格的な導入がはじまるのは江戸末期から明治初期である。とりわけ複式簿記（洋式簿記）をアメリカ簿記書（*Bryant and Stratton's Common School Book-keeping*, 1861）の翻訳を通じて紹介した福澤諭吉の『帳合之法』と，アレキサンダー・シャンド（Alexander Allan Shand）の『銀行簿記精法』が出版された1873年（明治6年）は，わが国における近代企業会計制度の出発点ともみなされている。

§2　簿記の目的

1　簿記と期間損益計算

　§1で述べたように，企業が一般に営利を目的として経済活動を営む単位であると規定されるのであれば，会計ないし簿記もまた企業の経済活動から生じる利益（または損失）の把握，つまり，**損益計算**を重要な機能の一つとして措定しなければならない。

第3章　簿記の仕組み　45

　今日，ほとんどの企業では，その持続的な経済活動を人為的に切断して，概ね1年という会計期間を設定しての**期間損益計算**ないし年度損益計算が慣行として行われている。もっとも，このような一定の期間を単位として損益を総括的に計算する形態は，会計が企業において問題となった当初から存在していたわけではない。

　たとえば，§1の4で言及したパチョーロの「簿記論」に見出される損益計算は，期間計算ではなく，いわゆる**口別損益計算**の形態を採っていた。すなわち，当時の商人達の活動の多くが，基本的に当座的な冒険商業（venture）の集合から成り立っていたことを反映して，損益は，期間とは無関係に，個々の取扱商品や航海，旅商などを単位として設定される**特定商品勘定**（口別商品勘定）や航海勘定をベースに個別的に計算されていた。

　しかしながら，取引活動が次第に反復的で継続的なものへと変化し，また，企業形態の面でも，従来の当座的な企業に代わって永続的性格を帯びた企業，殊に株式会社が登場するに及んで，口別計算に代わる新たな損益計算形態への転換が必要とされるに至った。広く分散した資金を吸収するのに適した株式会社組織の出現は，一方で大規模企業の発達を容易にするとともに，他方において絶えず変動するその時々の株主に帰属する適切な配当可能利益の計算，あるいは，株主や債権者その他の利害関係者に対する財務報告の提供等，さまざまな会計問題を生起させた。株式会社をめぐるこれらの問題を解決しようとする試みが行われる中で，期間損益計算の一般化とその精緻化が展開していったものと考えられる。

　このような近代的な期間損益計算が可能となるためには，企業の経済活動を統一的かつ継続的に把握するための組織的簿記法の存在が不可欠のものとなる。この場合に，最も代表的な簿記の形態として複式簿記を措定することは一般に承認されるところであるから，近代企業会計制度における損益計算とは，組織的な複式簿記記録に依拠した期間損益計算であると特徴づけることができる。そして，具体的には，かかる期間損益計算を実行する手段として，複式簿記の記録に基づいて作成される財務諸表，特に**貸借対照表**（balance sheet：B/S）と

損益計算書(profit and loss statement：P/L)が用いられることになる。

なお，貸借対照表と損益計算書の基本構造，および，それらに掲記される資産・負債・資本・収益・費用については，すでに第2章§1～§3で論じられているので参照されたい。

2 企業資本の運動と二つの損益計算方法

企業の経済活動は，その活動の源になる資本を保有し，これを運用することによって自己資本の増殖を図る一連の過程とみることができる。

次の[図3－4]は，一定期間における企業資本の運動過程を模式的に図示したものである。

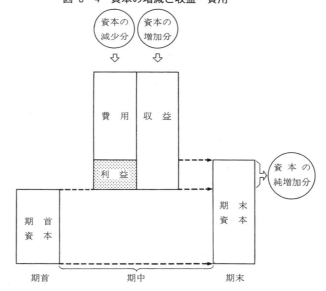

図 3－4 資本の増減と収益・費用

上の図にあっては，企業が期首における資本を元手に営業活動をはじめ，一定期間内に，資本を運用することによって**収益**——資本の増加原因——を稼得するとともに，収益を得るための価値犠牲として**費用**——資本の減少原因——を費やし，結果として**利益**——資本の純増加分——を生じ，これを期首の資本

第3章 簿記の仕組み　47

に加えた金額が期末資本になるという一連の自己資本増殖の過程が明らかにされている。

　この［図3−4］に示された企業資本の運動過程からも想起されるように，簿記の重要な機能の一つとされる期間損益の算定には，大きく分けて次の二つの方法が考えられる。すなわち，資本の増減それ自体という結果の側面から間接的にアプローチする方法と，資本に増減をもたらした原因の側面から直接的にアプローチする方法である。前者を財産法といい，後者を損益法という。

　財産法とは，期首と期末における資本の比較を行い，期末資本が期首資本を超過する資本の純増加分をもって利益とみる方法である。すなわち，

期末資本−期首資本＝利　　益

　上記の等式を**財産法等式**という。期末資本が期首資本を超過する資本の余剰分（純増加分）が利益であり，逆に，期末資本が期首資本よりも小さいときは，その資本の純減少分が損失となる。

　また，期中に資本主による追加出資や引出（ひきだし：資本主が個人的利用目的で企業から現金等の形で資本を持ち出すこと）がある場合には，上記の等式には，次のような修正を行う必要が生じる。すなわち，

期末資本−（期首資本＋追加出資−引　　出）＝利　　益

　このように，財産法は期首と期末との間に一定の時間的距離をおいて資本を比較し，損益を間接的に計算する方法であるところから，**距離比較法**ともよばれ，かかる方法によって求められる利益は資本余剰としての性格をもつ。

　これに対して，**損益法**とは，先の［図3−4］からも明らかなように，資本増加の原因である収益から資本減少の原因である費用を控除する形式により利益を計算する方法である。すなわち，

収　　益−費　　用＝利　　益

　この等式を**損益法等式**という。収益が費用を超過する収益の余剰分が利益であり，逆に，収益が費用よりも小さいときに，費用の超過分が損失となる。

　このように，損益法は，収益・費用計算により直接的に損益を把握する方法であり，かかる方法によって求められる利益は収益余剰としての性格を有して

48　第3章　簿記の仕組み

いる。

　なお，組織的簿記法である複式簿記を採用する限りは，財産法による損益計算の結果（資本余剰としての利益）と，損益法による損益計算の結果（収益余剰としての利益）とが原理的に一致することになるが，この点については§4で具体的数値を用いて改めて説明することにしたい。

§3　記　帳　原　則

1　取引の意義

　簿記は企業の営むさまざまな経済活動を記録の対象とするが，しかし，そのすべてについて記録が行われるわけではない。特に簿記の記録対象となる経済活動のことを**取引**（transaction）とよぶ。

　企業の経済活動は原則として対価を伴う有償行為として営まれるものであるから，そこには，すでに§1で述べたように，絶えず相対立する二つの価値の流れ，つまり，価値の対流関係が生じる。以下の［図3−5］は，このような価値の対流関係を，企業，特に商業を営む企業の主要な経済活動である購買活動と販売活動を例に取り上げて図示したものである。

図 3−5　取引と価値の対流関係

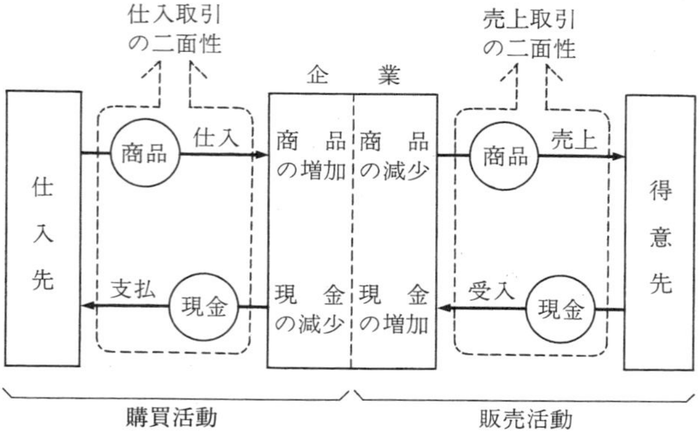

前ページの図からは，企業の購買活動により商品（資産）の増加と現金（資産）の減少とが対流関係として生じ，また，販売活動によって商品（資産）の減少と現金（資産）の増加とが同時的に発生していることが示されている。

このように，企業の経済活動は，一方においてある価値の増減をもたらすとともに，他方において別の価値の増減をもたらすのであり，かかる経済活動をもって取引と定義するのであれば，取引とは，常に経済価値，つまり，資産・負債・資本の二面的な増減をもたらすものであるということができる。これを**取引の二面性**という。

しかしながら，企業の経済活動のすべてが資産・負債・資本に増減をもたらすとは限らない。たとえば，土地や建物の賃貸借契約を結んだりすることは当然に経済活動であり，日常的には取引と称される。しかしながら，これらの契約によっては所有権それ自体は移転せず，したがって，企業の資産・負債・資本にも変動を生じないため，簿記でいう取引の範囲には含まれない。

逆に，盗難や火災・水害などによる建物の滅失や，債務の支払免除などは，企業本来の経済活動以外の事由による資産や負債の増減であり，当然のことながら日常的には取引といわない。しかし，簿記的には，それらが企業の資産・負債・資本に影響を及ぼす限りにおいて取引として取り扱われることになる。

図 3-6 簿記上の取引と日常用語としての取引

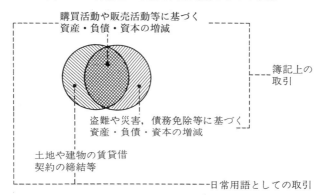

50　第3章　簿記の仕組み

このように，簿記上の取引は，概ね日常的・通俗的意味における取引の概念と範囲を等しくするが，しかし，先の例のように，それと異なる部分も有しており，前ページの［図3−6］は，かかる差異を図示したものである。

かくして，簿記上の取引とは，原因のいかんを問わず，企業に帰属する資産・負債・資本に変動をもたらす一切の事象をいうのであり，しかも，それは，貨幣金額で客観的に測定ないし見積られるものでなければならない。

2　取引の分析

簿記においては，取引が発生すると，記帳の出発点として，まず取引の分析を行う必要が生じる。**取引の分析**とは，取引が常に経済価値の二面的な増減を伴うものであるから，かかる取引の二面性に着目して，個々の取引がいかなる価値の増減，つまり，どのような資産・負債・資本の変動をもたらしたかを二つの側面に分解することをいう。

以下の例示は，商品の売買とその仲介に携わっているある個人企業の一定期間の取引を分析し，これらの取引に伴う価値の増減を基本的会計等式である**貸借対照表等式**，つまり，＜資産＝負債＋資本＞の上に表示したものである。

①　出　　資

資本主が現金10,000円を出資（元入れ）することにより，商品の売買とその仲介を目的とする商店を開業した。

この取引では，資本主は，企業に自己の現金を出資することにより，**現金**という資産を失うが，代わりに**持分**（equity）という企業資産全体に対する抽象的請求権を取得する。この持分は**資本金**をもって処理される。

＜取引の分析：現金（資産）の増加——資本金（資本）の増加＞

	資　産　＝　負　債　＋　資　本		
	現　金　＝		資本金
取引①	＋10,000　＝		＋10,000

第 3 章　簿記の仕組み　51

②　備品の掛購入

　　営業を開始するにあたり，事業活動に必要な店舗を賃借した。ただし，コンピュータやファクシミリなど営業用備品一式については別途購入することにし，代金 4,800 円は信用取引による掛（かけ）とした（なお，掛とは，代金をあとで支払う約束のことをいう）。

　　上記の事象のうち，前者の店舗の賃借は，未だ賃借料の支払い等がなく，資産・負債・資本に変動を及ぼさないため，取引に関する先の定義からみて，記帳の対象にならない。それゆえに，ここでは，後者の備品の信用購入という事象についてのみ，**備品**の増加と**未払金**の増加という形で二面的に分析される。

　　＜取引の分析：備品（資産）の増加——未払金（負債）の増加＞

	資　　産	＝	負　債＋資　本
	現　金＋備　品＝		未払金＋資本金
前残高	10,000　　　＝		10,000
取引②	＋　4,800＝	＋	4,800
新残高	10,000＋　4,800＝		4,800＋10,000

③　消耗品の現金購入

　　事務用品や包装用品など消耗品を一括して購入し，代金 300 円は現金で支払った。

　　この取引では，**消耗品**が増加する一方で，**現金**が減少するという，資産内部での構成変化のみが記帳される。

　　＜取引の分析：消耗品（資産）の増加——現金（資産）の減少＞

	資　　産		＝	負　債＋資　本
	現　金＋消耗品＋備　品＝			未払金＋資本金
前残高	10,000＋	4,800＝		4,800＋10,000
取引③	－　300＋　300	＝		－0－
新残高	9,700＋　300＋　4,800＝			4,800＋10,000

52　第3章　簿記の仕組み

④　**商品の仕入（その1──現金による仕入）**

商品Aを仕入れ，代金5,000円は現金で支払った。

この取引でも，取引③の場合と同様に，資産内部での構成変化が生じるのみである。すなわち，**商品**が増加する一方で，対価として支払った**現金**が減少する。

＜取引の分析：商品（資産）の増加──現金（資産）の減少＞

	資　産				＝	負　債＋資　本
	現　金＋商　品＋消耗品＋備　品＝					未払金＋資本金
前残高	9,700		＋	300＋ 4,800		4,800＋10,000
取引④	－ 5,000＋ 5,000				＝	－ 0 －
新残高	4,700＋ 5,000＋			300＋ 4,800＝		4,800＋10,000

⑤　**借入金の調達**

銀行から現金8,000円の融資を受けた。

この取引では，融資によって**現金**が増加する一方で，これに見合った**借入金**という銀行に対する債務，つまり，負債が増加する。

＜取引の分析：現金（資産）の増加──借入金（負債）の増加＞

	資　産				＝	負　債	＋資　本
	現　金＋商　品＋消耗品＋備　品＝					借入金＋未払金	＋資本金
前残高	4,700＋ 5,000＋		300＋ 4,800＝				4,800＋10,000
取引⑤	＋ 8,000				＝ ＋	8,000	
新残高	12,700＋ 5,000＋		300＋ 4,800＝			8,000＋ 4,800	＋10,000

⑥　**仲介手数料の受領**

商品売買の仲介を行い，仲介手数料500円は現金で受け取った。

この取引では，**現金**の増加については容易に認識できるが，しかし，それのみを記録したのでは貸借対照表等式は成り立たない。すなわち，当該取引における現金の増加は，この商店が目的の一つとする商品売買の仲介業務で提供した用役ないし役務（サービス）の対価として受領したものである。したがって，そこでは収益（受取手数料）が実現されているのであり，

第3章　簿記の仕組み　53

それは既述のように資本の増加分と定義されるから，ここでは**資本金**の増加として記録されなければならない。そのように分析することによって，貸借対照表等式の左辺と右辺との間に一致の関係が維持されるのである。

　＜取引の分析：現金（資産）の増加──資本金（資本）の増加＞

		資　産				＝	負　債	＋資　本
	現　金＋	商　品＋	消耗品＋	備　品		＝	借入金＋	未払金＋資本金
前残高	12,700＋	5,000＋	300＋	4,800		＝	8,000＋	4,800＋10,000
取引⑥	＋　　500					＝		＋　　500
新残高	13,200＋	5,000＋	300＋	4,800		＝	8,000＋	4,800＋10,500

⑦　商品の売上（その1──掛による売上）

　商品Aの一部（原価4,000円）を売り上げ，代金4,800円は掛とした。

　この取引では，**商品**が減少し，売上債権である**売掛金**が増加するということは容易に理解できる。ただし，それだけを記録したのでは貸借対照表等式は成立しない。すなわち，当該取引によって，売掛金と売り渡した商品の原価との差額が˙収˙益（商品販売益）として実現されているのであり，これは**資本金**の増加として記録される。

　＜取引の分析：売掛金（資産）の増加──商品（資産）の減少
　　　　　　　　および資本金（資本）の増加＞

			資　産				＝	負　債	＋資　本
	現　金＋	売掛金＋	商　品＋	消耗品＋	備　品	＝	借入金＋	未払金＋資本金
前残高	13,200	＋5,000＋		300＋	4,800	＝	8,000＋	4,800＋10,500
取引⑦		＋4,800－	4,000			＝		＋　　800
新残高	13,200＋	4,800＋	1,000＋	300＋	4,800	＝	8,000＋	4,800＋11,300

⑧　商品の仕入（その2──現金と掛による仕入）

　商品Bを仕入れ，代金7,500円のうち3,000円は現金で支払い，残額は掛とした。

　この取引では，**商品**が増加する一方で，現金で支払われた部分については**現金**が減少するとともに，掛とされた部分については**買掛金**という負債

が増加する（なお，商業を営む企業の場合，取引②のように，商品以外のものを購入し，代金が未払いのときは，それを未払金として処理するが，しかし，本来の企業活動の目的となる商品の仕入代金の未払分についてはこれと区別して買掛金として処理する）。

<　取引の分析：商品（資産）の増加

――現金（資産）の減少および買掛金（負債）の増加＞

	資　産					＝	負　債			＋資　本
	現　金 ＋	売掛金 ＋	商　品 ＋	消耗品 ＋	備　品 ＝		買掛金 ＋	借入金 ＋	未払金 ＋	資本金
前残高	13,200 ＋	4,800 ＋	1,000 ＋	300 ＋	4,800 ＝		8,000 ＋	4,800 ＋	11,300
取引⑧	− 3,000		＋ 7,500		＝		＋ 4,500		
新残高	10,200 ＋	4,800 ＋	8,500 ＋	300 ＋	4,800 ＝		4,500 ＋	8,000 ＋	4,800 ＋	11,300

⑨　商品の売上（その２――現金と掛による売上）

商品Bの一部（原価6,000円）を売り上げ，代金7,800円のうち4,300円は現金で受け取り，残額は掛とした。

この取引では，**現金**と**売掛金**が増加する一方で，**商品**が減少するとともに，**収益**（商品販売益）の実現という形での**資本金**の増加が生じている。

<　取引の分析：現金（資産）および売掛金（資産）の増加

――商品（資産）の減少および資本金（資本）の増加＞

	資　産					＝	負　債			＋資　本
	現　金 ＋	売掛金 ＋	商　品 ＋	消耗品 ＋	備　品 ＝		買掛金 ＋	借入金 ＋	未払金 ＋	資本金
前残高	10,200 ＋	4,800 ＋	8,500 ＋	300 ＋	4,800 ＝		4,500 ＋	8,000 ＋	4,800 ＋	11,300
取引⑨	＋ 4,300 ＋	3,500 −	6,000		＝					＋ 1,800
新残高	14,500 ＋	8,300 ＋	2,500 ＋	300 ＋	4,800 ＝		4,500 ＋	8,000 ＋	4,800 ＋	13,100

⑩　営業経費の支払

営業活動を通じて生じた諸経費，つまり，給料880円，広告費200円，店舗の賃借料600円，通信費・光熱費その他の雑費70円，計1,750円を一括して現金で支払った。

この取引は，一方で**現金**の減少をもたらすとともに，他方で，**費用**は資

本の減少要素とみなされるので，ここでは**資本金**の減少として記録されな
ければならない。

　＜取引の分析：現金（資産）の減少──資本金（資本）の減少＞

	資　　産					＝	負　　債			＋資　本
	現　　金＋売掛金＋商　品＋消耗品＋備　品＝買掛金＋借入金＋未払金＋資本金									
前残高	14,500＋	8,300＋	2,500＋	300＋	4,800＝		4,500＋	8,000＋	4,800＋13,100	
取引⑩										
給　料	－　　880					＝			－　　880	
広告費	－　　200					＝			－　　200	
賃借料	－　　600					＝			－　　600	
雑　費	－　　70					＝			－　　70	
新残高	12,750＋	8,300＋	2,500＋	300＋	4,800＝		4,500＋	8,000＋	4,800＋11,350	

⑪　売掛金の一部回収

　先の取引⑨で生じた売掛金の一部2,300円を現金で回収した。

　この取引では，取引③や④の場合と同様に，**現金**の増加と**売掛金**の減少
という資産の内部構成の変化のみが記録される。

　＜取引の分析：現金（資産）の増加──売掛金（資産）の減少＞

	資　　産					＝	負　　債			＋資　本
	現　　金＋売掛金＋商　品＋消耗品＋備　品＝買掛金＋借入金＋未払金＋資本金									
前残高	12,750＋	8,300＋	2,500＋	300＋	4,800＝		4,500＋	8,000＋	4,800＋11,350	
取引⑪	＋ 2,300－	2,300				＝		－0－		
新残高	15,050＋	6,000＋	2,500＋	300＋	4,800＝		4,500＋	8,000＋	4,800＋11,350	

⑫　借入金に対する利息の支払と一部返済

　取引⑤で融資を受けた借入金について利息50円を現金で支払うとともに，
借入金の一部3,000円を現金で返済した。

　この取引は，事実上二つの取引が複合して生じたものとみなすことがで
きる。すなわち，借入金に関する利息の支払部分と，借入金それ自体の返
済部分である。前者の取引は，支払利息を企業本来の営業活動に不可避的
に付随する財務活動から生じた費用（資本の減少分）と考えることにより，

現金の減少と**資本金**の減少とに，また，後者の取引は，取引⑤の内容を逆に考えることにより，**現金**の減少と**借入金**の減少というように二面的に分析することができる。

＜取引の分析：現金（資産）の減少
　　　　　　　――借入金（負債）の減少および資本金（資本）の減少＞

	資　産					＝	負　債			＋資　本
	現　金	＋売掛金	＋商　品	＋消耗品	＋備　品	＝買掛金	＋借入金	＋未払金	＋資本金	
前残高	15,050	＋6,000	＋2,500	＋300	＋4,800	＝4,500	＋8,000	＋4,800	＋11,350	
取引⑫	－3,050					＝	－3,000		－50	
新残高	12,000	＋6,000	＋2,500	＋300	＋4,800	＝4,500	＋5,000	＋4,800	＋11,300	

⑬　資本の引出

資本主が私用目的で現金 1,000 円を引き出した。

このような私用目的による現金の引出も，先の取引⑩のような費用の発生とは事由を異にするが，企業資本の減少原因となる。すなわち，**現金**の減少と**資本金**それ自体の減少である。

＜取引の分析：現金（資産）の減少――資本金（資本）の減少＞

	資　産					＝	負　債			＋資　本
	現　金	＋売掛金	＋商　品	＋消耗品	＋備　品	＝買掛金	＋借入金	＋未払金	＋資本金	
前残高	12,000	＋6,000	＋2,500	＋300	＋4,800	＝4,500	＋5,000	＋4,800	＋11,300	
取引⑬	－1,000					＝			－1,000	
新残高	11,000	＋6,000	＋2,500	＋300	＋4,800	＝4,500	＋5,000	＋4,800	＋10,300	

以上の取引例①～⑬の分析からも明らかなように，簿記，特に複式簿記にあっては，どのような取引についても貸借対照表等式の左辺と右辺とが常に等しくなるように分析される。

いま，上記の等式の左辺を借方，右辺を貸方と名づければ，借方と貸方との間には常に一致の関係が成立する。これを**貸借平均の原理**とよぶ。すなわち，**複式簿記**とは，すべての取引について二面的記帳が実行され，貸借平均の原理が組織的に保証される簿記法ということができるのである。

3 勘定と元帳

上述した①〜⑬の取引例においては，すべての取引を貸借対照表等式に基づいて資産・負債・資本の増減として分析し，その残高を上下段階的に加減することにより計算してきた。これを**階梯式計算法**という。

しかしながら，複式簿記では，このような計算法は採られず，あらゆる取引は勘定を用いて記録・分類・集計するという**勘定式計算法**が行われる。

勘定とは，§1の2でも述べたように，簿記における記録・計算の単位であり，勘定の内容を表わす名称たる勘定科目，および，借方と貸方とよばれる左右対照的な二つの欄から構成されるT字型の形式，いわゆる**勘定形式**を有している。

勘定にあっては，特定の項目にかかわるプラスの計算量とマイナスの計算量とが左右二つの欄にそれぞれ区別して記入されることにより，記録の概観性が高められる。そして，その残高は，直接的な差引計算によるのではなく，すべ

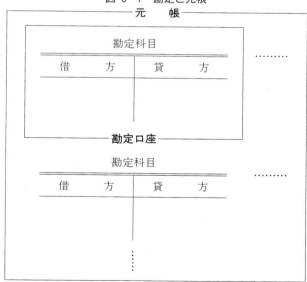

図 3-7 勘定と元帳

58　第3章　簿記の仕組み

ての計算を加算に置き換える加法的減算，つまり，金額の小さい側にいくら加えれば大きい側の金額に等しくなるかという形で計算される。

　かかる特徴を持つ勘定が帳簿に具体的に設けられるとき，それを勘定口座とよび，必要とされる勘定口座のすべてを収容する帳簿のことを**元帳**（ledger）という。前ページの［図3—7］は，このような勘定と元帳との関係を図示したものである。

4　記帳原則

　勘定の左側（借方）の欄に金額を記入することを借方記入といい，逆に，右側（貸方）の欄に金額を記入することを貸方記入という。**記帳原則**とは，このような借方記入や貸方記入がどのように行われるかを定める規則である。

　資産・負債・資本に属する諸勘定への記帳原則は，これらを収容する貸借対照表に基づいて決定される。貸借対照表は＜資産＝負債＋資本＞という等式によって表わされるがゆえに，いま，資産の増加を勘定の左側（借方）の欄に記入すると定めれば，負債と資本の増加は自ずと右側（貸方）の欄に記入されることになる。他方，減少にかかわる記入は当然のことながら増加の場合とは反対側の欄に記入されるので，ここに資産・負債・資本に属する諸勘定に生じた増加と減少に関する記帳原則が確定する。かかる関係をとりまとめたのが，次ページの［図3—8］である。

　60〜61ページの［表3—1］は，先に掲げた取引①〜⑬の内容を，上記の記帳原則に基づいて，勘定計算の形式で表示した一覧表である。

　この［表3—1］においては，二つのスクリーン部分がいずれも資産・負債・資本の有高を示しており，これらのスクリーン部分にはさまれた中央の白地部分が期中の取引総額を表示している（なお，ここでは，取引①が会計期間のはじまりと同時に行われ，その際に出資された現金とこれに符合する資本金とが当該企業の期首有高を構成しているとの仮定によっている）。

　したがって，この表からは，企業の資本が，上部スクリーン部分の有高（期首有高——取引①）から出発して，白地部分に示された期中の経済活動（取引②

第3章　簿記の仕組み　59

図 3−8　貸借対照表系統の勘定の記帳原則

資　産		＝	負　債　＋　資　本	
資産に属する諸勘定			負債に属する諸勘定	
増　加	減　少		減　少	**増　加**
			資本に属する諸勘定	
			減　少	**増　加**

〜⑬）によって変動を引き起こされ，結果として下部スクリーンの有高（期末有高）に収斂する過程，つまり，ストック（期首有高）──→フロー（期中での取引総額）──→ストック（期末有高）という循環を描く企業資本の運動過程をよりよく概観することができるのである。

　いま，［表3−1］の期首有高の部分のみを表形式で示すと，期首貸借対照表

表 3−2　期首貸借対照表

資　　産	金　額	資　　本	金　額
現　　　金	10,000	資　本　金	10,000
	10,000		10,000

表 3−3　期末貸借対照表

資　　産	金　額	負債・資本	金　額
現　　　金	11,000	負　　債	
売　掛　金	6,000	買　掛　金	4,500
商　　　品	2,500	借　入　金	5,000
消　耗　品	300	未　払　金	4,800
備　　　品	4,800	資　　本	
		資　本　金	10,300
	24,600		24,600

60　第3章　簿記の仕組み

表 3-1　勘 定 記 入

	資　　　　　　　産							
	現　金		売 掛 金		商　　品		消 耗 品	
	借方(+)	貸方(-)	借方(+)	貸方(-)	借方(+)	貸方(-)	借方(+)	貸方(-)
① 出資（期首有高）	10,000							
② 備品の掛購入								
③ 消耗品の現金購入		300					300	
④ 商品の仕入（その1）		5,000			5,000			
⑤ 借入金の調達	8,000							
⑥ 仲介手数料の受領	500							
⑦ 商品の売上（その1）			4,800			4,000		
⑧ 商品の仕入（その2）		3,000			7,500			
⑨ 商品の売上（その2）	4,300		3,500			6,000		
⑩ 営業経費の支払								
給　料		880						
広 告 費		200						
賃 借 料		600						
雑　費		70						
⑪ 売掛金の一部回収	2,300			2,300				
⑫ 借入金の利息支払と一部返済		3,050						
一部返済		1,000						
⑬ 資本の引出		1,000						
	25,100	14,100	8,300	2,300	12,500	10,000	300	
期末有高 資産 現　金		11,000						
売掛金				6,000				
商　品						2,500		
消耗品								300
備　品								
負債 買掛金								
借入金								
未払金								
資本 資本金								
	25,100	25,100	8,300	8,300	12,500	12,500	300	300

資産勘定の合計
24,600

第3章 簿記の仕組み　61

の 一 覧 表

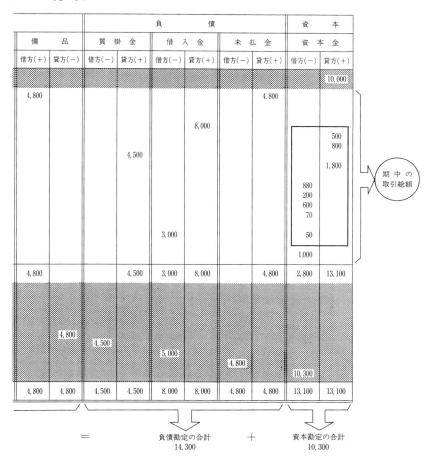

62　第3章　簿記の仕組み

（[表3−2]）が得られる。また，期末有高の部分を一表にとりまとめると，期末貸借対照表（[表3−3]）を作成することができる（59ページ参照）。

　通常，企業が外部に公表するのは後者の期末貸借対照表であり，そこでは，既述のように，期末時点での企業の財政状態が一覧表示されることになる。

§4　損益計算の仕組み

1　取引の類型

　§3では，貸借対照表等式を前提として，取引の分析や記帳原則の解説を進めてきた。繰り返すまでもなく，貸借対照表等式は＜資産＝負債＋資本＞という形式により表わされる。この等式においては，それが示す貸借対照表の構造からも明らかなように，等しく企業資金の調達源泉を表示するという視点から，負債と資本が同質的なものとして取り扱われている。

　しかしながら，いま，視点を変えて，負債を資本と対立し，資産と同質的なものと理解し直すとき，そこに新しい等式，つまり，**資本等式**を得ることができる。

資　産－負　債＝資　本

　この資本等式にあっては，資産と負債とはいずれも**財産**という概念で統一的に把握され，プラスの財産（積極財産）である資産からマイナスの財産（消極財産）である負債を控除することによって，純財産（正味財産）としての資本が算出される過程が表現されている。

　したがって，この等式は，次のように書き改めることもできる。すなわち，

積極財産－消極財産＝純財産

　簿記においては，一般に，上記の資本等式に含まれる資産（積極財産），負債（消極財産），および，資本（純財産）にどのような影響を及ぼすかという観点に立って，取引の類型化が試みられることが多い。

　次の［表3−4］は，§3の2で掲げた取引①〜⑬を例に取り上げて，**取引の**

類型を示したものである。

表 3—4　取引の類型

[表3-1] の
取引番号

```
                    ┌財産交替取引……② ③ ④ ⑤ ⑧ ⑪
            ┌交換取引┤
            │       └資本取引…………① ⑬ ……………………………資本取引┐実質的観点
形式的観点  ┤損益取引………………⑥ ⑩ ……………………………損益取引┘からの分類
からの分類  │
            └混合取引………………⑦ ⑨ ⑫…………┘
```

　上記の取引類型のうち，**財産交替取引**とは，資本等式の左辺を構成する積極財産と消極財産それぞれの内部，あるいは，これら相互間での増減取引であり，右辺の純財産，つまり，資本に影響を及ぼさない取引のことをいう。

　また，**資本取引**とは，資本の出資や引出などのように，右辺の資本そのものの増加ないし減少を目的とする取引であり，その結果として左辺の資産・負債の変動を伴うものをいう。

　かかる財産交替取引と資本取引とは，いずれも企業の目的とする損益に影響を及ぼすことがなく，したがって，資産・負債・資本の内部における構成変化，つまり，交換（交替）をもたらすにすぎないので，これらの取引は**交換取引**ないし交替取引と総称される。

　他方，**損益取引**とは，企業活動を通じて収益・費用を発生し，結果的に資本の増減となって現われる取引をいう。すなわち，損益取引による資本の増減は，資本の移転もしくは資本そのものに原因があるのではなく，あくまでも企業資本の運用過程における資産の利用もしくは負債の処理に原因があり，それらに伴う収益・費用発生の結果として資本に変動がもたらされる点に特徴がある。

　さらに，交換取引と損益取引とが一つの取引に複合して生じるとき，この種の取引は**混合取引**とよばれる。

　しかしながら，上記のような取引の類型化は，資本等式の構成にどのような変動がもたらされるかという，いわば形式的観点からの取引の分類にすぎない。会計の重要な機能の一つが，既述のように，期間損益の正しい算定にあるとす

64　第3章　簿記の仕組み

るならば，簿記においてもまた，企業資本の増減が，損益に関連をもたない単なる資本そのものの変動によるのか，それとも，収益・費用の発生による資本の変動によるのかという観点からの取引分類が重視されなければならない。

　このような実質的観点からは，資本取引と損益取引との明確な区分が要請される。つまり，**資本取引・損益取引区分の原則**が強調されることになり，かかる原則が守られることによって，期間損益の正しい算定が可能になるのである。

2　収益・費用勘定の設定

損益取引と資本取引とはともに資本の増加ないし減少をもたらす取引であり，

図 3−9　資本勘定からの収益・費用勘定の分離（その1）

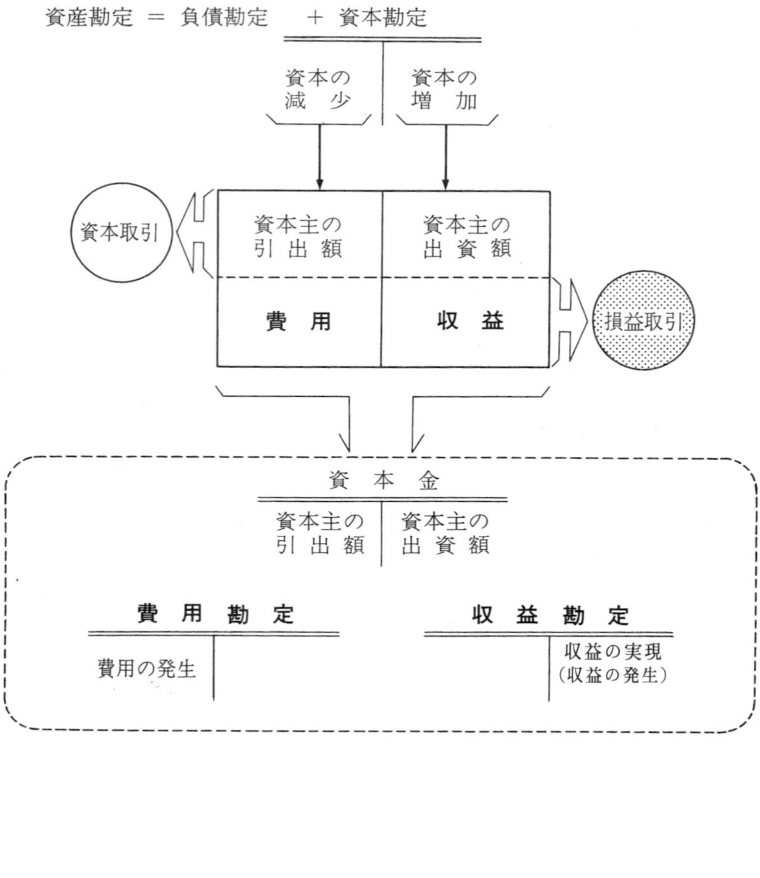

資産勘定 ＝ 負債勘定　＋ 資本勘定

資本の減　少	資本の増　加
資本主の引　出　額	資本主の出　資　額
費　　用	**収　　益**

資本取引

損益取引

資　本　金	
資本主の引　出　額	資本主の出　資　額

費　用　勘　定	**収　益　勘　定**
費用の発生	収益の実現（収益の発生）

それゆえに，勘定記入に際してはいずれも資本勘定に収容されることになる。

しかしながら，資本取引による資本の増減は，企業の目的とされる損益に影響を与えるものでないから，これと収益・費用を導く損益取引の結果とは明確に区別される必要がある。そのために，資本勘定に収容されている収益・費用の諸勘定を独立させ，収益勘定と費用勘定を設定することが行われる。この関係を図示したものが，64ページの［図3−9］である。

表 3−5　資本勘定からの収益・費用勘定の分離（その2）

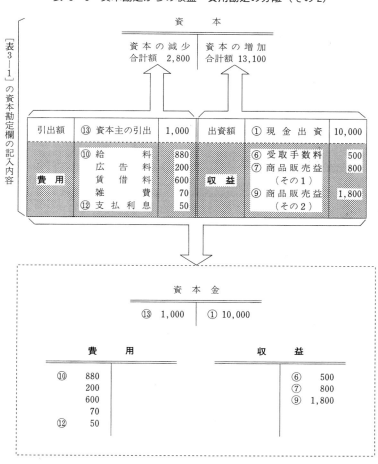

66　第3章　簿記の仕組み

　この［図3—9］からも明らかなように，収益・費用の諸勘定にかかわる記
帳原則は，資本勘定についての記帳原則をそのまま拡張することによって決定
される。すなわち，資本勘定にあっては，§るの4でみたように，資本の増加
は貸方側に，資本の減少は借方側に記入される。それゆえに，資本の増加を表
わす収益の実現（または収益の発生）は収益勘定の貸方側に記入され，他方，資
本の減少を表わす費用の発生は費用勘定の借方側に記入されることになる。

　前ページの［表3—5］は，§るで掲げた［表3—1］の資本勘定（具体的には
資本金勘定）の記入内容を，［図3—9］の形式に従って再構成したものである。

　この表においては，［表3—1］の資本勘定欄の太枠で囲まれた部分に示され
ていた損益取引による資本の増減がスクリーン部分で表わされており，これら
が，資本金勘定から分離されて，収益勘定と費用勘定に収容される関係が明ら
かにされている。

3　二つの損益計算方法の例示

　損益計算に関して，損益法と財産法という二つの方法があるということは，
既に§2の2で言及したところである。

　ここでは，これら二つの方法の具体的な実行例を，§るの2に掲げた取引例
から得られる数値を用いて示してみよう。

　損益法とは，すでに述べたように，収益・費用という資本に増減をもたらす
原因の側面から直接的にアプローチする方法である。

　前項においては，損益取引の結果と損益に関連をもたない資本取引の結果と
を区別するために，収益と費用とを収容する別個の勘定を設けることを説明し
た。このような資本勘定から独立した収益勘定と費用勘定が設定される結果と
して，これら二つの勘定から期間利益を直接的に把握することが可能になる。

　いま，収益と費用とを集計し，これらを対応表示するための特別な勘定とし
て**損益勘定**を設けるとすれば，次ページの［表3—6］から明らかなように，
損益勘定の貸方（収益）が借方（費用）を超過する金額（＝収益余剰）が，当該
期間の利益（1,300円）として算出される。

表 3−6 損益法（利益の直接的決定）

```
                    損        益
            ┌─────────────┬─────────────┐
            │  費   用    │  収   益    │
            ├─────────────┼─────────────┤
[表3-5]  ⇒ │⑩ 給  料  880│⑥ 受取手数料 500  │ ⇐ [表3-5]
の費用勘定   │  広 告 費 200│⑦ 商品販売益 800  │   の収益勘定
から        │  賃 借 料 600│⑨ 商品販売益1,800 │   から
            │  雑   費  70│             │
            │⑫ 支払利息  50│             │
```

       利　益
      （収益余剰）
       1,300円

　他方，資本の増減それ自体という結果の側面から間接的にアプローチする財産法的損益計算の過程は，次の［表3−7］に示される。

表 3−7 財産法（利益の間接的決定）

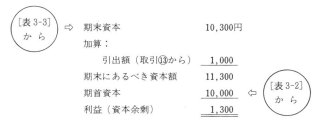

　すなわち，先の［表3−2］から得られる期首資本（表中では資本金）と，［表3−3］から得られる期末資本とを比較し，期中での引出額を修正した後の，期末資本が期首資本を超過する金額（＝資本余剰）が当該期間の利益（1,300円）として求められる。
　このように，組織的簿記法である複式簿記を採用する限り，資本に増減をも

68 第3章 簿記の仕組み

たらす収益・費用と資本の増減それ自体とは二面的に捕捉され，それゆえに，収益余剰として利益を直接的に決定する損益法の計算結果と，資本余剰として利益を間接的に決定する財産法の計算結果とは必ず一致することになる。

§5 仕訳帳と元帳

1 複式簿記と二面的記帳

複式簿記とは，既述のように，取引が常に相対立する二つの経済価値の対流関係を伴うということに着目して，これを二つの側面に分解することによって二面的な記帳を行い，貸借平均の原理が組織的に保証される簿記法をいう。

それゆえに，複式簿記にあっては，企業に生起するすべての取引が，それぞれの取引が有する二面性に即して分析され，その分析結果が，資産の増加は借方，負債と資本の増加は貸方に，また，費用の発生は借方，収益の実現（または収益の発生）は貸方にそれぞれ記入すべしとする記帳原則に従って，個々の勘定に記入される。すなわち，すべての取引について同一の価値量が必ず借方側と貸方側に二面的に記帳され，したがって，そこでは常に＜借方記入の金額＝貸方記入の金額＞という記帳関係が成立することになる。

次ページの［表3−8］は，§3で言及した取引例について，取引の分析——→記帳原則の適用——→勘定記入という一連の過程を改めて一覧表の形で示したものである。

2 仕訳帳と仕訳記入の方法

簿記は，§1でも述べたように，企業に生起した取引を貨幣数量的に把握し，これを勘定記録に整序して財務諸表にとりまとめるための技法である。

したがって，そこでは，取引の分析結果を元帳に設定された諸勘定に記録する方法が重要な問題になる。しかしながら，取引の分析結果を元帳の勘定に直接的に記入することは誤りを生じやすく，また，期中に発生した取引の歴史的

第3章　簿記の仕組み　69

概観，つまり，発生順の記録が得られないため，取引が発生した場合に，これを最初に記入する帳簿として仕訳帳が導入される。

　仕訳帳（journal）とは，取引を二面的に分析した結果を発生順に記録する帳

表 3-8　取引の分析から勘定記入への過程

取　引	取引の分析	記帳原則の適用	勘定記入
	資産の増加 負債の増加 資本の増加	資産の増加：借方 負債の増加：貸方 資本の増加：貸方	〔表3-1〕の 勘定記入の 一　覧　表
① 現金10,000円を出資した	現金（資産）の増加	資産の増加は借方	借方：現　　　金 10,000円
	資本金(資本)の増加	資本の増加は貸方	貸方：資　本　金 10,000円
② 備品4,800円を掛で購入した	備品（資産）の増加	資産の増加は借方	借方：備　　　品　4,800円
	未払金(負債)の増加	負債の増加は貸方	貸方：未　払　金　4,800円
③ 消耗品300円を現金で購入した	消耗品(資産)の増加	資産の増加は借方	借方：消　耗　品　　300円
	現金（資産）の減少	資産の減少は貸方	貸方：現　　　金　　300円
④ 商品5,000円を現金で仕入れた	商品（資産）の増加	資産の増加は借方	借方：商　　　品　5,000円
	現金（資産）の減少	資産の減少は貸方	貸方：現　　　金　5,000円
⑤ 銀行から現金8,000円の融資を受けた	現金（資産）の増加	資産の増加は借方	借方：現　　　金　8,000円
	借入金(負債)の増加	負債の増加は貸方	貸方：借　入　金　8,000円
⑥ 仲介手数料500円を現金で受け取った	現金（資産）の増加	資産の増加は借方	借方：現　　　金　　500円
	受取手数料(収益)の 実現－資本の増加	収益の実現（資本 の増加）は貸方	貸方：受取手数料　　500円
⑦ 商品（原価4,000円）を掛4,800円で売り上げた	売掛金(資産)の増加	資産の増加は借方	借方：売　掛　金　4,800円
	商品（資産）の減少	資産の減少は貸方	貸方：商　　　品　4,000円
	商品販売益(収益)の 実現－資本の増加	収益の実現（資本 の増加）は貸方	貸方：商品販売益　　800円
⑧ 商品7,500円を現金3,000円と掛4,500円で仕入れた	商品（資産）の増加	資産の増加は借方	借方：商　　　品　7,500円
	現金（資産）の減少	資産の減少は貸方	貸方：現　　　金　3,000円
	買掛金(負債)の増加	負債の増加は貸方	貸方：買　掛　金　4,500円

70   第3章 簿記の仕組み

⑨ 商品（原価6,000円）を現金4,300円と掛3,500円で売り上げた	現金（資産）の増加	資産の増加は借方	借方：現　　　金　4,300円
	売掛金（資産）の増加	資産の増加は借方	借方：売　掛　金　3,500円
	商品（資産）の減少	資産の減少は貸方	貸方：商　　　品　6,000円
	商品販売益(収益)の実現－資本の増加	収益の実現（資本の増加）は貸方	貸方：商品販売益　1,800円
⑩ 営業経費，つまり，給料880円，広告費200円，賃借料600円，雑費70円，計1,750円を現金で支払った	営業経費（費用）の発生－資本の減少	費用の発生（資本の減少）は借方	借方：給　　　料　　880円 　　　広　告　費　　200円 　　　賃　　借　　料　600円 　　　雑　　　費　　　70円
	現金（資産）の減少	資産の減少は貸方	貸方：現　　　金　1,750円
⑪ 売掛金の一部2,300円を現金で回収した	現金（資産）の増加	資産の増加は借方	借方：現　　　金　2,300円
	売掛金（資産）の減少	資産の減少は貸方	貸方：売　掛　金　2,300円
⑫ 借入金について利息50円を現金で支払うとともに，借入金の一部3,000円を現金で返済した	借入金（負債）の減少	負債の減少は借方	借方：借　入　金　3,000円
	支払利息(費用)の発生－資本の減少	費用の発生（資本の減少）は借方	借方：支 払 利 息　　50円
	現金（資産）の減少	資産の減少は貸方	貸方：現　　　金　3,050円
⑬ 私用目的で現金1,000円を引き出した。	資本金（資本）の減少	資本の減少は借方	借方：資　本　金　1,000円
	現金（資産）の減少	資産の減少は貸方	貸方：現　　　金　1,000円

仕訳

簿であり，この帳簿からは，取引の原初的記録ないし**歴史的記録**が得られる。かかる原初記入簿としての仕訳帳への記録が行われた後に，元帳において勘定記録が行われるのであり，この記帳手続の過程を図示したものが，次の［図3－10］である。

図 3－10　仕訳帳と元帳への記入順序

第3章　簿記の仕組み　71

　このような取引の分析結果をその発生順に仕訳帳に記入することを**仕訳記入**とよび，このような記入行為ないし記入内容を**仕訳**（journalizing）という。

　仕訳記入の要領は，次のとおりである。

（ⅰ）　まず，「日付」欄への月日の記入を行うが，通常は，月を最初に一度記入すれば，そのページでの以下の記入に際しては省略する。

（ⅱ）　次に，勘定科目の記入に移るが，「摘要」欄の左半分に借方勘定科目を，また，次の行の右半分に貸方勘定科目を，それぞれ（　）をつけて記入する。そして，これに対応する金額を「金額」欄の借方側もしくは貸方側に記入する。

（ⅲ）　さらに，取引の内容についての簡単な説明を記入する。これは，勘定科目より小さい文字で，借方勘定科目よりやや内側寄りから書きはじめる。これを**小書**（こがき）という。それは，かつて仕訳帳に先行する原初記入簿として存在した，取引の叙述的記録を担っていた**日記帳**（day-book）の名残りである。

（ⅳ）　「元丁」欄への記入は，次の項で言及する元帳勘定への転記に際して行う。

　72〜73ページの［表3−9］は，上記の仕訳記入の要領について，先の「表3−8」における取引分析の結果を例に取って示したものである（この例では，［表3−8］での取引番号をそのまま4月の日付として扱っている）。

　なお，この［表3−9］にみられる仕訳のうち，4月1日や2日のように，借方も貸方も勘定科目が1科目であるような仕訳を**単純仕訳**という。これに対して，7日や8日のように，借方が1科目で貸方が複数科目の仕訳，あるいは，逆に，10日や13日のように，借方が複数科目で貸方が1科目の仕訳，さらに，9日のように，借方と貸方の双方が複数科目になっている仕訳を**複合仕訳**という。かかる複合仕訳の場合には，［表3−9］に例示されるように，上の行に**諸口**（しょくち）と記しておく。

72　第3章　簿記の仕組み

表 3−9　仕　訳　帳

仕　訳　帳　　　　　　　　　　　1

日付		摘　　要		元丁	借　方	貸　方
4	1	（現　　　金）		101	10,000	
			（資　本　金）	301		10,000
		出　資				
	2	（備　　　品）		141	4,800	
			（未　払　金）	221		4,800
		備品の掛購入				
	3	（消　耗　品）		131	300	
			（現　　　金）	101		300
		消耗品の現金購入				
	4	（商　　　品）		121	5,000	
			（現　　　金）	101		5,000
		商品の現金による仕入				
	5	（現　　　金）		101	8,000	
			（借　入　金）	211		8,000
		借入金の調達				
	6	（現　　　金）		101	500	
			（受取手数料）	451		500
		仲介手数料の受領				
	7	（売　掛　金）	諸　　　口	111	4,800	
			（商　　　品）	121		4,000
			（商品販売益）	411		800
		商品の掛による売上				
	8	（商　　　品）	諸　　　口	121	7,500	
			（現　　　金）	101		3,000
			（買　掛　金）	201		4,500
		商品の現金と掛による仕入				
	9	諸　　　口	諸　　　口			
		（現　　　金）		101	4,300	
		（売　掛　金）		111	3,500	
			（商　　　品）	121		6,000
			（商品販売益）	411		1,800
		商品の現金と掛による売上				
			次ページへ		48,700	48,700

仕 訳 帳

2

日付		摘　　　要	元丁	借　方	貸　方
		前ページから		48,700	48,700
4	10	諸　　　口			
		（給　　　料）	551	880	
		（広　告　費）	552	200	
		（賃　借　料）	554	600	
		（雑　　　費）	559	70	
		（現　　　金）	101		1,750
		営業経費の支払			
	11	（現　　　金）	101	2,300	
		（売　掛　金）	111		2,300
		売掛金の一部回収			
	12	諸　　　口			
		（借　入　金）	211	3,000	
		（支　払　利　息）	581	50	
		（現　　　金）	101		3,050
		借入金に対する利息の支払と一部返済			
	13	（資　本　金）	301	1,000	
		（現　　　金）	101		1,000
		資本の引出			

3　元帳と転記の方法

元帳（ledger）とは，簿記における記録・計算の単位である勘定を統括する帳簿であり，それゆえに，**総勘定元帳**ともよばれる。

元帳には，当然のことながら，企業が必要とする資産・負債・資本・収益・費用についてのさまざまな勘定が設定される。各科目別に設けられる勘定の様式は，次ページの［図3—11］と［図3—12］に示されるように，標準式と残高式がある。

標準式の勘定では，中央から二分され，まったく同じ体裁の記入欄が左右対照的に設けられている。これに対して，**残高式**の勘定では，借方・貸方の金額欄のほかに，残高を示す金額欄と，当該残高が借方の残高か貸方の残高かを記

74　第3章　簿記の仕組み

図 3—11　勘定の様式（その1　標準式）

日付	摘　要	仕丁	金額	日付	摘　要	仕丁	金額

図 3—12　勘定の様式（その1　残高式）

日付	摘　要	仕丁	借　方	貸　方	借または貸	残　高

入する欄が設けられている。実務では残高式が多く用いられているといわれるが，ここでは標準式の様式を前提に，さらにこれを簡略化したＴ字型の様式を用いることにする。

元帳への勘定記録は，先の［図3—10］からも明らかなように，原初記入簿である仕訳帳への記入をふまえて，転記という手続を介して行われる。

転記（posting）とは，仕訳帳の借方記入を元帳の該当する勘定の借方側に書き移し，また，仕訳帳の貸方記入を元帳の該当する勘定の貸方側に書き移す手続をいう。このような転記の手続は，取引の発生の都度行われるのではなく，一般に，1日，1週間，あるいは，1カ月といった一定の時間的距離を空けて行われる。

元帳への転記にあたっては，これに先立ち，**勘定表**，つまり，企業にとっ

表 3—10　勘 定 表

勘　定　科　目	勘定番号
資　　産	
現　　　　　金	101
売　掛　　金	111
商　　　　品	121
消　耗　　品	131
備　　　　品	141
負　　債	
買　掛　　金	201
借　入　　金	211
未　払　　金	221
資　　本	
資　本　　金	301
収　　益	
商品販売益	411
受取手数料	451
費　　用	
給　　　　料	551
広　告　　費	552
賃　借　　料	554
雑　　　　費	559
支　払　利息	581

て必要な勘定科目とその勘定番号に関する一覧表を作成することが重要である。前ページの［表3－10］は，先の［表3－9］に示した仕訳帳で用いられた勘定科目について，それぞれに勘定番号を付して一覧表示したものである。

以下の［表3－11］は，仕訳帳から元帳への具体的な転記の手続を，［表3－9］の仕訳帳に含まれている4月1日付の仕訳を例に取り上げて示したものである。

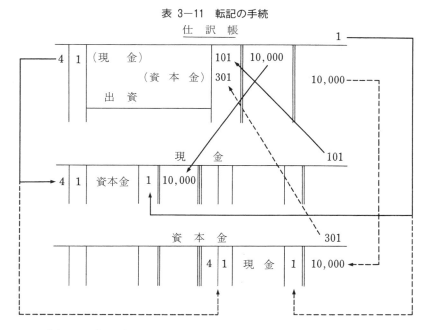

表 3－11　転記の手続

この［表3－11］に基づいて，転記の要領を示せば，以下のようになる。
（ⅰ）　仕訳帳に記入された借方勘定科目から，元帳における該当勘定（この例示の場合では現金勘定）をさがし出す。
（ⅱ）　元帳の該当勘定の借方「日付」欄に日付を記入する。
　　　　この場合，日付は，転記が行われる日でなく，仕訳帳記載の取引発生の日とする。
（ⅲ）　勘定の「摘要」欄には，相手方勘定科目を記入する。なお，相手方勘

76 第3章 簿記の仕組み

定科目が複数の場合には諸口と記入する。

（iv） 勘定の「仕丁」欄には，当該借方仕訳が記載されている仕訳帳のペー
ジ数（丁数）を記入する。

（v） 勘定の「金額」欄には，仕訳帳と同一の金額を記入する。

（vi） 仕訳帳の「元丁」欄には，該当する元帳勘定の勘定番号を記入する。

表 3−12 転記後の元帳勘定

現　　金　　　　　　　　　　　　　101

日付		摘　　要	仕丁	金　額	日付		摘　　要	仕丁	金　額
4	1	資　本　金	1	10,000	4	3	消　耗　品	1	300
	5	借　入　金	〃	8,000		4	商　　　品	〃	5,000
	6	受取手数料	〃	500		8	〃	〃	3,000
	9	諸　　　口	〃	4,300		10	諸　　　口	2	1,750
	11	売　掛　金	2	2,300		12	〃	〃	3,050
						13	資　本　金	〃	1,000

売　掛　金　　　　　　　　　　　　111

日付		摘　要	仕丁	金　額	日付		摘　要	仕丁	金　額
4	7	諸　　　口	1	4,800	4	11	現　　　金	2	2,300
	9	〃	〃	3,500					

商　　品　　　　　　　　　　　　　121

日付		摘　要	仕丁	金　額	日付		摘　要	仕丁	金　額
4	4	現　　　金	1	5,000	4	7	売　掛　金	1	4,000
	8	諸　　　口	〃	7,500		9	諸　　　口	〃	6,000

消　耗　品　　　　　　　　　　　　131

日付		摘　要	仕丁	金　額					
4	3	現　　　金	1	300					

備　　品　　　　　　　　　　　　　141

日付		摘　要	仕丁	金　額					
4	2	未　払　金	1	4,800					

買　掛　金　　　　　　　　　　　　201

					日付		摘　要	仕丁	金　額
					4	8	商　　　品	1	4,500

第3章　簿記の仕組み　77

借　入　金　　　　　　211

4	12	現　　金	2	3,000	4	5	現　　金	1	8,000

未　払　金　　　　　　221

					4	2	備　　品	1	4,800

資　本　金　　　　　　301

4	13	現　　金	2	1,000	4	1	現　　金	1	10,000

商品販売益　　　　　　411

					4	7	売　掛　金	1	800
						9	諸　　口	〃	1,800

受取手数料　　　　　　451

					4	6	現　　金	1	500

給　　料　　　　　　551

4	10	現　　金	2	880

広　告　費　　　　　　552

4	10	現　　金	2	200

賃　借　料　　　　　　554

4	10	現　　金	2	600

雑　　費　　　　　　559

4	10	現　　金	2	70

支　払　利　息　　　　　　581

4	12	現　　金	2	50

78　第3章　簿記の仕組み

　　この仕訳帳の「元丁」欄と元帳の「仕丁」欄とを相互に参照すること
　により，転記の正確さを確かめることができる。
（vii）（vi）までで借方仕訳の転記が完了したので，次に，貸方仕訳につい
　ても同様な手順によって転記を行う。

　上記の手続に従って，［表3—9］の仕訳帳の記入内容のすべてを転記した後
の元帳の勘定面を示したものが，76〜77ページに掲げた［表3—12］である。

　以上のように，転記の手続は，仕訳帳における取引の歴史的記録を元帳の勘
定科目別に整理・集計するために行われるのであり，その結果として得られる
元帳の勘定記録は，仕訳帳での歴史的記録に対して**分析的記録**ともよばれる。

　複式簿記にあっては，このような歴史的記録を支える仕訳帳と分析的記録を
司る元帳とが一体となって帳簿組織の根幹を形成し，財務諸表もまたこれらの
記録から導かれる形で作成される。それゆえに，仕訳帳と元帳とは複式簿記に
とって不可欠の帳簿，つまり，**主要簿**と位置づけられている。

§6　試算表の作成

1　合計試算表と元帳記入の検証

　§5までの手続によって，企業に生起した取引のすべてが仕訳帳に記入され，
さらに，仕訳帳での取引の分析結果が転記を介して元帳勘定に移し替えられた。
かかる元帳の勘定記録に基づいて貸借対照表と損益計算書が作成されることに
なるが，しかし，その前にまず財務諸表作成の基礎となる元帳記入が正しく行
われているかどうかを確認しておく必要がある。

　既述のように，仕訳帳では借方記入と貸方記入とが金額的に一致するように
記録が行われ，しかも，この仕訳記入の金額が元帳における該当勘定の借方な
いし貸方にそのまま書き移されるのであるから，転記に誤謬や脱漏などがない
限り，元帳の勘定記録の借方合計額と貸方合計額とは必ず一致し，また，これ
らは期中の取引総額（ただし，期首の有高を含む）を表わすものであるから，仕

第3章 簿記の仕組み　79

訳帳の合計額とも一致するはずである。

　このような複式簿記における貸借の均衡関係，つまり，**貸借平均の原理**を利用して，元帳記入の正確さを検証する目的で作成されるのが**試算表**（trial balance），特に合計試算表である。

　合計試算表は，元帳の勘定記録に基づいて作成される。具体的には，各勘定の借方合計額と貸方合計額を求め，これらを勘定科目別に配列して一覧表示することによって得られる。

　次の［表3－13］は，先の［表3－12］で示した元帳勘定の記入内容に基づいて作成した合計試算表を示している。

表 3－13　合計試算表

合計試算表

勘 定 科 目	元丁	借　　方	貸　　方
現　　　　金	101	25,100	14,100
売　掛　金	111	8,300	2,300
商　　　品	121	12,500	10,000
消　耗　品	131	300	
備　　　品	141	4,800	
買　掛　金	201		4,500
借　入　金	211	3,000	8,000
未　払　金	221		4,800
資　本　金	301	1,000	10,000
商品販売益	411		2,600
受取手数料	451		500
給　　　料	551	880	
広　告　費	552	200	
賃　借　料	554	600	
雑　　　費	559	70	
支 払 利 息	581	50	
		56,800	56,800

　かかる合計試算表が有する検証機能には，次の二つがあげられる。すなわち，

（ⅰ）　合計試算表の借方合計額と貸方合計額との一致を確かめることによって，元帳勘定への転記の正確さを検証することができる。

（ⅱ）　合計試算表の合計額と仕訳帳の合計額との一致を確かめることによっ

80　第3章　簿記の仕組み

て，取引の元帳への記録の正確さを検証することができる。

これら二つの機能のうち，（i）の検証機能は，合計試算表それ自体の貸借合計額の一致を照合することによって可能となるが，（ii）の機能については，仕訳帳を締め切り，その合計額を求める必要がある。

なお，仕訳帳の締切方法は，次の［表3－14］に示すとおりである。

表 3－14　仕訳帳の締切（［表3－9］の仕訳帳からの続き）

仕　訳　帳

2

日付	摘　　　　　要	元丁	借　方	貸　方
13	（資　本　金）　　　　　　　（現　　　金）　　資本の引出	301　101	1,000	1,000
			56,800	56,800

一致

合計試算表
の 合 計 額

　このように，合計試算表を用いて元帳記入の正確さを検証できるのは，いうまでもなく複式簿記における記録が貸借平均の原理に基づいて行われるからである。かかる自己検証機能は，複式簿記のもつ優れた特性の一つと考えられている。

2　残高試算表と財務諸表の誘導

　試算表には，前項で言及した合計試算表のほかに，**残高試算表**とよばれる形式のものがある。これは，元帳の各勘定の貸借残高を一表に集めたものであり，合計試算表の貸借合計額が一致する限り，残高試算表の借方合計額と貸方合計額も一致するはずである。かかる残高試算表は，先の合計試算表が元帳記入の正確さを検証する手段として用いられるのに対して，一定時点における元帳の資産・負債・資本・収益・費用の各勘定の残高を一覧表示するものとして，財務諸表作成の出発点とされる。

次の［図3-13］は，残高試算表から貸借対照表と損益計算書とが導かれる関係を図示したものである。

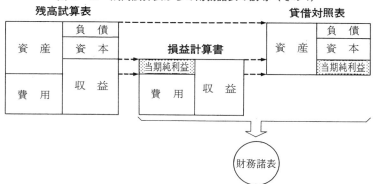

図 3-13　残高試算表からの財務諸表の誘導（その1）

また，次ページの［表3-15］は，［図3-13］における関係をいま少し具体的に示すために，これまで使用してきた取引例から得られる数値を用いて財務諸表が誘導される関係を明らかにしたものである。

これら二つの図表から示されるように，残高試算表に含まれた諸項目は，貸借対照表系統の勘定，つまり，資産・負債・資本の諸勘定と，損益計算書系統の勘定，つまり，収益・費用の諸勘定とに二区分され，前者からは貸借対照表が，後者からは損益計算書が導かれる。その具体的な手順は，以下のとおりである。

（ⅰ）　残高試算表の借方合計額と貸方合計額との一致を確かめる。
（ⅱ）　損益計算書を作成し，収益から費用を控除して当期損益（［表3-15］の例では収益余剰としての当期純利益）を算定する。
（ⅲ）　この当期純利益はまた資本余剰としての期首資本の増加分を意味するものであるから，貸借対照表の資本の部に移記して，貸借対照表が最終的に貸借平均することを確かめる。

このような元帳の勘定記録に基づいて財務諸表を作成する方法を**誘導法**という。誘導法は，組織的な簿記記録の存在を前提としてはじめて可能になるもの

82　第3章　簿記の仕組み

表 3—15　残高試算表からの財務諸表の誘導（その2）

残高試算表

勘定科目	元丁	借方	貸方
現　　　　金	101	11,000	
売　掛　金	111	6,000	
商　　　品	121	2,500	
消　耗　品	131	300	
備　　　品	141	4,800	
買　掛　金	201		4,500
借　入　金	211		5,000
未　払　金	221		4,800
資　本　金	301		9,000
商品販売益	411		2,600
受取手数料	451		500
給　　　料	551	880	
広　告　費	552	200	
賃　借　料	554	600	
雑　　　費	559	70	
支払利息	581	50	
		26,400	26,400

貸借対照表

資　産	金額	負債・資本	金額
現　　　　金	11,000	買　掛　金	4,500
売　掛　金	6,000	借　入　金	5,000
商　　　品	2,500	未　払　金	4,800
消　耗　品	300	資　本　金	9,000
備　　　品	4,800	**当期純利益**	1,300
	24,600		24,600

損益計算書

費　用	金額	収　益	金額
給　　　料	880	商品販売益	2,600
広　告　費	200	受取手数料	500
賃　借　料	600		
雑　　　費	70		
支払利息	50		
当期純利益	1,300		
	3,100		3,100

であり，期末時点での資産・負債の実地棚卸から貸借対照表を作成する**棚卸法**（棚卸計算法）と対比される方法である。

　なお，元帳記録の正確さの検証という合計試算表の機能と，財務諸表の誘導という残高試算表の機能とを同時的に満たすために，これら二つの試算表を一体とした**合計残高試算表**が作成されることがある。

第3章　簿記の仕組み　83

§7　損益の計算と決算手続

1　決算の意義

　複式簿記によって計算の形式構造が支えられている今日の企業会計にあっては，組織的に作成された簿記の記録に基づき，概ね1年という期間を区切って，企業の経営成績と財政状態とを明らかにするために財務諸表が作成される。そのために，帳簿，特に元帳の締切を中心として決算が行われる。

　決算（closing）とは，期間損益計算制度の下で，元帳の勘定記録に基づいて財務諸表を作成するにあたり，元帳記録に一定の整理（決算整理）を施して締め切ることをいう（ただし，§7では決算整理がないものとみなして解説を進め，決算整理については改めて§9で説明を加えることにする）。

　決算は，手続的には，予備手続と本手続とに分けることができる。

　決算予備手続とは，§6で言及した試算表の作成段階をいい，元帳の各勘定を締め切る前に，まずその記録内容の正確さを検証する手続をいう。

　他方，**決算本手続**とは，元帳勘定の締切手続それ自体をいうのであり，これはまた**帳簿決算手続**ともよばれる。この帳簿決算手続の過程を図示したものが，次ページの［図3−14］である。

　この［図3−14］からは，帳簿決算手続の基本部分が明らかにされている。すなわち，

（ⅰ）　**損益勘定**（集合損益勘定）を設けて，元帳における収益・費用の諸勘定の残高を集合し，これらの勘定の貸借を平均させて締め切る（①，②の手続）。

（ⅱ）　損益勘定の貸借差額は当期の純利益（または純損失）を表わすものであり，したがって，資本の純増加分（または純減少分）を示すものであるから，これを資本勘定に振り替える（③の手続）。

（ⅲ）　**決算残高勘定**（閉鎖残高勘定）を設定して，資産・負債・資本の諸勘

84   第3章   簿記の仕組み

図 3—14   帳簿決算手続の関係図

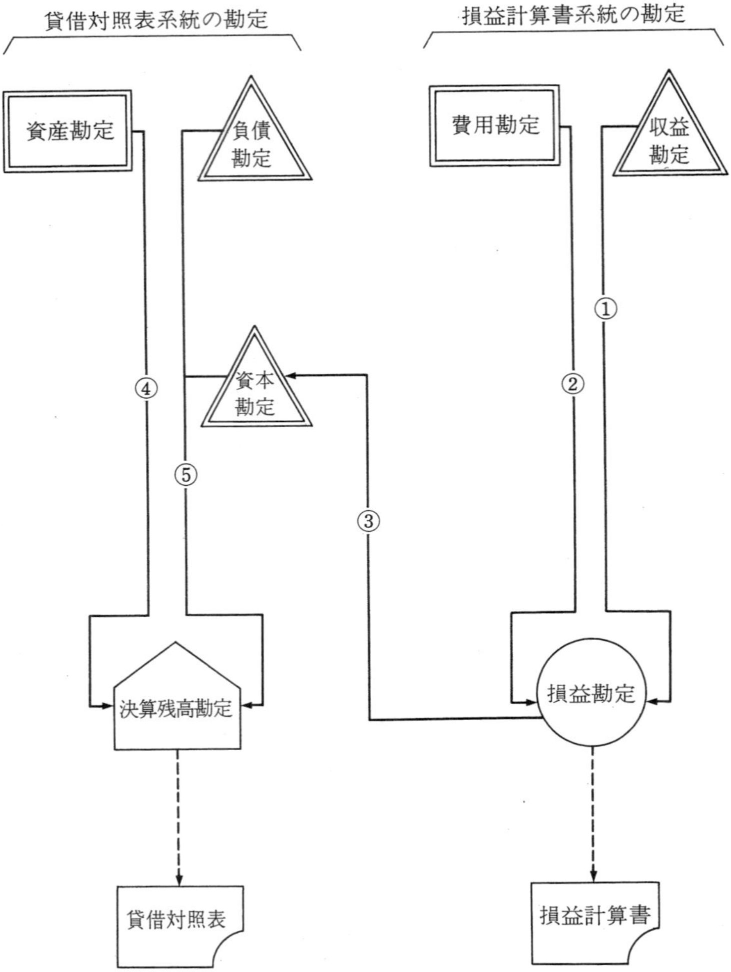

貸借対照表系統の勘定

損益計算書系統の勘定

資産勘定

負債勘定

費用勘定

収益勘定

①

資本勘定

②

④

⑤

③

決算残高勘定

損益勘定

貸借対照表

損益計算書

(注)   ☐は，借方残高の勘定，また，△は貸方残高の勘定を表わす。
なお，二重枠は勘定が複数あることを示している。

第3章　簿記の仕組み　85

定を集合し，これらの勘定を貸借平均させて締め切る（④，⑤の手続）。
以下，順次，これらの手続について解説を加えることにしよう。

2　損益勘定の設定

組織的な元帳の勘定記録に基づいて財務諸表を作成する方法，つまり，**誘導法**を採る場合には，決算にあたり，まず当期の損益に関連した収益・費用の諸勘定を締め切り，その勘定残高を**損益勘定**に集合する手続が行われる。

具体的には，収益に属する諸勘定の残高を損益勘定の貸方側に，また，費用に属する諸勘定の残高を損益勘定の借方側に集合する。このようなある勘定の金額を別の勘定に移し替える手続を**振替**といい，振替のために行われる仕訳を**振替仕訳**（決算に際して行われる振替仕訳を特に**決算振替仕訳**という），また，振替に際して行われる勘定記入を**振替記入**という。

以下の［表3－16］は，先の［表3－12］に示された元帳勘定のうち，収益・費用の諸勘定の残高を損益勘定に集合する際の仕訳帳における振替仕訳を示しており，また，次ページの［表3－17］は，このような勘定間での残高の振替関係を元帳の上で明らかにしたものである（なお，これらの例示では，4月30日に決算が行われたものとみなして処理している）。

表 3－16　収益・費用勘定の損益勘定への振替（その1）

仕　訳　帳　　　　　　　　　　2

日付		摘　　　　　要	元丁	借　方	貸　方
4	30	**決算振替仕訳**			
		諸　口			
		（商品販売益）	411	2,600	
		（受取手数料）	451	500	
		（損　　益）	601		3,100
		収益の損益勘定への振替			
	〃	（損　　益）　　　　　諸　口	601	1,800	
		（給　　料）	551		880
		（広　告　費）	552		200
		（賃　借　料）	554		600
		（雑　　費）	559		70
		（支 払 利 息）	581		50
		費用の損益勘定への振替			

86 第3章 簿記の仕組み

表 3-17 収益・費用勘定の損益勘定への振替（その2）

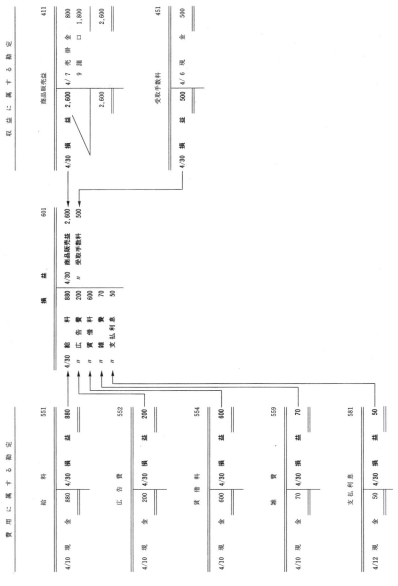

このような損益勘定への振替により，収益・費用の諸勘定は貸借平均するので，これらの勘定に締切手続を行う。

次の［表 3-18］は，商品販売益勘定を例に取り上げて，勘定の締切手続を勘定面で示したものである。

表 3-18　収益・費用勘定の締切

日付		摘　要	仕丁	金　額	日付		摘　要	仕丁	金　額
4	30	損　　益	2	2,600	4	7 9	売 掛 金 諸　　口	1 〃	800 1,800
				2,600					2,600

商品販売益　411

なお，損益勘定への振替にあたっては，損益勘定の摘要欄に相手方勘定の科目名を明示するとともに，収益・費用の各勘定においても，損益勘定に残高が振り替えられたことを明らかにするために，摘要欄に「損益」と記入しておく必要がある。

3　純損益の振替

損益勘定は，一定期間の収益・費用の諸勘定の残高を集めた集合勘定であり，そこでは既述のように純損益が計算される。

すなわち，損益勘定の貸方側の金額（収益）が借方側の金額（費用）を超過する部分（収益余剰）が純利益であり，逆に，借方の金額が貸方の金額を超える場合にはその超過分が純損失になる。このような損益勘定における貸借差額，つまり，純損益は，いうまでもなく資本の純増減額を表わすものであるから，

表 3-19　純損益の資本勘定への振替（その 1）

（［表 3-16］からの続き）

88　第3章　簿記の仕組み

表 3-20　純損益の資本勘定への振替（その2）

```
                           資　本　金                    301
─────────────────────────────────────────────────────
  4/13  現      金  1,000 │ 4/ 1  現      金 10,000
                          │   30  損      益  1,300  ◄──┐
                          │                              │
                                                         │
┌────────────────────────────────────────────────────   │
│                          損      益                601  │
│───────────────────────────────────────────────────     │
│  4/30  給      料    880 │ 4/30  商品販売益  2,600        │
│    〃  広  告  費    200 │   〃  受取手数料    500         │
│    〃  賃  借  料    600 │                               │
│    〃  雑      費     70 │                               │
│    〃  支 払 利 息     50 │                              │
└►   〃  資  本  金  1,300 │                               
                   ─────── │                  ───────
                     3,100 │                    3,100
```

手続的には，前ページの［表3-19］と上掲の［表3-20］に示されるように，
資本勘定（ここの例では資本金勘定）に振り替えることが必要になる。

　これら二つの表からも明らかなように，純損益の振替もまた振替仕訳を通じ
て元帳に転記され，それぞれの勘定面では摘要欄に相手方勘定の科目名を記入
しておかなければならない。

4　決算残高勘定の設定

　損益計算書系統の勘定がすべて締め切られたならば，元帳において貸借平均
されずに残されているのは貸借対照表系統の勘定，つまり，有高を示す資産・
負債・資本の諸勘定である。そこで，これらの勘定を締め切り，その勘定残高
を一箇所に集合するために**決算残高勘定**が設けられる。資産に属する諸勘定の
残高は決算残高勘定の借方側に振り替えられ，負債・資本に属する諸勘定の残
高は決算残高勘定の貸方側に振り替えられる。

　次ページの［表3-21］は，資産・負債・資本の諸勘定の残高を決算残高勘
定に集合するための振替仕訳を示しており，また，90ページの［表3-22］は，
このような振替の関係を元帳の上で明らかにしたものである。

第 3 章　簿記の仕組み　89

表 3—21　資産・負債・資本勘定の決算残高勘定への振替（その1）
（［表 3—19］からの続き）

4	30	（決算残高）　　　　　諸　口	701	24,600		
		（現　　　金）	101		11,000
		（売　掛　金）	111		6,000
		（商　　　品）	121		2,500
		（消　耗　品）	131		300
		（備　　　品）	141		4,800
		資産の決算残高勘定への振替			
	〃	諸　口			
		（買　掛　金）	201	4,500	
		（借　入　金）	211	5,000	
		（未　払　金）	212	4,800	
		（資　本　金）	301	10,300	
		（決算残高）	701		24,600
		負債・資本の決算残高勘定への振替			
				55,400	55,400

　上記のような決算残高勘定への振替によって，貸借対照表系統の勘定はすべて貸借平均するので，これらの勘定に締切手続を行う。

　次の［表3—23］は，現金勘定を例に取り上げて，資産・負債・資本の諸勘定の締切手続を勘定面で示したものである。

表 3—23　資産・負債・資本勘定の締切

現　　金　　　　　　　　　　101

日付	摘　　要	仕丁	金　額	日付	摘　　要	仕丁	金　額
4　1	資　本　金	1	10,000	4　3	消　耗　品	1	300
5	借　入　金	〃	8,000	4	商　　　品	〃	5,000
6	受取手数料	〃	500	8	〃	〃	3,000
9	諸　　　口	〃	4,300	10	諸　　　口	2	1,750
11	売　掛　金	2	2,300	12	〃	〃	3,050
				13	資　本　金	〃	1,000
				30	**決算残高**	〃	**11,000**
			25,100				25,100

　なお，決算残高勘定への振替にあたっても，決算残高勘定の摘要欄に相手方

90 第3章 簿記の仕組み

表 3-22 資産・負債・資本勘定の決算残高勘定への振替（その2）

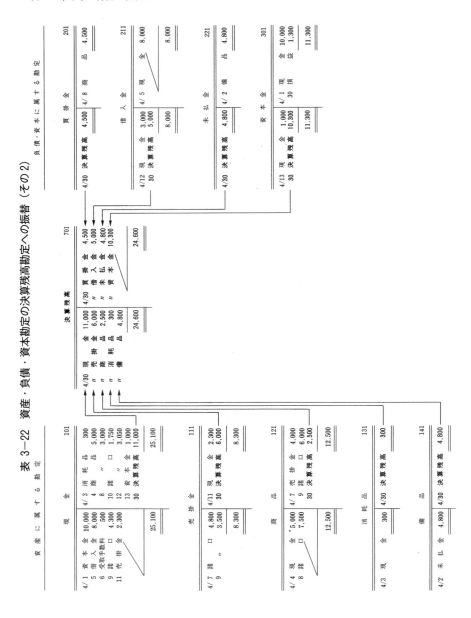

勘定の科目名を明示するとともに，資産・負債・資本の各勘定でも，残高が決算残高勘定に振り替えられたことを示すために，摘要欄に「決算残高」と記入しておく必要がある。

5　財務諸表の誘導と6桁精算表の作成

　前項までの手続により，元帳におけるあらゆる勘定が貸借平均され，企業の経済活動のすべてが損益勘定と決算残高勘定に集約された。決算の最終手続は，これら二つの集合勘定を基礎として**財務諸表**を作成することにある。すなわち，損益勘定に基づいて損益計算書が，また，決算残高勘定に基づいて貸借対照表が作成される。

　ただし，財務諸表は株主や債権者その他の利害関係者に対する報告を目的として作成されるものであるから，それらは利害関係者にとって理解しやすいものでなければならず，したがって，損益勘定や決算残高勘定とは形式その他を異にする。もちろん，損益勘定と損益計算書，決算残高勘定と貸借対照表が実質的内容において一致することはいうまでもない。

　財務諸表を作成するにあたり，その作成に伴う誤謬を防ぎ，期末における決算手続を正確かつ容易にするために精算表が作成される。**精算表**（working sheet）とは，期末に必要とされる会計データのすべてを組織的・体系的に配列するための多桁式（多欄式）の運算表であり，それは，期末の残高試算表を基礎に，諸勘定を損益計算書系統の勘定と貸借対照表系統の勘定とに分別するこ

図 3−15　6桁精算表の作成手続

勘 定 科 目	残高試算表		損益計算書		貸借対照表	
	借　方	貸　方	借　方	貸　方	借　方	貸　方
資産に属する勘定	××……………				→××	
負債に属する勘定		××……………				→××
資本に属する勘定		××……………				→××
収益に属する勘定		××……………		→××		
費用に属する勘定	××……………		→××			

92　第3章　簿記の仕組み

とにより作成される。

　前ページの［図3―15］は，精算表，特に残高試算表と損益計算書，貸借対照表の各欄から構成される**6桁精算表**（6欄精算表）の作成手続を図示したものである。

　また，次の［表3―24］は，先の［表3―15］（82ページ）で示された残高試算表に基づいて作成された6桁精算表の具体例を表わしている。

　この［表3―24］からも明らかなように，精算表の完成にあたっては純損益（この例示では当期純利益）が損益計算書欄と貸借対照表欄とでは貸借逆の側に記入されなければならないことに注意する必要がある。

表 3―24　6桁精算表

精　算　表

勘定科目	残高試算表		損益計算書		貸借対照表	
	借方	貸方	借方	貸方	借方	貸方
現　　　　　金	11,000				11,000	
売　掛　　金	6,000				6,000	
商　　　　品	2,500				2,500	
消　耗　　品	300				300	
備　　　　品	4,800				4,800	
買　掛　　金		4,500				4,500
借　入　　金		5,000				5,000
未　払　　金		4,800				4,800
資　本　　金		9,000				9,000
商 品 販 売 益		2,600		2,600		
受 取 手 数 料		500		500		
給　　　　料	880		880			
広　告　　費	200		200			
賃　借　　料	600		600			
雑　　　　費	70		70			
支 払 利 息	50		50			
	26,400	26,400				
当 期 純 利 益			1,300			1,300
			3,100	3,100	24,600	24,600

第3章　簿記の仕組み　93

　なお，精算表は，簿記手続からみて不可欠の計算表ではなく，恒久的な会計記録の一部を構成するものでもない。しかしながら，現実的には，これを作成することにより，複雑な決算手続に生じる誤謬を防ぐことができ，また，簿記学習の見地からも，決算の縮図が精算表の上に描かれるがゆえに非常に重視されている。

6　開始記入

　今日の企業会計にあっては，繰り返すまでもなく，企業の持続的な経済活動を人為的に切断しての期間損益計算が行われる。したがって，そこでは，独立した各会計期間の損益計算を相互に結びつけるような手段が講じられなければならない。簿記における決算，特に**決算残高勘定**の機能の一つとして，かかる期間損益計算の連結機能があげられる。

　このような機能は，次期の企業活動の出発点となる当期末の決算残高勘定の内容を次期に繰り越す，具体的には，決算残高勘定に集合された資産・負債・資本の当期末の有高（各勘定の次期繰越分）を，次期首において該当する各勘定に記入することにより果たされる。かかる勘定記入を**開始記入**といい，開始記入に際して仕訳帳で行われる仕訳のことを**開始仕訳**とよぶ。

　開始記入にあたっては，以下の［表3-25］に掲げるような**開始残高勘定**を設け，仕訳帳では，次のページの［表3-26］に示されるような開始仕訳が行われる。

表 3-25　開始残高勘定

開始残高　　　　　　　　　　　711

日付		摘　　要	仕丁	金　額	日付		摘　　要	仕丁	金　額
5	1	買　掛　金	3	4,500	5	1	現　　金	3	11,000
	〃	借　入　金	〃	5,000		〃	売　掛　金	〃	6,000
	〃	未　払　金	〃	4,800		〃	商　　品	〃	2,500
	〃	資　本　金	〃	10,300		〃	消　耗　品	〃	300
						〃	備　　品	〃	4,800
				24,600					24,600

94   第3章　簿記の仕組み

表 3—26　開始仕訳（その1）

仕　訳　帳

3

日付		摘　　要	元丁	借　方	貸　方
5	1	諸　　　　口			
		（現　　　金）	101	11,000	
		（売　掛　金）	111	6,000	
		（商　　　品）	121	2,500	
		（消　耗　品）	131	300	
		（備　　　品）	141	4,800	
		（開 始 残 高）	711		24,600
		資産に属する勘定の開始記入			
	〃	（開 始 残 高）　　　諸　　　口	711	24,600	
		（買　掛　金）	201		4,500
		（借　入　金）	211		5,000
		（未　払　金）	221		4,800
		（資　本　金）	301		10,300
		負債・資本に属する勘定の開始記入			

　前ページの［表3—25］に示された開始残高勘定と，先の［表3—22］（90ペー
ジ）中に掲げられた決算残高勘定とを比較すれば明らかなように，これら二
つの残高勘定は，貸借が逆転しているだけで，記入内容はまったく同一である。
すなわち，開始記入に際して，決算残高勘定と内容を同じくする開始残高勘定
を設けることによって，＜決算残高＝開始残高＞という関係を維持し，それに
よって，損益計算の期間的継続性を簿記手続的に保証しているのである。
　以下の［表3—27］は，現金勘定を例に取り上げて，前期からの繰越分が転

表 3—27　開始記入後の勘定面

現　　金

101

日付		摘　要	仕丁	金　額	日付		摘　要	仕丁	金　額
		・ ・ ・ ・		・ ・ ・ ・			・ ・ ・		・ ・ ・
					4	30	決算残高	2	11,000
				25,100					25,100
5	1	開始残高	3	11,000					

第3章 簿記の仕組み　95

記された後の元帳の勘定面を示したものであり，勘定の摘要欄には，前期繰越分が開始残高勘定から振り替えられてきたことを明示するために「開始残高」と記入しておく必要がある。

　なお，上述のように，損益計算の期間的継続性を保証するための手段として導入された開始残高勘定も，計算の経済性・合理性という観点から，現在では設けられることが少なく，むしろ，次の［表3-28］に掲げるように，次期首における開始仕訳は資産と負債・資本とを貸借それぞれに直接対比させる方式によることが多い。

表 3-28　開始仕訳（その2）

仕　訳　帳

3

日付		摘　　　　要	元丁	借　方	貸　方
5	1	諸　　　口　　　諸　　　口			
		（現　　　金）	101	11,000	
		（売　掛　金）	111	6,000	
		（商　　　品）	121	2,500	
		（消　耗　品）	131	300	
		（備　　　品）	141	4,800	
		（買　掛　金）	201		4,500
		（借　入　金）	211		5,000
		（未　払　金）	221		4,800
		（資　本　金）	301		10,300
		前期繰越分の開始記入			

7　大陸式決算手続と英米式決算手続

　前項までにおいて解説してきた決算手続の方法を，わが国では一般に**大陸式決算手続**とよんでいる。かかる方法に対し，これをもう少し簡便化したものとして，わが国で**英米式決算手続**と呼称される方法がある。

　大陸式と英米式のいずれの決算手続とも，損益勘定を設定して，収益・費用の諸勘定の残高を損益勘定に振り替えて締め切り，損益勘定で計算された純損益を資本勘定に振り替えるところまでは共通しているが，資産・負債・資本の諸勘定を締め切り，これらの勘定の期末残高を次期に繰り越す過程で，両者は

96　　第3章　簿記の仕組み

大きく相違している。

　すなわち，これまで述べてきた大陸式決算手続によれば，かかる過程におい
て決算残高勘定（閉鎖残高勘定）と開始残高勘定が設定され，すべてが仕訳帳
を通じて元帳へ転記されるという形で処理されたが，英米式決算手続の場合に
は，次ページの［表3—29］に掲げる現金勘定の例をみれば明らかなように，
期末残高（次期繰越分）を勘定の上で直接的に「次期繰越」と記入して当該勘
定を締め切り，次期への繰越にあたっても期首の日付で直接的に「前期繰越」
と記入するという処理が行われる。その際，勘定の「仕丁」欄には，仕訳帳を
通さずに直接記入したことを明示するためにチェック・マーク（✓）を記入し
ておく必要がある。

　なお，英米式決算手続を採る場合には，資産・負債・資本の諸勘定の残高だ
けを集合して，**繰越試算表**（締切後試算表）が作成される。

　次ページの［表3—30］は，これまで用いてきた取引例に基づいて作成され
た繰越試算表を示したものである。

　このような繰越試算表が作成される目的は，⑴純損益が資産勘定に振り替え
られた後の資産・負債・資本の諸勘定の残高が貸借一致しているかどうかを確
かめる，⑵次期の企業活動の出発点となる元帳勘定残高が貸借一致しているか
どうかを確かめることにある。いうまでもなく，⑴は大陸式決算手続における
決算残高勘定が担う機能であり，⑵は開始残高勘定が担う機能である。それゆ
えに，英米式における繰越試算表は，大陸式における決算残高勘定と開始残高
勘定がそれぞれ担っている二つの機能を合わせもったものと位置づけられる。

　また，英米式決算手続の場合には，大陸式のように仕訳帳で開始仕訳を行わ
ないため，次期において仕訳帳の合計額と合計試算表の合計額とが一致しなく
なることを防ぐために，次ページの［表3—31］に示すように，繰越試算表の
合計額を，開始仕訳に代わるものとして，次期における仕訳帳の摘要欄の最初
の行に「前期繰越」として記入しておく必要がある。その際に，仕訳帳の「元
丁」欄にはチェック・マーク（✓）を記入しておくことが必要になる。

　なお，ここで大陸式決算手続とか英米式決算手続とかいっても，それは，前

第3章　簿記の仕組み　　97

表 3－29　英米式による繰越記入の方法

現　　金　　　　　　　　　　　101

日付	摘　　要	仕丁	金　額	日付	摘　　要	仕丁	金　額
		・	・				・
		・	・				・
		・	・	4　30	次 期 繰 越	✓	11,000
			25,100				25,100
5　1	前 期 繰 越	✓	11,000				

表 3－30　繰越試算表

繰越試算表

勘定科目	元丁	借　方	貸　方
現　　　　金	101	11,000	
売　掛　金	111	6,000	
商　　　品	121	2,500	
消　耗　品	131	300	
備　　　品	141	4,800	
買　掛　金	201		4,500
借　入　金	211		5,000
未　払　金	221		4,800
資　本　金	301		10,300
		24,600	24,600

表 3－31　英米式による場合の仕訳帳での開始記入の方法

仕　訳　帳

3

日付	摘　　　要	元丁	借　方	貸　方
5　1	前期繰越	✓	24,600	24,600

98　第3章　簿記の仕組み

者がイタリアやフランス，ドイツ，オランダなどのヨーロッパ大陸諸国で，また，後者がイギリスやアメリカなどで利用されているということを意味するわけではない。ちなみに，§1の4で言及した複式簿記に関する世界最初の印刷文献とされるパチョーロの「簿記論」は，15世紀当時のイタリア，特にヴェネツィアで用いられていた商業簿記を解説したものであるが，そこで用いられていた帳簿決算手続は，残高勘定を設けない直接繰越法によるものであり，実際上，わが国で英米式と呼称されている方法であったのである。

§8　商品売買の処理

1　分記法と総記法

　商業においては，商品の売買が主要な営業取引であり，利益の主たる稼得源泉となっている。一般的慣行に従えば，商品の仕入は仕入先から送付されてきた商品に品違いがないかどうかを検収したときに，また，商品の売上は得意先に商品を引き渡したときに記帳される。このような商品の仕入と売上に関する記録を担うのが**商品勘定**である。

　商品勘定には，商品を仕入れたときに借方記入され，商品を売り上げたときに貸方記入される。ただし，貸方記入にあたっては，分記法と総記法とよばれる二つの方法がある。

　いま，前節までの解説で用いた取引例のうち，商品売買にかかわる取引を抜き出し，その仕訳を再掲してみよう。

　取引④　商品Aを仕入れ，代金5,000円は現金で支払った。
　　　　4/ 4　（借）**商　　　品**　5,000　　　（貸）現　　　金　5,000
　取引⑦　商品Aの一部（原価4,000円）を売り上げ，代金4,800円は掛とした。
　　　　4/ 7　（借）売　掛　金　4,800　　　（貸）**商　　　品**　4,000
　　　　　　　　　　　　　　　　　　　　　　　　　商品販売益　　800
　取引⑧　商品Bを仕入れ，代金7,500円のうち3,000円は現金で支払い，残額は掛とした。

4/8	（借）	商　　品	7,500	（貸）	現　　金	3,000
					買　掛　金	4,500

取引⑨　商品Ｂの一部（原価6,000円）を売り上げ，代金7,800円のうち4,300円は現金で受け取り，残額は掛とした。

4/9	（借）	現　　金	4,300	（貸）	商　　品	6,000
		売　掛　金	3,500		商品販売益	1,800

　上記の仕訳からも明らかなように，これまでの解説で用いた商品売買の取引例にあっては，以下の［表3-32］でも示されるように，商品を仕入れたときには，その仕入高を商品勘定の借方に記入し，他方，商品を売り上げたときには，その原価（**売上原価**——売り上げた商品の仕入原価）を商品勘定の貸方に記入するとともに，売上高と売上原価との差額（商品販売益）を商品販売益勘定の貸方に記入するという方法で処理されていた。このように，商品を売り上げるごとに，当該商品の売上原価を調べ，売上高を売上原価と商品販売益とに分解して記帳する方法を**分記法**という。

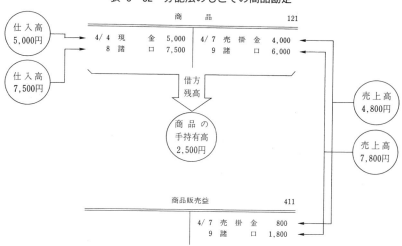

表 3-32　分記法のもとでの商品勘定

　分記法を採る場合には，商品勘定は資産の勘定としての性格が維持され，残高は常に借方側に生じ，それが商品の手持有高を示すことになる。ただし，分

100　第3章　簿記の仕組み

記法を採用するにあたっては，その前提として商品の個品管理が行われていなければならず，売上の都度，売上高を売上原価と販売益とに分解する必要がある。そのため，教科書において簿記の基本を説明する際には用いられるが，実務的にはあまり利用されていないといわれる。むしろ，**総記法**とよばれる方法が採られるのが一般的である。

　総記法によれば，商品勘定の貸方には売り上げた商品の売上高が売上原価と販売益とに分解されることなくそのまま総額で記帳される。総記法による場合の仕訳を，先に取引例の数値を用いて示せば，次のようになる。

```
4/ 4　(借)　商　　　品　5,000　　(貸)　現　　　金　5,000
   7　(借)　売 掛 金　4,800　　(貸)　商　　　品　4,800
   8　(借)　商　　　品　7,500　　(貸)　現　　　金　3,000
                                     買 掛 金　4,500
   9　(借)　現　　　金　4,300　　(貸)　商　　　品　7,800
            売 掛 金　3,500
```

次の［表3-33］は，上記の仕訳を商品勘定の勘定面で表わしたものである。

表 3-33　総記法のもとでの商品勘定

```
仕入高          ┌──────── 商　　品　　　121 ────────┐          売上高
5,000円  ──→  4/4 現   金  5,000 │ 4/7 売 掛 金  4,800  ←──  4,800円
仕入高         8 諸    口  7,500 │ 9 諸    口  7,800  ←──  売上高
7,500円  ──→                                                  7,800円
                            貸方
                            残高
                             │
                          無意味な
                          数　値
                          100円
```

　総記法による場合には，分記法のように販売益が商品の売上のつど把握されないので，商品の販売益は，期末の決算に際して，期中に売り上げられた商品のすべてについて一括して計算される。その計算過程を図示したものが，次ページの［図3-16］であり，先の取引例の数値で具体的に表わしたものが，

第 3 章　簿記の仕組み　101

［表 3—34］である（ただし，［表 3—34］においては，これまで用いてきた取引例が開業初年度を想定してのものであるので，当然のことながら期首棚卸高（前期繰越分）は存しない）。

図 3—16　売上原価と販売益の計算過程（その 1）

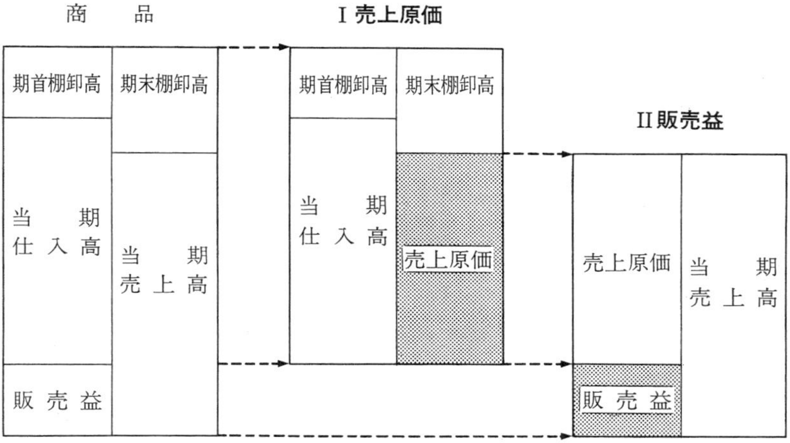

商　　品	I 売上原価
期首棚卸高　期末棚卸高	期首棚卸高　期末棚卸高

II販売益

| 当　　期
仕 入 高 | 当　　期
売 上 高 | 当　　期
仕 入 高 | 売上原価 | 売上原価 | 当　　期
売 上 高 |
| 販 売 益 | | | | 販 売 益 | |

表 3—34　売上原価と販売益の計算過程（その 2）

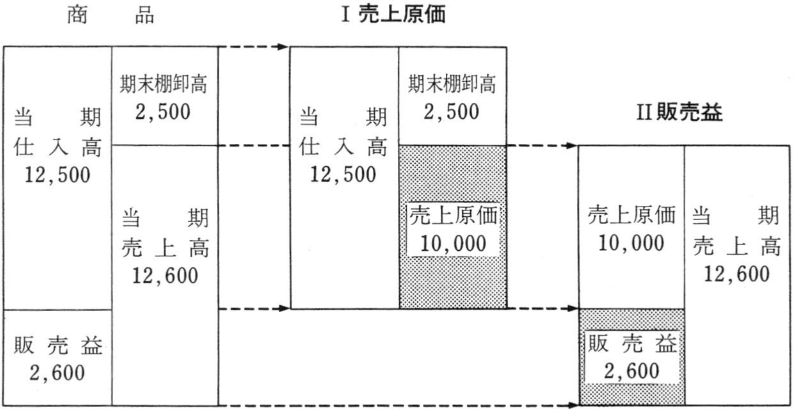

商　　品	I 売上原価

| 当　期
仕 入 高
12,500 | 期末棚卸高
2,500 | 当　期
仕 入 高
12,500 | 期末棚卸高
2,500 |
| | 当　　期
売 上 高
12,600 | | 売上原価
10,000 |

II販売益

| 売上原価
10,000 | 当　　期
売 上 高
12,600 |
| 販 売 益
2,600 | |

商品欄：販 売 益 2,600

　これらの図表からも明らかなように，総記法による商品勘定では，販売益の計算は，二段階に分けて行われる。つまり，(1)売上原価の計算部分と，(2)販売

102　第3章　簿記の仕組み

益の計算部分とである。

そのうち，(1)の売上原価は，次の計算式により求められる。

当期仕入高－期末棚卸高＝売上原価

もし前期からの繰越商品が存する場合には，上記の計算式は，以下のように修正される。

期首棚卸高＋当期仕入高－期末棚卸高＝売上原価

ただし，期末棚卸高は，分記法の場合には商品勘定から自ずと得られるが，総記法の場合には商品勘定から求めることはできず，**棚卸**（ある時点に存する商品の手持有高を調査する手続のことをいい，実際に手持の数量を調査する実地棚卸と，帳簿上これを行う帳簿棚卸とがある）により確認する必要がある。

棚卸の手続によって商品の期末有高を確認できれば，先の計算式を用いて，期中に売り上げた商品の売上原価を計算することができ，これを，次の計算式に従って，売上高から差し引くことにより，当期の商品販売益（ないし商品販売損）を求めることができる。

当期売上高－売上原価＝商品販売益（ないし商品販売損）

先の取引例において，期末棚卸高を 2,500 円とすれば，売上原価は 10,000 円と計算され，これを売上高 12,600 円から控除すれば，当期の商品販売益は 2,600 円と算出されるのである。

上記の説明からも明らかなように，総記法による商品勘定の記入内容には，二つの要素，つまり，

（i）　次期に繰り越されるべき期末棚卸高（2,500 円）……資産の要素

（ii）　当期の商品販売益（2,600 円）……………………損益の要素

が混在して含まれる（このような勘定のことを**混合勘定**という）。したがって，決算にあたっては，以下のような振替仕訳を行うことにより，損益の要素は損益勘定に，また，資産の要素は決算残高勘定に振り替えなければならない。

㋐　4/30　(借)　商　　　　品　2,600　　　　(貸)　損　　　　益　2,600

㋑　〃　　(借)　決 算 残 高　2,500　　　　(貸)　商　　　　品　2,500

なお，次の［表3－35］は，総記法による場合の商品勘定の締切後の勘定面

を表わしたものである。

表 3-35 勘定締切後の商品勘定

2 商品勘定の分割

　前項の解説においては，単一の商品勘定を用いて商品売買を処理してきた。複式簿記が誕生した当初にあっては，商取引は，§2の1でも言及したように，**特定商品勘定**や航海勘定，つまり，個々の取扱商品の種類や航海，旅商などを単位に設定された個別的な商品勘定によって処理されていた。しかしながら，その後の経済発展の中で，商取引の規模の拡大化やその継続化，取扱商品の専門化などが進行する中で，徐々にではあるが，商品勘定の総括化が図られ，18世紀末頃の簿記書では，単一の商品勘定（**一般商品勘定**）で処理する方法が説かれるようになった。さらに，それからおよそ1世紀が経過した19世紀末から20世紀初頭に至ると，それまで総括化の傾向にあった商品勘定は，一転して分割化の方向に動く。すなわち，大規模企業の出現とそれに伴う内部管理組織の展開を承けて，たとえば，仕入係にかかわる仕入勘定（費用の勘定），販売係にかかわる売上勘定（収益の勘定），倉庫係にかかわる繰越商品勘定（資産の勘定）というように，企業内部の分課制度に即した形での機能的分割が図られることになる。ここでは今日の簿記教科書で最も典型的に解説されている商品勘定の分割法，つまり，三分法について説明することにしよう。

　三分法において分割の対象となる商品勘定は，分記法による商品勘定ではなく，総記法による商品勘定である。したがって，商品の販売益は，前項で述べた単一の商品勘定の場合における総記法的処理と同様に，期末の決算に際して，

期末棚卸高を棚卸によって確認することにより，期中に売り上げられた商品のすべてについて一括して計算される。以下の［図3-17］は，三分法による場合の商品販売益の計算過程にみられる商品諸勘定間の振替関係を図示したものであり，次ページの［表3-36］は，これまでの取引例で用いた数値を用いて上記の振替関係を具体的に表わしたものである（ただし，取引例では開業初年度を想定しているので，期首棚卸高（前期繰越分）は存しないが，表中では，勘定間の振替関係を明示するために，あえて期首棚卸高を零と記入することにより，繰越商品勘定から仕入勘定への振替関係を示している）。

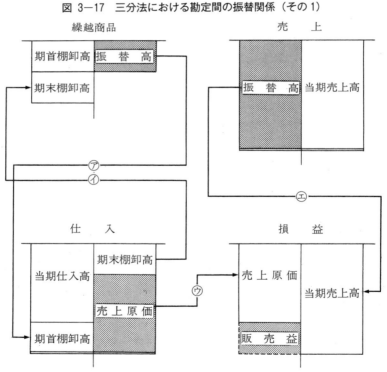

図3-17　三分法における勘定間の振替関係（その1）

これらの図表からも明らかなように，三分法においても，商品の販売益は，(1)売上原価の計算部分と，(2)販売益の計算部分という，二段階の計算過程を通

表 3-36 三分法における勘定間の振替関係（その2）

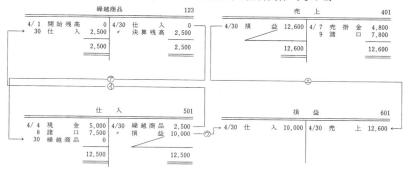

じて算出される。すなわち，
(ⅰ) 期首棚卸高を，繰越商品勘定から仕入勘定の借方に振り替える（㋐の手続）。
　この手続により，仕入勘定では，「期首棚卸高＋当期仕入高」の計算が行われる。
(ⅱ) 期末棚卸高を，仕入勘定から繰越商品勘定の借方に振り替える（㋑の手続）。
　この手続によって，仕入勘定では，（ⅰ）の手続で得られた期首棚卸高と当期仕入高の合計額から期末棚卸高を差し引く計算が行われ，その結果として，仕入勘定の借方残高は売上原価を示すことになる。
(ⅲ) 仕入勘定で計算された売上原価を損益勘定の借方に振り替える（㋒の手続）。
(ⅳ) 売上勘定から当期売上高を損益勘定の貸方に振り替える（㋓の手続）。
　（ⅲ）と（ⅳ）の手続により，損益勘定の借方には売上原価が，また，貸方には当期売上高が集計されるので，これらを比較計算することによって，商品販売益（ないし商品販売損）が計算される。

　次ページの仕訳は，三分法の下で決算時に行われる諸勘定間での振替のための振替仕訳を，取引例の数値を用いて示したものである（なお，取引例では期首棚卸高が存せず，したがって，㋐に相当する仕訳も本来は行われないが，しかし，ここ

106　第3章　簿記の仕組み

でも，先の［表3—36］の場合と同様に，勘定間での振替関係を明らかにするために，
あえて金額を零とした形での⑦の仕訳を掲げている）。

⑦	4/30	（借）	仕　　　入	0	（貸）	繰 越 商 品	0
⑦	〃	（借）	繰 越 商 品	2,500	（貸）	仕　　　入	2,500
⑦	〃	（借）	損　　　益	10,000	（貸）	仕　　　入	10,000
⑦	〃	（借）	売　　　上	12,600	（貸）	損　　　益	12,600

　上記の解説では，仕入勘定で集計された売上原価を損益勘定の借方に振り替えているという方法（これを総額法という）を採っているが，売上原価を売上勘定の借方に振り替えて，売上勘定の上で売上原価と当期売上高との比較計算を行い，そこで算出された商品販売益（ないし商品販売損）の金額のみを損益勘定に振り替えるという方法（これを純額法という）も存する。

§9　決算整理と8桁精算表

1　現金主義と発生主義

　収益と費用を計上する場合に，それらを現金の収入と支出に基づかせて行おうとする考え方，つまり，現金の収入をもって収益，現金の支出をもって費用とみる考え方を**現金主義**（cash basis）という。しかしながら，今日の企業会計にあっては，すでに第2章でも述べたように，**発生主義**（accrual basis）という考え方が採られている。すなわち，現金の収入や支出にかかわりなく，収益と費用をその発生を意味する経済的事実に基づいて計上し，一定期間に利益稼得のために払われた努力を費用，また，それによってもたらされた成果を収益としてそれぞれ把握しようとするのである。

　ただし，期中における取引の記帳は，客観性ある取引対価としての収入・支出に基づいて行われるので，発生主義会計の下では，特定期間の収益・費用を適切に把握・計上するために，期中での収入・支出を手がかりに記帳されてきたデータに決算時点で調整が加えられる。すなわち，収入と収益，支出と費用

との間に生じる期間的食い違いを補正するための調整計算が行われるのである。これを**決算整理**とよんでいる。そして，かかる決算整理が必要な事項を一覧表の形にまとめたものを**棚卸表**という。

次の［図3－18］は，収入と収益，支出と費用との関係を図示したものである。

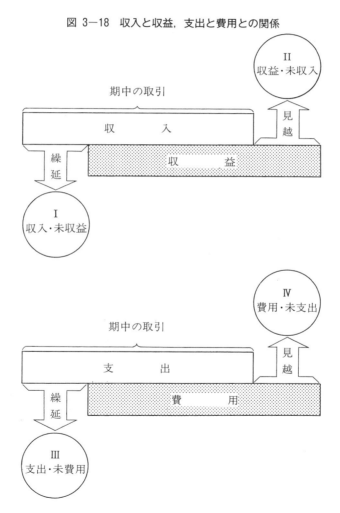

図 3－18　収入と収益，支出と費用との関係

108　第3章　簿記の仕組み

前ページの図からも明らかなように，収入と収益，支出と費用との間には，大きく分けて，次のⅠ～Ⅳの四つのケースについて期間的食い違いが生じる。

ケースⅠ：当期の収入であるが，未だ収益とならない事象（**収入・未収益**）

　　　　（例）　2カ年分の地代を前受けした場合（前受地代）

ケースⅡ：当期の収益であるが，未だ収入を伴わない事象（**収益・未収入**）

　　　　（例）　貸付金に対する利息が未収の場合（未収利息）

ケースⅢ：当期の支出であるが，未だ費用とならない事象（**支出・未費用**）

　　　　（例1）　2カ月分の賃借料を前払いした場合（前払賃借料）

　　　　（例2）　商品や消耗品で期末に手持ちされているもの（棚卸資産）

　　　　（例3）　備品や建物・機械などの長期耐用資産（固定資産）

ケースⅣ：当期の費用であるが，未だ支出を伴わない事象（**費用・未支出**）

　　　　（例1）　借入金に対する利息が未払いの場合（未払利息）

　　　　（例2）　売掛金や受取手形などについて将来の回収不能見込額を当期の費用として見積計上する場合（貸倒引当金）

2　決算整理の事例

上記のように，収入と収益，支出と費用との間に生じる期間的食い違いには四つのケースが考えられ，決算にあたっては，その各々について決算整理が行われる。§8で言及した総記法による場合の商品勘定における売上原価の計算過程もまたかかる決算整理に該当する（ケースⅢ）が，ここでは，それ以外の，これまで用いてきた取引例に現われる項目に関連した決算整理の事例について検討してみよう。

(1)　貸倒れの見積り（ケースⅣ）

売掛金や受取手形，貸付金といった金銭債権は，将来の期間においてすべて回収できるとは限らない。その一部は次期以降において得意先の倒産などによって回収不能になることがある。これを**貸倒れ**（かしだおれ）という。

このような貸倒れは，その事実が判明した期間の費用とするよりは，かかる債権を伴う取引が行われた期間に，その回収不能見込額を費用として計上する

方が，収益に対する費用の適切な賦課という観点からみた場合には望ましい。

たとえば，先の一連の取引例から得られた売掛金の期末残高6,000円について1％の貸倒れが将来見積られるとする場合には，次の［表3−37］に示されるような決算整理のための仕訳（**決算整理仕訳**）と，元帳への転記が行われる。

表 3−37　決算整理仕訳とその転記（その1）

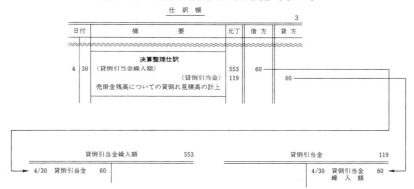

上掲の表からも明らかなように，簿記上，売掛金などの各種金銭債権の期末残高に対する回収不能見込額（貸倒見積額）を処理するにあたっては，その見積額を債権の金額から直接に控除せず，**貸倒引当金勘定**を設け，その貸方に記入することによって間接的に控除する方式が採られる（このような主たる勘定の金額を控除ないし付加するための勘定を**評価勘定**（特に**評価性引当金**）という）。

なお，貸倒引当金勘定に期末残高が存する場合には，これをいったん取崩した後に改めて当期末の回収不能見込額（要引当額）を計上する方法（**洗替法**（あらいがえほう））と，貸倒引当金勘定の期末残高と要引当額との差額だけを補充ないし取崩す方法（**差額調整法**）とがある。

(2)　消耗品の実地棚卸（ケースⅢ）

消耗品の費消高は期末に実地棚卸を行うことにより把握される。これにより，当該消耗品を取得するのに要した支出対価（これを**取得原価**という）が，特定の期間に費消された部分（**費消原価**——費用）と，未だ費消されずに手持ちされている部分（**未費消原価**——資産）とに分割される。このような決算整理手続を特

に**原価配分**(取得原価の期間配分)とよんでいる(なお,§8で言及した商品の売上原価の算定もまた,ここでいう原価配分の手続に含まれる)。

いま,先の取引③で取得した事務用品や包装用品などの消耗品300円について決算にあたり実地棚卸を実施したところ,手許に230円分が費消されずに残っていることが判明した。次の[図3-19]は,上記の例によった原価配分の過程を図示したものである。

図 3-19 原 価 配 分

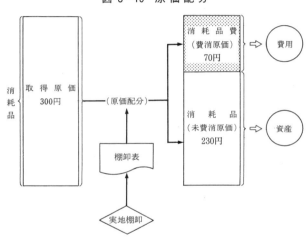

また,消耗品にかかわる決算整理仕訳は,以下のように示される。

　　4/30 (借) 消 耗 品 費　　70　　(貸) 消 耗 品　　70

(3) **備品の減価償却(ケースⅢ)**

備品や建物,機械などの固定資産(特に**有形減価償却資産**)は,商品のようにそれ自体の販売を目的とされるのではなく,一定の耐用期間(**耐用年数**)にわたり一体となって製造や販売といった企業活動のために利用される。そして,使用による磨損や時の経過による損耗,あるいは,新規の発明や新技術の開発等による経済的不適応化や陳腐化によって,企業に対する用役の**給付能力**(収益を生み出す潜在力)を減少させる。**減価償却**とは,このような固定資産に生じる給付能力の消耗(減価)に見合った形で当該資産の取得原価をその耐用期間

第3章　簿記の仕組み　111

にわたって配分する手続，つまり，固定資産の原価配分の手続をいう。また，かかる減価償却の手続を介して各期間に費用として配分された取得原価の部分を**減価償却費**とよんでいる。

　いま，先の取引②で取得した備品4,800円に関する決算整理として，その減価償却を考えてみよう。減価償却の方法には，定額法や定率法，級数法，生産高比例法などがあるが，ここでは，各期間の減価償却費を一定額（等額）とする**定額法**に従うことにすれば，各期間の減価償却費は，

$$取得原価 \times 定額法の償却率 = 各期間の減価償却費$$

により求められる。上記の備品の耐用年数を10年，償却率を0.100とすれば，期末時の決算整理仕訳は，以下のように示される（ただし，これまでの取引例では1カ月を1会計期間とみているので，年次で求められる減価償却費を月次に割算する必要がある：$4,800 \times 0.100 \times 1/12 = 40$）。

　　　4/30　　（借）減価償却費　　40　　　　（貸）備品減価償却累計額　　40

　なお，減価償却費の簿記処理にあたっては，これを直接に固定資産（ここでは備品）の勘定に貸方記入する方法（直接法）があるが，一般には，上掲の仕訳で用いられている方法，つまり，**減価償却累計額勘定**を設けて，その貸方に記入する方法（間接法）が採られている。この減価償却累計額勘定もまた，先の貸倒引当金勘定と同様に評価勘定としての性質を有している。

⑷　前払賃借料の繰延べ（ケースⅢ）

　賃借料勘定や保険料勘定，支払利息勘定などに次期以降の期間に費用となる前払分が含まれているときには，その前払分を当期の費用から控除するとともに，当該金額を一時的に資産の勘定に記入して次期以降に繰り延べる必要がある。このような手続を特に**損益整理**といい，決算整理の主要な内容をなしている。そして，かかる費用の繰延べによって生じる一時的な資産項目を**前払費用**（具体的には，前払賃借料，前払保険料，前払利息など）とよぶ。

　いま，先の取引⑩で支払った店舗の賃借料600円が実は当月と次月の2カ月分であったとすれば，前払賃借料に関する決算整理仕訳と転記は，次の〔表3–

38] のように表される。

表 3-38 決算整理仕訳とその転記（その2）

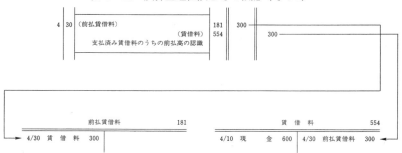

なお，上記の例において繰り延べられた前払賃借料は次期（次月）に費用となるので，次期首の開始記入の段階で，以下のような仕訳を行うことにより，賃借料勘定に再振替しておく必要がある（かかる仕訳のことを，特に**再振替仕訳**という）。

　　　5/ 1　（借）　賃　借　料　　300　　　（貸）　前払賃借料　　300

(5) 未払利息の見越し（ケースⅣ）

賃借料勘定や給料勘定，支払利息勘定などに，当期の費用として発生しているにもかかわらず，未だその支払いが行われていない未払分があるときには，その未払分を当期の費用に加えるとともに，当該金額を一時的に負債の勘定に記入して次期以降に繰り越す必要がある。そして，かかる費用の見越しにより生じる一時的な負債項目を**未払費用**（具体的には，未払賃借料，未払給料，未払利息など）という。

いま，先の取引⑫で支払った借入金に対する利息に30円の未払分が残っていたとすれば，かかる未払利息に関する当期末の決算整理仕訳と次期首の再振替仕訳は，次のように示される。

　　　4/30　（借）　支 払 利 息　　30　　　（貸）　未 払 利 息　　30
　　　5/ 1　（借）　未 払 利 息　　30　　　（貸）　支 払 利 息　　30

3 棚卸表と8桁精算表の作成

次の［表3-39］は，これまで用いてきた取引例から得られる残高試算表（ただし，商品勘定は三分法によっている。また，ここでは開業初年度を想定しているので，商品の期首棚卸高は存しないが，後で述べる精算表上での勘定間の振替関係を明らかにするために，当該残高試算表においても，あえて繰越商品勘定に金額零を記入している）であり，また，次ページの［表3-40］は，§8と本節の2で言及した決算整理に関連する事項を一覧表示した棚卸表である。

以下においては，これら二つの表に記載されたデータに基づき，決算の縮図ともいえる精算表，特に「残高試算表」，「損益計算書」，「貸借対照表」の各欄から成る6桁精算表（6欄精算表）に，決算整理事項を記入するための「整理記入」欄を付加した**8桁精算表**（8欄精算表）を作成することにしよう。

表 3-39 残高試算表

残高試算表

勘 定 科 目	元丁	借 方	貸 方
現　　　　金	101	11,000	
売　掛　金	111	6,000	
繰 越 商 品	123	0	
消　耗　品	131	300	
備　　　品	141	4,800	
買　掛　金	201		4,500
借　入　金	211		5,000
未　払　金	221		4,800
資　本　金	301		9,000
売　　　上	401		12,600
受 取 手 数 料	451		500
仕　　　入	501	12,500	
給　　　料	551	880	
広　告　費	552	200	
賃　借　料	554	600	
雑　　　費	559	70	
支 払 利 息	581	50	
		36,400	36,400

114 第3章 簿記の仕組み

表 3—40 棚 卸 表

棚　卸　表

勘定科目	摘　　　　要	内訳	金額
繰越商品	商品A　20個　@¥50 商品B　50個　@¥30	1,000 1,500	2,500
売　掛　金	帳簿残高 　　貸倒れ見積高　売掛金残高の1％	6,000 60	5,940
消　耗　品	事務用品・包装用品等消耗品　未費消高		230
備　　　品	オフィス・コンピュータ，ファクシミリ 等営業用備品一式　取得原価 　　当期減価償却高	4,800 40	4,760
前払賃借料	店舗賃借料の前払高　1ヵ月分		300
未払利息	借入金の利息未払高		30

いま，これまでに言及した決算整理事項に関する仕訳を再掲してみよう。

1. 商品の期末棚卸高 2,500円（ただし，期首棚卸高0円）
   - ㋑　4/30　（借）仕　　　入　　　0　　　（貸）繰 越 商 品　　　0
   - ㋺　〃　　（借）繰 越 商 品　2,500　　（貸）仕　　　入　2,500
   - （注）　本章の取引例は開業初年度を想定しているので，商品の期首棚卸高は存しない。したがって，㋑の仕訳は本来的には行われないのであるが，ここでは，先の残高試算表の場合と同様に，精算表上での勘定間の振替関係を明らかにするために，あえて金額を零とした形での仕訳を掲げている。

2. 貸倒れの見積高（売掛金残高の1％）　60円
   - ㋩　4/30　（借）貸倒引当金　　60　　　（貸）貸倒引当金　　60
   - 　　　　　　　　　繰 入 額

3. 消耗品の未費消高　230円
   - ㊁　4/30　（借）消 耗 品 費　　70　　　（貸）消　耗　品　　70

4. 備品の減価償却高　40円
   - ㋭　4/30　（借）減価償却費　　40　　　（貸）備品減価償却　40
   - 　　　　　　　　　　　　　　　　　　累　計　額

5. 賃借料の前払高　300円
   - ㋬　4/30　（借）前払賃借料　300　　　（貸）賃　借　料　300

6. 利息の未払高　30円
   - ㋣　4/30　（借）支 払 利 息　　30　　　（貸）未 払 利 息　　30

次の［表3—41］は，8桁精算表への記入方法を，商品の期首・期末の棚卸

高に関する④と⓪の仕訳を例に取って明らかにしたものである。

表 3−41　8桁精算表の記入例

精　算　表

勘定科目	残高試算表		整理記入		損益計算書		貸借対照表	
	借　方	貸　方	借　方	貸　方	借　方	貸　方	借　方	貸　方
繰越商品	0		⓪ 2,500	④ 0			2,500	
仕　　入	12,500		④ 0	⓪ 2,500	10,000			

　上掲の表からもわかるように，「整理記入」欄において，④の仕訳により期首の商品棚卸高が繰越商品勘定から仕入勘定に振り替えられるとともに，⓪の仕訳により期末の商品棚卸高が仕入勘定から繰越商品勘定に振り替えられる。その結果，繰越商品勘定の「貸借対照表」欄の借方では商品の期末棚卸高（次期繰越分）が，また，仕入勘定の「損益計算書」欄の借方では当期に売り上げられた商品の仕入原価，つまり，売上原価が示される。

　これと同様な手順に従い，他の五つの事項についても決算整理を行って完成された8桁精算表が，次ページの〔表3−42〕である。

4　簿記手続の一巡

　前項までに解説してきた処理手続一巡の過程はきわめて基本的なものであり，複式簿記の形式的枠組みの全体を規定するものである。それゆえに，ここで，いま一度，複式簿記による処理手続の一巡の過程（ただし，大陸式決算手続による場合）について要約しておくことにしよう。

I　取引記帳

　　　　企業の資産・負債・資本に影響を及ぼすすべての事象を取引として記録する（**取引の認識**）──→取引をそれに伴う価値の対流関係に即して二つの側面に分解する（**取引の分析**）──→分析した取引の結果を仕訳帳に発生順に記録する（**歴史的記録の完成**）──→仕訳帳の記入を元帳の該

116　第3章　簿記の仕組み

表 3-42　8桁精算表

精　算　表

勘定科目	残高試算表 借方	残高試算表 貸方	整理記入 借方	整理記入 貸方	損益計算書 借方	損益計算書 貸方	貸借対照表 借方	貸借対照表 貸方
現　　　　　金	11,000						11,000	
売　　掛　　金	6,000						6,000	
繰　越　商　品	0		㋺2,500	㋑　　0			2,500	
消　耗　　品	300			㋥　70			230	
備　　　　品	4,800						4,800	
買　　掛　　金		4,500						4,500
借　　入　　金		5,000						5,000
未　　払　　金		4,800						4,800
資　　本　　金		9,000						9,000
売　　　　上		12,600				12,600		
受 取 手 数 料		500				500		
仕　　　　入	12,500		㋑　　0	㋺2,500	10,000			
給　　　料	880				880			
広　　告　　費	200				200			
賃　　借　　料	600			㋬　300	300			
雑　　　　費	70				70			
支　払　利　息	50		㋩　30		80			
	36,400	36,400						
貸 倒 引 当 金 繰　入　額			㋥　60		60			
貸 倒 引 当 金				㋥　60				60
消　耗　品　費			㋥　70		70			
減 価 償 却 費			㋭　40		40			
備品減価償却 累　計　額				㋭　40				40
前 払 賃 借 料			㋬　300				300	
未　払　利　息				㋩　30				30
			3,000	3,000				
当 期 純 利 益					1,400			1,400
					13,100	13,100	24,830	24,830

当する勘定に書き移す（**転記**）──→転記を通じて元帳の勘定記録を完成する（**分析的記録の完成**）

Ⅱ 決算記帳

（ⅰ） 決算予備手続

仕訳帳を締め切る（**期中の取引総額の算出**）──→元帳記録に基づき試算表を作成する（**合計試算表の作成**）──→仕訳帳の締切合計額と合計試算表の合計額との一致を確認する（**元帳記録の検証**）──→棚卸を実施して棚卸表を作成する（**棚卸表の作成**）──→棚卸表に基づき元帳の勘定記録に修正を加える（**決算整理**）

（ⅱ） 決算本手続（帳簿決算手続）

図 3-20 簿記手続の一巡（大陸式決算手続）

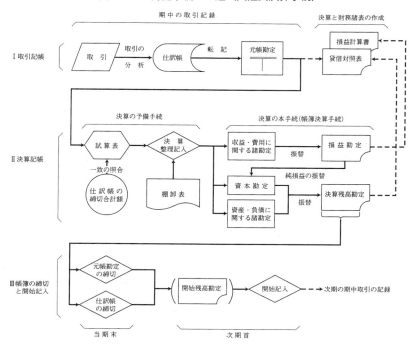

118　第3章　簿記の仕組み

　　　　元帳の勘定記録のうち，収益・費用の諸勘定を損益勘定に振り替え
　　る（**損益勘定の設定**）──→損益勘定で算出された純損益を資本勘定に振
　　り替える（**純損益の振替**）──→資産・負債・資本の諸勘定を決算残高勘
　　定に振り替える（**決算残高勘定の設定**）──→損益勘定に基づき損益計算
　　書を，決算残高勘定に基づき貸借対照表を作成する（**財務諸表の作成**）

Ⅲ　**帳簿の締切と開始記入**

　　　　元帳の勘定のすべてが貸借平均することを確認して締め切るととも
　　に，仕訳帳も貸借合計額が一致することを確認して締め切る（**帳簿の
　　締切**）──→次期の帳簿記入を開始するために必要な記入を行う（**開始記
　　入**）

　　上記の処理手続一巡の過程を明らかにするために，これを図示したのが，前
ページの［図3-20］である。
　　以上で，複式簿記の基本的仕組みに関する解説を終えることにする。

〔練　習　問　題〕

Ⅰ．下記の資料に基づき，××01年度中に資本主が追加出資した金額を求めなさい。

(1)　資産・負債の状況

	××01年1月1日	××01年12月31日
資　産	500,000円	650,000円
負　債	350,000円	400,000円

(2)　××01年度中における資本主の引出額　　50,000円

(3)　××01年度の利益　　　　　　　　　　　　80,000円

　［解　答］

　　　　期首資本：500,000 - 350,000 = 150,000

　　　　期末資本：650,000 - 400,000 = 250,000

　　　　資本取引が存する場合の財産法等式は，次のとおりである。

　　　　　　期末資本 -（期首資本 + 追加出資 - 引出）= 利益

　　　　したがって，追加出資額は，上掲の等式を変形した次の等式から求められる。

　　　　追加出資 = 期末資本 -（期首資本 - 引出）- 利益

第 3 章　簿記の仕組み　　119

$$= 250,000 - (150,000 - 50,000) - 80,000 = \underline{70,000}\text{（円）}$$

Ⅱ．下記の表の空欄（ ア ）～（ セ ）にあてはまる適当な金額を答えなさい。

（単位：円）

	売上高	商品期首棚卸高	仕入高	商品期末棚卸高	売上原価	売上総利益	諸費用	当期純利益
××01年度	80,000	20,000	60,000	30,000	（ ア ）	（ イ ）	10,000	（ ウ ）
××02年度	（ エ ）	（ オ ）	50,000	（ カ ）	60,000	10,000	（ キ ）	△10,000
××03年度	90,000	（ ク ）	30,000	（ ケ ）	（ コ ）	（ サ ）	30,000	20,000
××04年度	（ シ ）	10,000	（ ス ）	20,000	30,000	（ セ ）	40,000	△20,000

（なお，△は損失を示す）

[解　答]

ア　50,000　　　イ　30,000　　　ウ　20,000　　　エ　70,000　　　オ　30,000

カ　20,000　　　キ　20,000　　　ク　20,000　　　ケ　10,000　　　コ　40,000

サ　50,000　　　シ　50,000　　　ス　40,000　　　セ　20,000

Ⅲ．下記の資料に基づき，8桁精算表を作成しなさい（ただし，会計期間は1年とする）。

(1)　残高試算表の内容（単位：円）

現　　　　金　174　　　受 取 手 形　120　　　売 掛 金　230

貸倒引当金　16　　　繰 越 商 品　140　　　消 耗 品　20

前払保険料　40　　　備　　　　品　800　　　備品減価償却累計額　160

買 掛 金　120　　　借 入 金　160　　　資 本 金　?

売　　　　上　1,360　　　仕　　　　入　980　　　給　　　料　112

賃 借 料　80　　　通 信 費　18　　　雑　　　費　2

（なお，資本金については各自で計算しなさい）

(2)　決算整理事項

1.　商品期末棚卸高は 120 円である。

2.　売上債権（受取手形と売掛金）の期末合計残高に対して過去の実績から 4% の貸倒れを見積る（洗替法による）。

3.　消耗品の実地棚卸高は 11 円である。

4.　備品について減価償却を実施する（定額法による。ただし，耐用年数 10 年，償却率 0.100 とする）。

5.　前払保険料のうち当期帰属分は 15 円である。

6.　借入金にかかる利息の未払分は 6 円である。

120　第3章　簿記の仕組み

[解　答]

精算表の「整理記入」欄に記入される決算整理仕訳を示せば，次のようになる。

1.　商品の期末棚卸高 120円（ただし，期首棚卸高 140円）

　　㋑　（借）　仕　　　　入　　140　　　（貸）　繰 越 商 品　　140
　　㋺　（借）　繰 越 商 品　　120　　　（貸）　仕　　　　入　　120

2.　貸倒れの見積り（売上債権残高の4%）14円

　　㋩　（借）　貸倒引当金　　16　　　（貸）　貸倒引当金　　16
　　　　　　　　　　　　　　　　　　　　　　戻 入 益
　　㊁　（借）　貸倒引当金　　14　　　（貸）　貸倒引当金　　14
　　　　　　　　繰 入 額

精　算　表

勘定科目	残高試算表		整理記入		損益計算書		貸借対照表	
	借 方	貸 方	借 方	貸 方	借 方	貸 方	借 方	貸 方
現　　　　　金	174						174	
受 取 手 形	120						120	
売 掛 金	230						230	
貸 倒 引 当 金		16	㋩ 16	㊁ 14				14
繰 越 商 品	140		㋺ 120	㋑ 140			120	
消 耗 品	20			㋭ 9			11	
前 払 保 険 料	40			㋬ 15			25	
備　　　　　品	800						800	
備品減価償却累計額		160		㋠ 80				240
買 掛 金		120						120
借 入 金		160						160
資 本 金		900						900
売　　　　　上		1,360				1,360		
仕　　　　　入	980		㋑ 140	㋺ 120	1,000			
給　　　　　料	112				112			
賃 借 料	80				80			
通 信 費	18				18			
雑　　　　　費	2				2			
	2,716	2,716						
貸倒引当金戻入益				㋩ 16		16		
貸倒引当金繰入額			㊁ 14		14			
消 耗 品 費			㋭ 9		9			
減 価 償 却 費			㋠ 80		80			
保 険 料			㋬ 15		15			
支 払 利 息			㋬ 6		6			
未 払 利 息				㋬ 6				6
			400	400				
当 期 純 利 益					40			40
					1,376	1,376	1,480	1,480

第 3 章　簿記の仕組み　　121

3.　消耗品の未費消高　11 円

　　㋭　（借）　消 耗 品 費　　9　　　　（貸）　消　耗　品　　9

4.　備品の減価償却高　80 円

　　㋬　（借）　減 価 償 却 費　80　　　（貸）　備品減価償却　80
　　　　　　　　　　　　　　　　　　　　　　　累　計　額

5.　前払保険料の当期経過高　15 円

　　㋣　（借）　保　険　料　　15　　　（貸）　前払保険料　　15

6.　利息の未払高　6 円

　　㋠　（借）　支 払 利 息　　6　　　　（貸）　未 払 利 息　　6

〔参　考　文　献〕

I．解説書

　　簿記，特に複式簿記に関しては数多くの解説書が出版されており，そのすべてをこ
こで紹介する余裕はない。したがって，ここでは，代表的と思われる文献から13点
のみを掲げておくことにする（なお，本書第3章は，下記に掲げた文献のうち，［8］
の第I部（第1章～第9章）をベースにまとめたものである）。

［1］　大藪俊哉（編著）『簿記テキスト（第6版）』中央経済社，2022 年。
［2］　片野一郎『新簿記精説（上巻・下巻）』同文舘出版，1999 年。
［3］　久野光朗（編著）『新版 簿記論テキスト』同文舘出版，2008 年。
［4］　武田隆二『〈カラー版〉第5版　簿記I・II』税務経理協会，2009 年。
［5］　―――――『〈カラー版〉第3版　簿記III』税務経理協会，2001 年。
［6］　―――――『簿記一般教程（第7版）』中央経済社，2008 年。
［7］　戸田義郎『簿記（改訂増補版）』評論社，1978 年。
［8］　中野常男『複式簿記会計原理（第2版）』中央経済社，2000 年。
［9］　中村　忠『新訂現代簿記（第5版）』白桃書房，2008 年。
［10］　沼田嘉穂『簿記教科書（五訂新版）』同文舘出版，1999 年。
［11］　安平昭二『簿記要論（六訂版）』同文舘出版，2007 年。
［12］　―――――『簿記詳論（四訂版）』同文舘出版，2000 年。
［13］　山下勝治『新版近代簿記論（補訂）』千倉書房，1980 年。

　　なお，簿記の学習には，各自のレベルに応じた解説書を選び，とにかく一冊を精
読するとともに，ワークブックや問題集などを用いて直接問題にあたり，自ら解答
することが重要である。

122 第3章 簿記の仕組み

Ⅱ．簿記の歴史

簿記の歴史についても，最近の会計史研究の高まりから，多くの文献が内外で出版されているが，ここでは紙幅の関係から，以下の12点のみ掲げておくことにする。

[14] 泉谷勝美『スンマへの径』森山書店，1997年。

[15] 片岡泰彦『イタリア簿記史論』森山書店，1988年。

[16] 片野一郎（訳）『リトルトン会計発達史（増補版）』同文舘，1978年（A. C. Littleton, *Accounting Evolution to 1900*, New York〔reprinted ed., New York, 1960〕）。

[17] 岸　悦三『会計生成史』同文舘，1975年。

[18] 久野光朗『アメリカ簿記史』同文舘，1985年。

[19] 小島男佐夫『会計史入門』森山書店，1987年。

[20] ――――（編著）『体系近代会計学Ⅵ　会計史および会計学史』中央経済社，1979年。

[21] 中野常男『会計理論生成史』中央経済社，1992年。

[22] ――――（編著）『複式簿記の構造と機能―過去・現在・未来―』同文舘，2007年。

[23] ――――・清水泰洋（編著）『近代会計史入門（第2版）』同文舘，2019年。

[24] 野口昌良・清水泰洋・中村恒彦・本間正人・北浦貴士（編著）『会計のヒストリー80』中央経済社，2020年。

[25] 平林喜博（編著）『近代会計成立史』同文舘，2005年。

第4章　商品売買の会計

§1　売上高の認識・測定：実現原則

1　収 益 と は

　損益計算は，企業会計における重要な課題である。損益計算は，会計期間ごとに行われるが，その期間損益計算の方式には，期中の収益と費用に基づく**損益法**と期首資本と期末資本に基づく**財産法**の二つがある。一般には損益法が使われており，収益から費用を控除することで1会計期間の損益（純利益または純損失ともいう）が算定される。この損益法による場合には，まず収益と費用とは何であるのかをはっきりさせ，それぞれをどのように認識し，測定するのかを明らかにしなければならない。そこでまず，**収益**（revenue）について考えてみよう。

　すでに第1章で説明したように（第1章，[図1−1]），企業の経済活動は多岐にわたっている。企業活動を営むにはまず資金が必要であるから，株主からは資金の出資を，銀行等からは資金の借り入れを受ける。このような財務活動は，金融・資本市場における資金調達といわれる。そして，企業は調達した資金によって設備を準備する。商業の場合には商品を購入するし，製造業の場合には原材料・部品などを入手する。生産要素市場におけるこれらの調達活動は資金の投下であり，広く投資といわれることもある。さらに，商業の場合には販売活動を通じて商品を顧客に直接引き渡し，製造業の場合には生産活動によって製品を製造したうえで，完成した製品を顧客に提供することになる。また，サ

ービス業の場合は，商品や製品の販売を伴わず，顧客にサービスを提供することで対価を得る。これらすべての企業活動では，労働力が不可欠なので，企業は労働市場において労働サービスを調達する。この労働力を統括して企業活動の全体を計画し，統制するのが経営管理活動である。

以上のような企業活動において中心をなすのは，日常的な営業活動である。商業の場合には，「仕入れ－販売」，製造業の場合には「仕入れ－製造－販売」というビジネス・サイクルが反復される。このサイクルの調達面においては，商品や製品を受け入れる見返りに，購入対価としての貨幣を支払う。一方，販売面においては商品や製品を引き渡す見返りに，販売対価としての貨幣を受け取る。市場の取引は双方向的であり，財やサービスの流れには，貨幣の流れが伴うものである。

このビジネス・サイクルの販売面では，顧客に財やサービスを提供した時に，その対価としての貨幣が流入し，企業に流入したこの貨幣またはその等価物が収益となる。収益の捉え方には 2 説あって，「企業から出て行くもの」とみる考え方と，「企業に入ってくるもの」とみる考え方とが対立しているが，ここでは「企業に入ってくるもの」に着目して，商品や製品の販売によって生じた貨幣またはその等価物の流入を収益と理解する。

企業に収益をもたらすのは販売活動であるが，販売が成し遂げられたという事実は，市場において商品や製品が顧客に受容されたことを意味する。企業活動が社会の経済的必要性をどれほど充足したのかを示すのが収益であり，商品や製品が市場で高く売れれば売れるほど，また多く売れれば売れるほど，収益の金額は高くなる。また，収益は販売による貨幣あるいはその等価物の流入額と等しくなるから，その金額が明瞭であり，比較的客観性の高い測定が可能である。

2　実　現　原　則

現金の流入を**収入**というが，収入は資金の借入れからも，預金の引出しからも生じるから，すべての収入が収益となるわけではない。商品や製品の販売と

は無関係な取引からも収入が発生する。仮に収入の源泉を商品や製品の販売に限定するとしても，販売の時点と収入の時点は必ずしも一致するわけではない。販売と同時に現金を受け取る現金販売も少なくないが，いったん商品や製品を掛売りしておいて，後日集金する信用販売もあるし，事前に現金の前払いを求める代金先受け販売もある。収益をもたらすのは商品や製品の販売であるが，その販売の時点と収入の時点にはズレがある。

現金主義会計（cash basis accounting）を採用した場合，現金の流入時点に，収入をそのまま収益とみなすため，収益と収入の発生時点にズレが生じる。しかし，現在の**発生主義会計**（accrual ac-counting）においては，収益の発生時点と収入の発生時点の違いを明確に識別する。現金の収入が将来に持ち越される場合でも，商品や製品の販売を通じて顧客との契約に係る履行義務を充足し，企業が権利を有する対価（売掛金など）が取得されると収益を認識する。一方，現金の収入があっても，商品や製品が販売されていなければ，受領した現金は単なる預かり（前受金）と考え，収益の認識を商品や製品の販売時点まで延期する。現金の収入と商品や製品の提供とが一致すればもちろん収益を認識するが，この場合でも，収益認識の事由となっているのは，現金の収入ではなく商品や製品の販売による顧客との契約に係る履行義務の充足である。以上のように，発生主義会計では商品が販売された時にはじめて収益が実現するとみなし，この基本原則を**実現原則**（realization principle）や**実現主義**とよぶ。

収益の典型をなすのは，主要な営業品目の商品や製品の販売を通じた顧客との契約に係る履行義務の充足から生じる**売上高**（sales）である。実現原則によると，履行義務が充足されているのに，この売上高の計上を先送りにすることはできない。また，履行義務がまだ充足されていないのに，売上高を計上することも許されない。「売上高は，実現主義の原則に従い，商品等の販売又は役務の給付によって実現したものに限る」（企業会計原則，第二の三のB）というのが実現原則なのである。

実現原則によると，商品や製品の販売が確実と予想される場合であっても，実際に商品や製品が顧客に引き渡され，顧客との契約に係る履行義務を充足し

126　第4章　商品売買の会計

ていなければ，売上高を計上することはできない。商品や製品の販売が成り立つためには，①取引の合意（契約）が成立し，②商品や製品を引き渡し，③貨幣かその同等物が受領されるという3条件が揃っていなければならない。これらの3条件のどれかが欠けた状況で売上高を計上すると，それは**未実現収益の認識**となってしまう。実現原則は未実現の収益を計上することをかたく禁じており，企業会計原則でも，「未実現収益は，原則として，当期の損益計算に計上してはならない」（第二の一のA）と定めている。

　交通・飲食・宿泊などに代表されるサービス業においては，サービスの提供（役務の給付ともいう）が主要な営業活動となるが，これらのサービスの提供による収益の計上にも実現原則が適用される。たとえ代価を先受けしていても，未提供のサービスを収益に計上すると未実現収益の認識となるし，対価が未払いであっても，サービスの提供が終わっていれば，それに見合う収益を計上しなければならない。

　発生主義会計においては収益と収入は明確に区別されるが，収益は販売から生じた貨幣またはその等価物の流入であるから，発生時点の違いを別にすれば，二つの金額は必ず一致する。収益の金額を決定するのは，過去，現在，あるいは将来に発生する収入の金額である。つまり収益の測定基準をなすのは，現金収入である。企業会計原則はこの考えから，「すべての費用及び収益は，その支出及び収入に基づいて計上し，その発生した期間に正しく割当てられるように処理しなければならない」（第二の一のA）と述べている。

3　売上高の計上

　売上収益の期間帰属を定める基本的な原則は実現原則であるが，この実現原則によると，収益が実現したかどうかは販売という事実が成立しているかどうかによって判定される。したがって，売上高の計上は，実際には**販売基準**（sales basis）に基づいて行われることになる。

　商品（や製品）の販売にはいろいろな形態があるが，最も一般的なのは現金販売と**掛売り**（信用販売）である。**現金販売**の場合には，商品の引渡しと代金

の決済とが同時に完結するので，商品の引渡しの時にただちに売上収益を計上する。たとえば販売金額が 10,000 円の時には，次のように仕訳する。

　　　　　（借）現　　　金 10,000　　　（貸）売　　　上 10,000

　また，通常の信用販売の場合には，商品は顧客に引き渡されるのに，掛売りによるため，販売代金は未収になっている。しかし，確実な販売対価の請求権が生じているので，商品の引渡し時点で，この営業上の未収金を売掛金に計上し，同時に売上収益を認識する。

　　　　　（借）売　掛　金 10,000　　　（貸）売　　　上 10,000

　上で述べたように，収益認識のためには，商品の販売やサービスの提供を通じて，顧客と合意した契約に係る履行義務の充足が必要になる。収益の認識に係る詳細を定めているのは，本章第 4 節で説明する収益認識に関する会計基準（以下，適用指針，設例も含めて「収益認識基準」とする）である。**収益認識基準**は，金融商品やリース取引等を除き，顧客との契約から生じる収益に関する会計処理及び開示に適用され，先に触れた「企業会計原則」にも優先することになる。収益認識基準第 35 項によれば，顧客と合意した契約に係る履行義務の充足とは，約束した財（つまり商品）やサービスを顧客に移転することを意味している。そして，履行義務は一時点で充足されるものと，一定の期間にわたって充足されるものに分かれる。上の仕訳は，一時点で充足されるものの典型例である。

　やや特殊な販売形態の場合でも，履行義務が一時点で充足されると考えられるものが存在する。例えば，**委託販売**は，代理店などの受託者に商品を預け，その販売を委託する販売方式であり，委託を受けた側が委託した側の代わりに商品を販売する。この委託販売の場合において収益を認識するのは，商品が第三者に販売された時である。また，**試用販売**とは，あらかじめ顧客に商品を預託し，その顧客がしばらく試用した後に，買いたいと思った時には商品を買い取り，気に入らない時には商品を返す販売方法である。この試用販売の場合は，顧客から試用商品について買取りの意思表示を受けた日をもって収益を認識する。他にも，将来における商品の販売についての予約を受け，顧客から予約金を先受けする**予約販売**という販売形態がある。予約販売では，商品を顧客に引

128　第 4 章　商品売買の会計

き渡した時に収益を認識する。それまでは，予約金を負債として計上しておくことになる。

　他方，船舶，プラント，橋梁，トンネル等を建造する**長期請負工事**については，履行義務が一時点で充足されるとは考えられない。長期請負工事は取引金額（請負価額）が巨額で，製造期間が長期にわたるため，顧客と合意した契約に係る履行義務が一定の期間にわたって充足されると理解する。この場合，履行義務を充足するにつれて，つまり履行義務の充足に係る進捗度を見積り，それに応じて収益を認識することになる。この会計処理方法は，**工事進行基準**（percentage of completion method）とよばれる処理方法と同等の考え方である。ただし，この考え方の適用には，履行義務の充足に係る進捗度について合理的な見積りが必須となる。もしこの見積りが不可能な場合は，**工事収益**は工事が完成して引渡が完了した時点で認識されることになる。この方法は，**工事完成基準**（completed contract method）とよばれる方法と同等である。工事進行基準と工事完成基準とは，かつて存在していた工事契約会計基準における用語法であるが，工事契約会計基準は，収益認識基準が強制適用された 2021 年 4 月に廃止されている。

　また，建物の賃貸し，保険などの**継続的役務提供**の場合も，履行義務が一定期間にわたって充足されると理解する。これらのサービスの取引は，サービスの提供期間を事前に契約し，日数や月数を単位に取引価額を決定することが，継続的役務提供といわれる所以である。サービスの提供に関して予め契約で決めた全期間を前提に，実際にサービスを提供した期間に基づいて進捗度を把握し，それに応じて収益が認識される。このような収益認識の考え方は，**時間基準**（time basis）とよばれることもある。

　継続的役務提供については，このように時間基準に基づいて収益を前後の期間に割り振って，収益の期間帰属を正確にするが，この会計処理が**見越しと繰延べ**である。この見越しや繰延べによって貸借対照表に計上される未収収益や前受収益は，**経過勘定項目**といわれている。

§2 売上原価の認識・測定：発生原則

1 費用とは

　期間損益計算において，利益は収益と費用の差額として計算されるが，本節では**費用**（expense）について説明する。現金の流出を**支出**というが，支出には資金の貸付け，預金の預入れなど，費用とは無関係のものがある。また，財やサービスの取得のためになされた現金支出は**費用支出**であるが，これも支出の発生時点にただちに費用になるわけではない。このように，発生主義会計においては，支出と費用は明確に区分される。つまり，現金主義会計におけるように，支出をもって費用とみなすようなことはなく，財やサービスの購入時点と費用の発生時点との間には，通常，食い違いが生じるのである。

　企業は，生産や販売に必要な財やサービスを市場から調達するが，対価の支払いには複数の方法がある。たとえば，対価を前払いすることもあれば，現金払いにすることもあるだろうし，後払い（買掛け）にすることもある。このように，財やサービスの流入と貨幣の流出の間には，時間的なズレが生じる場合がある。しかし，購入の結果として財やサービスを所有することになるという事実に変わりはないため，取得時には商品，固定資産，消耗品などとしてまず資産が計上される。そして，これらの資産の**取得原価**（acquisition cost）は，過去，現在，または将来における貨幣の支出額に基づいて測定されるのである。

　これらの資産は，収益稼得のプロセスにおいて**費消**（expiration）される。たとえば，商品を販売すれば，顧客に引き渡された部分だけ，その商品の存在が消えてしまう。固定資産を利用すると，固定資産に減価が生じる。また，消耗品を消費すると，その消耗品が損耗する。費用というのは，このような財やサービスの費消部分を意味し，その費消される原因別に，売上原価，減価償却費，または消耗品費として認識されるのである。費用の金額は，それぞれの資

130　第4章　商品売買の会計

産の取得原価に基づいて測定されるが，通常，取得原価は資産の調達時における支出額と一致している。そして，資産の費消部分が費用となり，この費用の認識に**発生原則**（accrual principle）ないし**発生主義**が適用され，費消が起きた時に費用が発生したとみなすのである。

　多くの場合，資産の取得が最初に生じ，その資産が費消されてはじめて費用が発生する。しかし，順序が入れ替わり，費用が先に発生し後から資産の調達と貨幣の支払いが行われることもある。建物などの修繕に関していえば，建物の損傷が先に生じ，修繕は後になるのが一般的である。この場合，発生主義に基づいて補修に必要な費用（修繕費）をまず見積計上し，それに見合う負債（修繕引当金）が貸借対照表上で認識される。ただし，財やサービスの取得，対価の支払い，財やサービスの費消がほとんど同時に行われる場合が最も多く，人件費，光熱費，交通通信費などについては，支出がそのまま費用とされるのが通常である。

　支払家賃，支払い保険料などは**継続的役務提供**を受けたものであり，**時間基準**によって費用が認識される。時間の経過によってサービスの費消が完了していれば，対価が未払いであっても，その費消部分は当期に発生した費用とされ，その支払い義務が負債（未払費用）として計上される。対価を前払いしていても，サービスの費消が次期以降になる部分は当期の費用から除外され，資産（前払費用）として繰り延べられる。継続的役務については，**見越し**と**繰延べ**の会計処理が行われ，貸借対照表には未払費用や前払費用という**経過勘定項目**が表示される。

　また，費用というのは，収益稼得プロセスにおいて費消された資源であり，事故などによる**損失**（loss）とは区別されなければならない。火災による資産の滅失等は，事業目的とは無関係の特別な損失の発生であり，費用の発生とみなすことはできないためである。

2　売上原価の計上

　期間損益を算定するためには，財貨または役務がいつ費消されたか，すなわ

ち，それに基づく費用をいつ計上するかを決定しなければならない。ここでは，商品の売上収益稼得に直接関連する費用としての**売上原価**（cost of sales, cost of goods sold）の計上方法について述べることにしたい。

(1) 原 価 集 合

売上原価の算定にあたっては，第1に，商品の取得価額に何を含め，何を除去すべきかを決定しなければならない。この手続きを**原価集合**という。商品の取得原価は，購入代価と副費（付属費用）を加算することにより算定される。具体的には，送状価額から値引額，割戻額等を控除した金額（＝購入代価）に引取運賃，購入手数料，関税等のような副費の全部または一部を加算することによって算定する。

(2) 原 価 配 分

次に，この原価集合を通じて算出された商品の取得原価を当期費消額と未費消額とに分割する手続きが**原価配分**である。このための原則を**原価配分の原則**（または**費用配分の原則**）といい，発生原則の具体的適用原則としての特徴をもつ。この原価配分原則の適用によって算定された商品費消原価（＝「売上原価」）が期間費用として，そして未費消原価が資産（＝「商品」）として扱われることになる。

商品のような棚卸資産の原価配分では，期首有高と期中仕入高の合計額（＝受入額）を費消額（＝期中払出高）と未費消額（＝期末有高）とに配分する。

棚卸資産の数量計算の方法には**継続記録法**と**棚卸計算法**がある。

(1) 継続記録法とは，商品の受入数量と払出数量との記録を継続的に行うことによって費消数量を直接的に算出し，これを受入数量から控除して未費消数量とする方法である。この関係を算式で示すと次のとおりである。

（期首数量＋当期受入数量）－当期払出数量＝期末数量

(2) 棚卸計算法とは，商品の受入数量の記録は行うが，期中払出についての記録は行わず，期末における実地棚卸の手続きを通じて期末数量を把握し，これを受入数量から差し引いて費消数量を間接的に算出する方法である。この関係を算式で示すと次のとおりである。

132　第4章　商品売買の会計

（期首数量＋当期受入数量）－期末数量＝当期払出数量

　いずれの方法においても，金額は〔数量×受入単価〕として算定されるから，受入単価が同一でないとき，費消数量・未費消数量に適用される受入単価が異り，原価配分の結果にも相違が生じる。受入単価が同一でない場合，金額算定上適用されるべき受入単価を定める具体的な原価配分方法にはいろいろな方法がある。まず，商品を受入単価別に区分して記録しておき，払出品個々の実際受入単価によって費消額を算定する方法を**個別法**（specific cost method）という。この場合，物の流れと原価の流れとが一致しているが，商品の個品管理が行われていない場合は，必ずしも適切ではないし，手間のかかる方法である。このほかに，原価の流れを仮定的に定める先入先出法，後入先出法，移動平均法等がある。

　先入先出法（first-in, first-out method；Fifo）とは，受入れの順に払出しが行われたものと仮定して費消額（＝期中払出高）と未費消額（＝期末有高）とを算定する方法である。これに対して，**後入先出法**（last-in, first-out method；Lifo）では，逆に最近の受入分を先に払出すものと仮定される。また，**移動平均法**（moving average method）においては，受入れのつど求められた加重平均単価を用いて払出額と手持額とを算出する。なお，会計基準の国際的統合の流れを受けて，現在は，後入先出法の適用が禁止されている。

　〔表4－1〕によって，これら原価配分の諸方法を数値例によって説明しよう。ここでは，下記の受入・払出記録を前提に，9月1カ月を1会計期間とし，しかも期末実地棚卸を通じて確認された数量が記録上の残高30に等しかったものとする。

　〔表4－1〕の記録を前提として，先入先出法による場合の計算を示すのが〔表4－2〕（継続記録法）と〔表4－3〕（棚卸計算法）である。いずれも取得原価11,250円は費消額7,550円と未費消額3,700円とに配分される。

第4章　商品売買の会計　　133

表4-1　商品の受入・支出記録

摘要	受入			払出	残高
	数量	単価	金額	数量	金額
9/1 繰越	20	100	2,000		20
9 仕入	30	105	3,150		50
10 売上				40	10
15 仕入	40	120	4,800		50
18 売上				30	20
24 仕入	10	130	1,300		30

表4-2　先入先出法原価配分

〈継続記録法〉

摘要	受入			払出			残高		
	数量	単価	金額	数量	単価	金額	数量	単価	金額
9/1 繰越	20	100	2,000				20	100	2,000
9 仕入	30	105	3,150				20	100	2,000
							30	105	3,150
10 売上				20	100	2,000			
				20	105	2,100	10	105	1,050
15 仕入	40	120	4,800				10	105	1,050
							40	120	4,800
18 売上				10	105	1,050			
				20	120	2,400	20	120	2,400
24 仕入	10	130	1,300				20	120	2,400
							10	130	1,300

　同じ前提によって後入先出法の適用数値例を示すと，［表4-4］（継続記録法）および［表4-5］（棚卸計算法）のようになる。後入先出法では，先入先出法による場合と同じ取得原価11,250円が，費消額7,750円（月別法では8,200円）と未費消高3,500円（月別法では3,050円）とに配分されることになる。

134　第4章　商品売買の会計

表4-3　先入先出法原価配分（その2）

〈棚卸計算法〉　　　　　　　　　　　　　　　　　　　〈月別法〉

商品取得原価総額				¥11,250
控除：				
期末商品棚卸高（＝未費消額）				
9/24	10個	@¥130	¥ 1,300	
15	20個	@¥120	2,400	3,700
費消額				7,550

表4-4　後入先出法原価配分（その1）

〈継続記録法〉　　　　　　　　　　　　　　　　　　　〈その都度法〉

摘　　要	受　　入			払　　出			残　　高		
	数量	単価	金額	数量	単価	金額	数量	単価	金額
9/1 繰　越	20	100	2,000				20	100	2,000
9 仕　入	30	105	3,150				20	100	2,000
							30	105	3,150
10 売　上				30	105	3,150			
				10	105	1,000	10	100	1,000
15 仕　入	40	120	4,800				10	100	1,000
							40	120	4,800
18 売　上				30	120	3,600	10	100	1,000
							10	120	1,200
24 仕　入	10	130	1,300				10	100	1,000
							10	120	1,200
							10	130	1,300

表4-5　後入先出法原価配分（その2）

〈棚卸計算法〉　　　　　　　　　　　　　　　　　　　〈月別法〉

商品取得原価総額				¥11,250
控除：				
期末商品棚卸高（＝未費消額）				
9/1	20個	@¥100	¥ 2,000	
9	10個	@¥105	1,050	3,050
費消額				8,200

移動平均法は，その性質上，継続記録法に適合するものであり，適用数値例については［表4-6］のとおりである。

表 4-6 移動平均法原価配分

〈継続記録法〉

摘要	受入			払出			残高		
	数量	単価	金額	数量	単価	金額	数量	単価	金額
9/1 繰越	20	100	2,000				20	100	2,000
9 仕入	30	105	3,150		103		50	103*1	5,150
10 売上							10	103	1,030
15 仕入	40	120	4,800	40	116.6	4,120	50	116.6*2	5,830
18 売上							20	116.6*2	2,332
24 仕入	10	130	1,300	30		3,498	30	121.07*3	3,632

*1: $\dfrac{2,000+3,150}{20+30} = 103$

*2: $\dfrac{1,030+4,800}{10+40} = 116.6$

*3: $\dfrac{2,332+1,300}{20+10} = 121.07$

図 4-1 商品原価配分の勘定記入

136   第4章　商品売買の会計

　また，［図4—1］は，上記の先入先出法の計算数値を用いて商品原価配分の勘定記入例を示すものである。このように処理された結果としての仕入勘定借方残高（＝費消額）が「売上原価」とよばれる期間費用として損益計算書に，商品借方残高（＝未費消額）が「商品」という資産として貸借対照表に，それぞれ掲げられることになるのである。

(3)　棚卸資産の期末評価

　先に説明した棚卸計算法は，棚卸資産の数量計算方法として簡便的な方法である。しかし，当期の受入数量と期首および期末の数量との加減算から当期の払出数量を算定するため，資産の減少の全てが払出数量として把握されてしまう。これは，紛失等によって棚卸資産が減少していても，それが適切に把握できないという意味で問題がある。一方，継続記録法は，期首数量と当期受け入れ数量から払出数量を差し引き計算することで期末数量を計算する。この方法によれば，残高の数量が常時明らかになる反面，帳簿上の有高が実際の有高と一致する保証はないという問題がある。そのため，継続記録法の採用によって有高を常に明らかにするとともに，実地棚卸によって帳簿記録との差を把握するのが通常である。

　棚卸資産について継続記録法を採用し，実地棚卸によって実際の在庫数量が帳簿上の数量と異なっていることが判明した場合，その不足分は**棚卸減耗費**として把握される。この金額は，原価性の有無によって，売上高に関連付けて売上原価や販売費に含められるか，特別損失の区分に計上される。

　また，決算期末における棚卸資産の評価においては，未費消原価額（＝資産の帳簿価額，簿価）と時価の差にも注意が必要となる。時価が取得原価よりも下落している場合には，**棚卸評価損**を計上しなければならないからである。かつては，時価が下落しても評価損を計上せず，原価基準を採用することが可能であった。しかし，現在は，評価損の計上，つまり**低価基準**の採用が強制されている。低価基準は，収益性の低下により投資額の回収が見込めなくなった場合に，過大な帳簿価額を減額して将来に損失を繰り延べないという会計処理である。国際的な会計基準では，この低価基準が妥当な期末評価の基準と考えら

れており，会計基準の国際的統合の流れを受けて，日本の会計基準においても低価基準が強制適用されるようになったのである。

以上の説明を図解すると，［図4-2］のとおりである。

図 4-2　商品原価配分の勘定記入

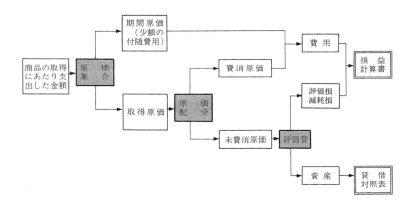

§3　損益計算の構造：対応原則

1　期間損益計算と対応原則

以上では，主として商品売買取引について収益と費用の意味，その各々の認識および測定についての原理的計算原則とその適用について説明してきたが，企業の期間損益計算に計上される期間収益，期間費用が「売上高」，「売上原価」に限るわけでないことはいうまでもない。損益計算書上，期間収益には「売上高」のほかにも，「受取手数料」，「受取利息」等が計上されるのが通常である。これらの期間収益はその形態に応じて実現原則や発生原則に基づいてその期間帰属が定められ，計数化される。

他方，期間費用には「売上原価」だけでなく，「給料」，「福利厚生費」等の人件費，「減価償却費」，「広告宣伝費」，「支払利息」等も計上されるのが通例

138 第4章 商品売買の会計

である。原理的には，これら期間費用の確定にも先に述べた発生原則を適用する。

通常，期間損益計算においては，実現原則が適用され，財やサービスの引渡時または提供時に，まず，期間収益が確定する。そして次に，発生原則が適用され，期間収益の稼得に関連する財やサービスの費消の事実ないし原因の発生に基づいて期間費用が認識される。そして，その期間費用が期間収益から差し引きされ，期間損益が計算されるのである。

このように，期間収益の稼得に関連する期間費用のことを収益に「対応する」費用といい，収益と費用とが関連を有することを「費用収益の対応」とよぶ。

このような対応関係の形態をやや具体的にみると，「売上高」と「売上原価」との間には商品を介する明確な直接的対応関係が認められ，それを**個別的対応**という。期間費用には，そのほか，支払利息のように，それが直接対応する収益を明確にすることはできないが，期間を媒介として，間接的に期間収益に関連すると考えられるものも含まれるのであって，そのような会計期間を唯一の仲立ちとする間接的対応を**期間的対応**とよぶ。

このようにして，期間損益計算では，原理的には期間収益に個別的・直接的および期間的・間接的に対応する期間費用を同一期間に帰属させて期間損益を算定する。このように，互いに対応関係にある収益と費用とを同一期間に計上すべきことを求める原理を**費用収益対応の原則**（principle of matching expenses with revenues）または対応原則というのである。

対応概念は，本来的には，ある一定量の石炭を燃焼させる活動（原因）によって，石炭の費消（財貨費消）とコークスの生成（財貨発生）をもたらすという例が示すように，財貨費消と財貨発生との間の物的関係に見られる結果の物的照応性をいう。この財貨発生と財貨費消は，一定の計算ルール（実現原則，発生原則）によって価値発生（売上高）と価値費消（売上原価等）の貨幣的関係として計算化されるのである。

期間損益計算の実践上は，当該期間に属する収益を実現原則の適用を介してまず確定し，この収益との対応関係に基づいてその期間の費用を確定するとい

う手続きがとられる。財やサービスの物的な意味における費消とそれに対応する収益との間に期間的ズレがあるときには、費用が、対応する収益実現の期間に「発生」すると考えて、そのための支出を繰延処理するのである。また、財やサービスの物的な意味における費消が後の期間にはじめて生じるときにも、そのような費消が当期の実現収益の稼得に対応すると認められる場合には、費消の原因がすでに収益実現の当期に発生したというように「発生」の意味をとらえて、後の当該費消の見積額を期間費用として見越計上するのである。このように、対応原則は、「発生」の意味を限定することによって、実質的には、一期間に属する費用の決定を左右する原則であるといえる（[図4-3] 参照）。

このように、期間損益計算の実際においては、確実性の要請から実現原則の適用による期間収益の確定が出発点となる。そこでは、発生原則適用時の「発生」の意味を、収益稼得のための財貨または役務の費消の事実またはその原因の発生としている。その場合、収益が実現した期間にそれに関連する費用が発

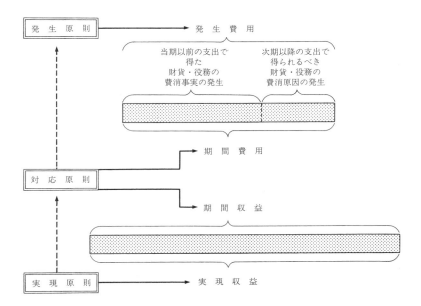

図 4-3 実現原則，発生原則および対応原則の関連

140 第4章 商品売買の会計

生したとする判断を前後で支えているのが対応原則である。その意味において，損益計算書上の期間費用としての費消原価および貸借対照表上の資産としての未費消原価を決定する究極的原理が実現原則に存在するのである。そして，これは，次に述べるように，今日の期間損益計算制度において算出される利益の分配可能性の要件に適合している。

2 期間損益計算の性格

以上のように，期間損益計算においては，損益法方式によって期間収益と期間費用との差額として期間利益が確定される。つまり，期間収益・期間費用の画定が利益概念を規定する出発点であるということができる。しかしながら，利益とは，一般的には，資本の増殖額である。したがって，企業が追求しその大きさを確定しようとする利益とはどのような性格のものか，換言すると，**維持すべき資本**とはどのような性格のものかということがまず与えられて，とりわけ期間費用の大きさが規定され，同時に期間損益計算の実質的内容もまた定められることになる。

この場合，どのような利益概念を追求・確定するかは，企業活動が展開される経済環境自体の差異・変化に関する認識によって，そして，またその経済環境に対する判断の相違によって異なる。しかし一般に，

(イ) 現在の株式会社を中心とする制度のもとにおいては，企業の任務が株主から提供を受けた貨幣資本の運用についての管理責任を果たし，企業会計の課題が株主に帰属し，分配可能性を有する利益を適正に計算することにあるという認識に基づき，かつ，

(ロ) 現在の経済環境においては貨幣価値の下落傾向が認められるが，その下落が短期的には無視することができる程度のものであるという判断に基づき，

企業が追求し，確定しようとする利益は，株主が提供する投下資本の維持を超えて獲得された投下資本の回収余剰額という性格のものであるといえよう。つまり，期間利益が期間収益マイナス期間費用に等しいという関係も，実は，こ

のような利益の確定という問題から出発し，それとの関係で期間収益・期間費用の大きさが確定されるという実質的関連を背景として成り立っているのである。

§4　収益認識に関する会計基準について

　本章では，第1節で実現原則について説明したが，これは企業会計原則の損益計算書原則における「売上高は，実現主義の原則に従い，商品等の販売又は役務の給付によって実現したものに限る」という規定に依拠している。かつて日本では，収益の認識に関する包括的な会計基準が存在しなかったため，企業会計原則が収益の認識に関して常に参照されるべき原則として機能してきたのである。しかし，国際的にも同様であったこのような状況が，2014年5月に「顧客との契約から生じる収益」（IFRS第15号，Topic 606）が公表されたことで変化した。国際会計基準審議会（IASB）と米国財務会計基準審議会（FASB）が，共同で収益認識に関する包括的な会計基準の開発を行い，先の基準を公表したのである。これらの状況を踏まえて，日本においても収益認識に関する包括的な会計基準の開発に向けた検討が始まり，2018年3月26日に「収益認識に関する会計基準」が適用指針・設例とともに公表された。本会計基準は，2018年4月1日以降開始する事業年度から早期適用が認められ，2021年4月1日以降開始する事業年度から強制適用されている。なお，2018年に公表された時点では表示に関する論点などが残されていた。これらの論点が追加的に検討され，2020年3月には，収益認識基準が改正されている。本節では，この収益認識基準の概要を述べる。

　収益認識基準では基本原則が次のように定められている。すなわち，「約束した財又はサービスの顧客への移転を当該財又はサービスと交換に企業が権利を得ると見込む対価の額で描写するように，収益を認識すること」である。そして，この原則に従って収益を認識するために定められたのが，次に示す五つのステップである。

142　第4章　商品売買の会計

① 顧客との契約を識別する。

② 契約における履行義務を識別する。

③ 取引価格を算定する。

④ 契約における履行義務に取引価格を配分する。

⑤ 履行義務を充足した時に又は充足するにつれて収益を認識する。

　第1ステップでは，収益認識の対象となる契約が特定される。契約とは，「法的な強制力のある権利及び義務を生じさせる複数の当事者間における取決め」と定義されている。これについては，契約という用語から一般に想定されるような書面で交わした契約書等が典型例であるが，契約は必ずしも書面である必要はなく，口頭や取引慣行等に基づいて識別することも可能である。

　第2ステップ以降ではその契約の詳細を検討することになるが，最初に検討するのが**履行義務**である。つまり，第2のステップでは，顧客との契約のもとで移転される財やサービスを評価するのである。製品販売を行う際に保証サービスなどを付与している場合には，製品と保証サービスを一つの財やサービスとして評価するか，それぞれを切り離した独立のものとして考えるか，などがこの第2ステップにおける論点である。

　第3ステップでは，「財又はサービスの顧客への移転と交換に企業が権利を得ると見込む対価の額」である取引価格を算定する。顧客と約束した対価は必ずしも固定額で決まっているとはかぎらず，種々の要因によって変動することが条件となっている可能性もある。たとえば，約束の期日よりも一定期間前に納品ができれば割増した金額が支払われるが，納品が期日に遅れた場合には割引が適用されるなどの契約が結ばれる場合がある。このステップでは，上記のような変動対価等に関しても，その性質などを踏まえて価格を算定することが求められる。

　続いてステップ4は，ステップ2で識別した履行義務と，ステップ3で算定した取引価格との関係付けを行う。つまり，識別した義務が二つ以上であった場合に，それぞれの義務に対して取引価格を割り振るという作業を行うのである。

第4章　商品売買の会計　　143

　最後に，第5ステップで，履行義務の充足状況に応じて収益が認識されることになる。ここでは2通りの考え方が適用され，履行義務を充足した時点，あるいは履行義務を充足するにつれて収益が認識される。これら2通りの考え方のいずれが適用されるかについては，第1節で例示したように，その属性などに応じて取引開始日に判定されることになる。

　以上で概観した五つのステップを明確にし，様々な現代的取引に適用可能な指針を提供するのが収益認識基準である。**収益認識基準**の制定は，近年開発された会計基準の中でも，実務に及ぼす影響が大きなものの1つである。国際的な会計基準と日本の会計基準を適用する企業とでは，収益認識基準の適用による影響を受ける時期が異なる。特定企業に関する時系列分析と，複数企業の同時点での比較分析の両方において，収益認識基準の影響が及ぶ項目を分析する場合には注意が必要である。

〔練　習　問　題〕

Ⅰ．××01年×月における：商品の売買状況は次のとおりであった。

	数量（単位：個）	単価（単位：円）
前月　繰越：	50	300
第1回購入：	100	305
第2回購入：	200	310
第1回販売：	175	400
第3回購入：	250	320
第2回販売：	275	425
第4回購入：	100	325
第3回販売：	125	430
第5回購入：	200	330
第4回販売：	225	440

　この資料によって，A．先入先出法，B．後入先出法（その都度法）および，C．移動平均法のそれぞれを適用した場合の(1)-A　商品月間売上原価，(2)-B　同月末在庫高および(3)-C　同売上総利益額を計算しなさい。

Ⅱ．本章で説明されているところに従って，「実現原則」，「発生原則」および「対応原則」が期間損益計算において有する役割を要約して明らかにしなさい。

144　　第 4 章　商品売買の会計

〔参 考 文 献〕

Ⅰ．本章の参考文献としては，たとえば，次のものがある。

　　［1］　桜井久勝『財務会計講義（第 25 版）』中央経済社，2024 年。

　　［2］　伊藤邦雄『新・現代会計入門（第 6 版）』日本経済新聞出版社，2024 年。

Ⅱ．特に，商品についての原価配分に関しては，［1］の第 7 章，［2］の第 8 章・3 を参考にしてほしい。

第5章　資産の会計

§1　資産の意義

　企業の経済活動から生じた損益を計数的に明らかにするため，一定の書式で作成された財務諸表のうち，その基本的な書類として，企業の**財政状態**（financial position）を示すものが**貸借対照表**（balance sheet，略号：B/S）である。

　貸借対照表では，その借方（左側）に資産が計上され，その貸方（右側）に負債と資本が計上される。この資産と負債・資本との間に均衡関係をもって示されるのが，企業の経済活動の資金的側面を表す財政状態である。貸方の負債と資本は，経済活動に必要な資金がどこからいくら出されているのかを示しており（資金の調達源泉），他方，借方の資産は，調達された資金がどのように使われているのかを示している（資金の運用形態）。以上の内容は第2章を再度読み返すとよい。

　それでは，資産はどのような性格や意義をもっているのであろうか。これまで学んできたように，資産は，貸借対照表において財政状態を示すための一要素として，企業に投下された資金がどのように運用されているかを表したものであると理解できる。

　資金の運用形態というのは，たとえば，あなたがアルバイトで稼いだお金（資金）のうち，半分を銀行に貯金し，残りの半分でスマホを買ったとすると，それぞれ，銀行預金とスマホというあなたの財産（資産）を意味することになる。それらは，すべてあなたにとって，現在から将来にわたって何らかの利益をもたらすものである。このように，資産とは，企業にとって将来において利

146 第5章 資産の会計

益（効用）をもたらす経済的資源という性格を有している。営利企業の場合，貨幣的利益の稼得を目的としているので，ここでの効用は貨幣の獲得を意味する。

このような資産は，その意義（資金の運用形態を表すという意義）をより明瞭に示すために，流動資産（current assets），固定資産（fixed assets），および，繰延資産（deferred assets）に分類される。この分類は資産の流動性（換金可能性）に基づく区分の仕方である（この分類基準である，営業循環基準と1年基準については第2章参照）。つまり，流動性の高い資産が流動資産となり，流動性の低い資産が固定資産となる。これらに対して，繰延資産は，適正な期間損益計算の観点から，将来に利益をもたらす特定の支出による費用を資産として計上したものであり，換金可能性はない。

以下においては，これらの資産としてどのようなものがあり，そして，それらの貸借対照表に記載される価額はどのようにして決められるのかについて説明しよう。

§2　流動資産

流動資産はさらにその性格の違いによって，当座資産（quick assets），棚卸資産（inventories）およびその他の流動資産に分類される。棚卸資産については，第4章ですでに学習したので，以下では，棚卸資産以外の流動資産について説明しよう。

1　当座資産

当座資産は，現金や換金することが短期間で容易な流動資産であり，現金・預金，売上債権である受取手形，電子記録債権および売掛金，売買目的または1年以内に満期の到来する有価証券などが含まれる。

(1)　現金・預金

現金には，通貨だけでなく，手元にある他人振出しの当座小切手，送金小切

第5章　資産の会計　　147

手，送金為替手形，預金手形，郵便為替証書，郵便振替貯金払出証書，期日の到来した公社債の利札，株式配当金額収証，官庁支払命令書等の通貨代用証券も含まれる。貸借対照表にはこれらの券面額をもって計上される。預金は，金融機関に対する預金や貯金に限られる。

(2)　売上債権

受取手形は，取引先との通常の商取引による収益の代金を手形という債権（将来現金を受け取る権利）で受け取ったものである。同じく通常の商取引において発生した債権でも，手形という紙きれではなく，電子記録されたものは，**電子記録債権**という。**売掛金**は，そのような収益について代金を未だ受け取っていない未収入金であり，将来受け取る権利を表している。これらの売上債権を貸借対照表に計上するときに問題になるのは，その計上金額をいくらにするかということ（評価の問題）である。

現金・預金は換金可能性が確実であるのに対して，これらの売上債権は，これら債権に対して支払う義務を持つ取引先の財務状況によっては，換金できない場合がある。そこで，会計的には，その債権金額または取得価額から，その**取立不能見込額**（回収できないと予測される金額）を控除した金額をもって評価し，確実に換金できる金額で貸借対照表に計上することになっている。この取立不能見込額は貸倒引当金として，貸借対照表に売上債権から控除する形式で記載される。

貸倒引当金は，債権を①**一般債権**，②**貸倒懸念債権**，および③**破産更生債権等**に区分した上で，①の一般債権については貸倒実績率法を，②の貸倒懸念債権についてはキャッシュ・フロー見積法または財務内容評価法を，③の破産更生債権等については財務内容評価法をそれぞれ適用して，その計上金額を求めることとなっている。

(3)　有価証券

有価証券は，商法上財産権を表彰する証券であるが，会計上の有価証券は，商法上の有価証券よりも狭く，金融商品取引法2条1項および2項で定める範囲の資本証券およびそれに類似するもので，株券，社債券，国債証券，地方債

148　第5章　資産の会計

証券，CP（コマーシャル・ペーパー）等が含まれる。

　有価証券の取得原価は，［表5−1］のように取得の方法によって異なる。

　有価証券の評価では，①期末評価（貸借対照表価額），②評価差額等の処理方法，および③評価減が問題となる。有価証券の評価については，保有目的等の観点から，(1)**売買目的有価証券**（時価の変動により利益を得ることを目的として保有する有価証券），(2)**満期保有目的の債券**（企業が満期まで保有することを目的としていると認められる社債その他の債券），(3)**子会社株式および関連会社株式**，および(4)**その他有価証券**（(1)から(3)までのいずれにも分類できない有価証券。売買目的有価証券と子会社株式および関連会社株式との中間的な性格を有するものとして一括して捉えられる。）の4種類に分けて規定されている。

　まず，①の期末評価および②の評価差額等の処理方法についてみよう。

(1)　売買目的有価証券：売買目的有価証券に関する投資者にとっての有用な情報および企業にとっての財務活動の成果は，有価証券の期末時点での時価に求められると考えられるため，売買目的有価証券は，期末の**時価**をもって貸借対照表価額とする。その**評価差額**（取得原価と貸借対照表価額との差額）は，当期の損益として処理する。

　　　売買目的有価証券は流動資産に属する。

表 5−1　有価証券の取得原価の決定

取　得　方　法	取　得　原　価　の　決　定
①購 入 の 場 合	（購入代価＋付随費用（買入手数料等））に平均原価法等の方法を適用して算定した価額
②払込みの場合	払い込んだ金額
③交 換 の 場 合	自己所有の資産との交換で取得した有価証券の公正な評価額，引渡した資産の帳簿価額または時価
④その他の場合	株式分割による取得の場合は，有価証券の貸借対照表価額の修正なし 取引先等からの贈与で取得した場合は，有価証券の公正な評価額（贈与時点の取引所価格・市場価格またはこれに準じた価格） すでに保有している株式に有償で新株が割り当てられた場合は， $$新たな単価 = \frac{\begin{array}{c}旧株1株当たり\\の帳簿価額\end{array} + \begin{array}{c}新株の\\払込金額\end{array} \times \begin{array}{c}旧株1株について\\取得した新株の数\end{array}}{1+旧株1株について取得した新株の数}$$

(2) 満期保有目的の債券：満期保有目的の債券（例，公社債）は，満期まで保有することによる約定利息および元本の受取りを目的としており，満期までの間の金利変動による価格変動のリスクを認める必要がないことから，時価が算定可能であっても，取得原価をもって貸借対照表額とする。ただし，債券を債券金額より低い価額または高い価額で取得した場合で，その差額の性格が金利の調整と認められるときは，**償却原価法**（取得原価と券面額との差額を弁済期または償還期に至るまで毎期一定の方法で貸借対照表価額に加減する方法）に基づいて算定された価額をもって貸借対照表価額とし，加減した額は受取利息に含めて処理する。

　　満期保有目的の債券は固定資産の内の投資その他の資産に属するが，1年内に満期の到来するものは流動資産に属する。

(3) 子会社株式および関連会社株式：子会社株式については，事業投資と同じく時価の変動を財務活動の成果とは捉えないという考え方に基づき，取得原価をもって貸借対照表価額とする。関連会社株式は，他企業への影響力の行使を目的として保有する株式であることから，子会社株式の場合と同じく事実上の事業投資と同様の会計処理を行うことが適当なので，取得原価をもって貸借対照表価額とする。したがって，両者とも評価差額は生じない。

　　これらはいずれも固定資産の内の投資その他の資産に属する。

(4) その他有価証券：その他有価証券は，期末の時価をもって貸借対照表価額とする。ただし，その他有価証券は直ちに売却することを目的としていないので，付すべき時価に市場における短期的な価格変動を反映させることは必ずしも必要でないから，期末時点での時価ではなく，期末前1カ月の市場価格の平均に基づいて算定された価額をもって期末の時価とする方法を継続して適用することも認められている。

　　その他有価証券の評価差額は，洗替方式，すなわち毎期末の時価と当初の取得原価とを比較して算定し，原則として，当期の損益として処理するのではなく，税効果を調整のうえ，資本（純資産）の部に他の剰余金と区

別して「その他有価証券評価差額金」として記載し（全部純資産直入法），翌期には評価差額を戻し入れ，評価替がなかったものとする。ただし，保守主義の観点から，時価が取得原価を上回る銘柄の評価差額は資本（純資産）の部に計上し，時価が取得原価を下回る銘柄の評価差額（評価損）は損益計算書に計上することもできる（部分純資産直入法）。

なお，連結財務諸表では，その他有価証券評価差額金は，連結包括利益計算書に記載され，その累計額は，連結貸借対照表の純資産の部に記載される。

その他有価証券は固定資産の内の投資その他の資産に属する。

時価をもって貸借対照表価額とする有価証券であっても，市場価格がないために，客観的な時価を把握することができないものもある。**市場価格のない有価証券**のうち債券については回収可能額で，それ以外の有価証券については取得原価をもって貸借対照表価額とする。

次に③の**有価証券の評価減**をみよう。ここでは，有価証券の時価が著しく下落した場合等の取扱いが問題になる。

満期保有目的の債券，子会社株式および関連会社株式，その他有価証券のうち市場価格のあるものについて，その時価が著しく下落したときには，回復する見込みがあると認められる場合を除き，時価をもって貸借対照表価額とする。この評価減によって付された時価は，翌期首における新しい取得原価になる（切放方式）。また，市場価格のない株式についても，その**実質価額**（発行会社の1株当たりの純資産額）が著しく低下したときには，相当の減額をする。この評価減によって付された実質価額も，翌期首における新しい取得原価になる。これらの評価減による評価差額は，当期の損失として処理される。

その他有価証券の時価評価についても，時価が著しく下落したときには，取得原価まで回復する見込みがあると認められる場合を除き，洗替方式ではなく，当初の取得原価に代えて時価を新しい取得原価とする。この場合の評価差額は，当期の損失として処理する。

2 その他の流動資産

その他の流動資産としては，前渡金，前払費用，未収入金，未収収益，短期貸付金，立替金，仮払金などの短期債権，繰延税金資産，デリバティブ債権等がある。

前渡金は，一定の継続的な役務契約以外の契約や取引から生じた代金の前払分であり，**前払費用**と異なる。**未収入金**も同様に一定の継続的な役務契約以外の契約や取引から生じた代金の未収分であり，未収収益と異なる。

§3　固　定　資　産

固定資産は，企業の資産のうち，営業循環過程からはずれ，かつ1年を超えて利用される資産であって，その性格や形態の違いによって，有形固定資産，無形固定資産および投資その他の資産の三つに分類される。

1 有形固定資産

有形固定資産は，文字どおり，物理的に具体的な形のある固定資産で，企業の収益獲得に長期間利用される資産である。収益獲得のための利用に伴ってその価値が減少していく資産を**減価償却資産**とよんでいる。**建物，構築物，機械装置，車両運搬具，工具器具備品，船舶**などがその例である。これらに対して，価値の減少しない有形固定資産がある。その代表例が**土地**や**建設仮勘定**である。このような資産を**非減価償却資産**とよんでいる。

有形固定資産の評価については，その取得原価の決定，減価償却，および，評価替が重要である。以下要点をまとめよう。

(1) 有形固定資産の取得原価の決定

有形固定資産の**取得原価**は，購入代価などのほか，その有形固定資産が利用できるようになるまでに必要とされる一切の支出を含む。さらに，その有形固

152　第5章　資産の会計

定資産の使用後に除去することが法律等によって義務づけられている場合には，予想される将来の除去支出の割引現在価値（**資産除却債務**）も取得原価に含める。［表5-2］は，取得方法の違いによる取得原価の決定方法をまとめている。

表 5-2　有形固定資産の取得原価の決定

取 得 方 法	取 得 原 価 の 決 定
①購 入 の 場 合	購入代価＋外部付随費用（＋場合によって，内部付随費用） 　＊外部付随費用：買入手数料，運送費，荷役費， 　　　　　　　　　　運送保険料，関税等 　　内部付随費用：組立費，据付費，試運転費等
②自家建設の場合	適正な原価計算基準に従って算定された製造原価 　＊建設に要する借入資金の利子：原則として取得 　原価に算入できない
③現物出資の場合	出資者に交付した株式の発行価額＋付随費用
④交 換 の 場 合	自己所有の固定資産と交換した場合 　提供した資産の適正な帳簿価額 　自己所有の株式ないし社債と交換した場合 　提供した株式・社債の時価または帳簿価額
⑤贈 与 の 場 合 （無 償 取 得）	公正な評価額（贈与された資産の贈与時の時価） 　＊国庫補助金・工事負担金等で取得したとき，圧縮記帳 　が容認されている

(2)　有形固定資産の減価償却

　減価償却資産は，収益獲得活動のために必要な資産であって，一定の期間（耐用年数），製造・販売という生産活動に使用されるに伴って，その効用が減少し，最終的に廃棄される。そこで，生産活動における使用を通じて収益獲得に貢献した分に応じて，その効用の減少分をその期の費用（**減価償却費**）として計画的・規則的に計上する手続が，適正な期間損益計算の観点から採用されている。この手続を**減価償却**とよぶ。

　取得時点における将来の効用の現在価値を合計したものが取得原価であるので，減少した効用分は，有形固定資産の取得原価から控除される。取得時から現在までの控除価額の総額を**減価償却累計額**とよんでいる。つまり，「有形固定資産の貸借対照表価額＝取得原価－減価償却累計額」となる。

　このように減価償却によって，有形固定資産の当期の効用減少分は費用とし

て計上されるが，それは現金の支出を伴わないから，減価償却累計額に相当する流動資産が企業内部に蓄積される。

　減価償却方法の代表的なものには，定額法，定率法および生産高比例法がある。

　定額法（straight-line method）は，次の算式で求められた金額を毎期減価償却する方法である。ただし，税法では，残存価額を1円として計算する。この方法によれば，減価償却費は有形固定資産の耐用期間にわたって毎期均等額となる。

$$減価償却費 = \frac{取得原価 - 残存価額}{耐用年数}$$

　定率法（declining balance method, decreasing charge method）は，減価償却資産の未償却残高（期首の帳簿価額）に，次の算式で求められる割合（償却率）を乗じて毎期減価償却を行う方法である。この方法によれば，初期の年度においては，定額法に比べて毎期の償却額（減価償却費）が大きくなり，未償却残高は定額法の場合に比べて小さくなる。

$$償却率 = 1 - \sqrt[n]{\frac{残存価額}{取得価額}} \qquad ただし，n：耐用年数$$

$$減価償却費 = （取得原価 - 減価償却累計額）\times 償却率$$

　ただし，税法では，残存価額を1円とするため，この算式による償却率は，ほとんど1になってしまう。そこで税法では，この償却率に代えて，次式で算定した償却率を用いて減価償却費を計算し，その金額が残りの耐用年数にわたる均等償却額（＝貸借対照表価額/残りの耐用年数）を下回ることになる期間以降は，その均等償却額を減価償却費とする。この方法を200%定率法という。

$$償却率 = \frac{1}{耐用年数} \times 2$$

　生産高比例法（units-of-output method）は，減価償却の対象となる資産による生産または用役の提供の度合に比例して毎期減価償却を行う方法である。この方法が適用できる資産は，その資産の総利用可能量を物理的に確定でき，かつ減価が主として当該固定資産の利用に比例して発生するものに限られる。具体的には鉱業用設備，航空機，自動車等である。毎期の減価償却費の計算方法は次のとおり。ただし，税法では，残存価額を1円として計算する。

154　第5章　資産の会計

$$減価償却費 = (取得原価 - 残存価額) \times \frac{当期利用}{見積総利用可能量}$$

減価償却累計額は貸借対照表に取得価額から控除する形式で記載される。

(3)　資本的支出と収益的支出

　有形固定資産は長期にわたって利用されるので，取得後に改良や修理のための支出が追加的に行われることがある。利用を始めた後で有形固定資産に関連する支出が行われたことによって，その資産の耐用年数が延長するか，または価値が増加する場合には，その耐用年数の延長部分あるいは価値の増加部分に対応する支出を資本的支出とよぶ。耐用年数の延長や価値の増加をもたらさない支出は，収益的支出とよばれることがある。

　資本的支出は，対象となった資産の帳簿価額に加算され，支出後の耐用年数にわたって減価償却を通じて費用として配分される。これに対して，収益的支出は支出期の費用（修繕費）とされる。したがって，有形固定資産に関連する支出を，資本的支出とするか，それとも収益的支出とするかによって，費用の計上される期が異なってくる。

(4)　有形固定資産の評価替

　有形固定資産の貸借対照表価額は，原則として取得価額から減価償却累計額を控除した金額とされるけれども，次の三つの場合には評価替が必要になる。

　(イ)　資産に物理的滅失が生じた場合

　(ロ)　資産の耐用年数または残存価額が不合理になった場合

　(ハ)　資産の収益性の低下により投資額の回収が見込めなくなった場合

　(イ)は，災害や事故後の偶発的な事情によって，有形固定資産が物理的に損傷を受けた場合である。この場合には，その滅失部分に対応する金額だけ帳簿価額を切り下げ，この切下げ額をその発生した期に**臨時損失**として計上しなければならない。

　(ロ)は，減価償却計算で適用されている耐用年数または残存価額が，新技術の発明等の予見することのできなかった外的事情によって著しく不合理となった場合である。これは会計上の見積りの変更に該当するので，新たな事実が発生

第5章　資産の会計　155

したり新たな情報が入手可能となった当期から，新しい耐用年数または残存価額に基づいて減価償却の計算をしなければならない。

(ハ)は，事業で利用している有形固定資産の収益性が当初の予想よりも低下したために，その資産に対する投資額の回収が見込めなくなった場合である。この場合には，資産原価の回収可能性を帳簿価額に反映させるように，帳簿価額を減額しなければならない。この会計処理を**減損処理**といい，この処理によって計上される損失を**減損損失**とよぶ。減損処理は，物理的な減失を原因としない点で臨時損失の計上とは異なる。

減損処理を行うには，まず資産または資産グループに減損の生じている可能性を示す事象（減損の兆候）の有無を調べ，それがある場合には，減損損失を認識するかどうかの判定を行う。たとえば，その資産等が使用されている営業活動からの損益またはキャッシュ・フローが継続的にマイナスになっているか，またはそうなる見込みのあること等が，減損の兆候になる。減損損失を認識するかどうかの判定は，その資産等から得られる割引前将来キャッシュ・フローの総額と帳簿価額とを比較して行い，前者が後者を下回る場合に減損損失を認識する。

減損損失を認識すべきであると判定された資産等については，帳簿価額を回収可能額まで減額し，その減少額を減損損失としてその期に計上する。減損処理を行った資産の貸借対照表における表示には二通りの方法がある。原則的な表示方法では，減損処理前の取得原価から減損損失を直接控除し，控除後の金額をその後の帳簿価額とする。ただし，減損損失累計額を取得原価から間接控除する形式も認められている。

2　無形固定資産

無形固定資産は，具体的な形態をもたないが，企業の収益獲得に継続的に貢献する資産で，有形固定資産と同様に，償却資産と非償却資産とに分類される。

(イ)　**償却資産**：のれん，特許権，商標権，実用新案権，意匠権，鉱業権，漁業権，ソフトウェア

156　第5章　資産の会計

(ロ)　**非償却資産**：借地権，地上権，電話加入権

　これらのうち，**のれん**は，法律上の権利ではなく，経済上の優位性を意味する資産であり，他の無形固定資産と性格が異なっている点に注意しなければならない。つまり，のれんは，企業の収益力が同業他社の平均収益力に比べて大きい場合，その超過収益力を表した資産である。ただし，企業自らがこのような超過収益力を認識しただけでは，貸借対照表には計上できない。計上が許されるのは，事業の譲り受けや企業の合併等に際して対価を支払った場合に，たとえば，被合併企業の純資産額を超える対価を支払ったとき（すなわち有償取得の場合），その超過額をのれんとして計上する場合である。のれんの対価の算定方法には，収益還元法，年買法，株価算定法，年金法等がある。

　無形固定資産は，その取得原価をもって評価されるが，取得原価の決定は，有形固定資産の場合と同様に決定される。

　また，無形固定資産のうち，償却資産は，計画的・規則的に効用喪失分についての償却計算（費用計上）が行われる。その償却方法は，一般に，**残存価額をゼロとする定額法**が採用され，償却額は取得原価から直接控除されるので，貸借対照表価額は未償却残高を意味することになる。

　なお，収益性の低下によって，投資額の回収見込みがなくなった無形固定資産にも，減損処理が適用される。

3　投資その他の資産

　投資その他の資産は，営業循環過程になくかつ1年を超えて回収される資産（投資有価証券や長期貸付金等）または1年を超えて費用化する資産（長期前払費用等）等である。この資産に属する主な科目についてまとめたものが［表5—3］である。

第5章　資産の会計　　157

表 5−3　投資その他の資産の科目とその評価

科　　目	意　　味	評　　価
①投資有価証券	長期的利殖の目的で保有する株式・社債	その他有価証券：時価での評価。評価差額は純資産の部に計上（原則） 満期保有目的の債券：償却原価法による価額での評価 ＊評価減は強制適用 ＊市場価格がない有価証券は，取得原価または回収可能額で評価
②関係会社株式・社債	他企業支配の目的で保有する株式・社債	取得原価での評価 ＊評価減は強制適用
③長期前払費用	一定の継続的な役務受領契約によって将来受ける役務に対してすでに支払われた対価で，次期以降の費用としたもののうち，1年以内に期間費用とならない経過勘定項目	
④破産債権・更生債権	営業取引により発生した債権のうち，1年以内に回収見込みのない不良債権	
⑤繰延税金資産	1年先を超える将来の法人税等の支払額を減額する効果を有する法人税等の前払額。将来の税金負担額を軽減できる範囲内で計上	

§4　繰延資産

1　繰延資産の意義

　すでに対価の支払が完了しているか支払義務が確定し，これに対応するサービスの提供を受けたにもかかわらず，その効果が将来にわたって発現すると期待される費用を**繰延資産**という。繰延資産は，費用収益対応の原則に基づく適正な期間損益計算を行うために，すでに発生した費用を，その効果が発現する将来の期間に配分するために，貸借対照表の借方に計上される計算技術上の借方項目にすぎない。

　したがって，繰延資産には換金可能性がなく，債権者保護の立場からは計上されるべきではない。しかし，適正な期間損益計算の観点からは計上されるべき資産であるため，会社計算規則は，繰延資産として計上することが適当であるものに限って，貸借対照表に計上することを認めている。ただし，強制では

158　第5章　資産の会計

ないため，企業は繰延資産を計上しなくてもよく，その場合には，発生した期
の費用として処理される。

2　繰延資産の内容

従来から，次のような支出が繰延資産として計上されてきた。

(1) **創　立　費**：会社を組織するための支出のうち費用とされたもの（例，
定款作成費等）

(2) **開　業　費**：会社成立後，営業を開始するまでに要した開業準備費用
（例，土地・建物の賃借料，広告宣伝費等）

(3) **株式交付費**：企業規模の拡大のための資金調達などの財務活動に係る新
株の発行または自己株式の処分に係る費用（例，株式募集
のための広告費，金融機関の取扱手数料等）

(4) **社債発行費等**：社債の募集を行う場合に要する費用および財務活動とし
ての新株予約権の発行に係る費用（例，社債募集のための広
告費，金融機関の取扱手数料等）

(5) **開　発　費**：新経営組織の採用，資源の開発，市場の開拓等のために特
別に要した費用（例，コンサルティング料）

なお，**研究開発費**（新しい知識の発見を目的とした計画的な調査および探求のため
の費用，ならびに新しい製品・サービス・生産方法についての計画もしくは設計，また
は既存の製品等を著しく改良するための計画もしくは設計として，研究の成果その他の
知識を具体化するための費用）は，その発生時に費用処理する。

3　繰延資産の償却

繰延資産は実体のない計算擬制的資産であるため，早期に償却（費用計上）
することが，会社法の立場からは望ましい。そこで一般には，［表5—4］のよ
うな償却が従来から行われている。

第5章 資産の会計　　159

表 5−4　繰延資産の償却

繰延資産科目	償却期間		償却方法
創　立　費 開　業　費 開　発　費	設立後 開業後 支出後	〉5年以内の 効果の及ぶ 期間に	定　額　法
株式交付費 新株予約権発行費	交付後 または 発行後	〉3年以内の 効果の及ぶ 期間に	
社債発行費	社債償還までの期間に		利息法 ただし継続適用を条件として 定額法

4　のれんおよび繰延資産に関する配当等の制限

　資産計上されたのれんの金額の1/2が，資本金，資本準備金，利益準備金およびその他資本剰余金の合計額を超える場合には，その他資本剰余金全額と，その他利益剰余金のうち繰延資産計上相当額は配当できない。のれんの資産計上額の1/2が，資本金，資本準備金，利益準備金およびその他資本剰余金の合計額を超えなくても，のれんの資産計上額の1/2と繰延資産計上額の合計額（のれん等調整額）が資本金，資本準備金および利益準備金の合計額（資本等金額）を超える場合には，その他資本剰余金およびその他利益剰余金のうちこの超過額は配当できない。のれん等調整額が資本等金額以下の場合には，これらの制限はかからない。このような制限を行う理由は，繰延資産やのれん自体は換金価値を持たないことから，債権担保力（倒産等の場合，債務を返済できる能力）がないにもかかわらず，これらを含む金額を社外へ配当してしまうと，債権者保護が十分に図られないためである。

〔練　習　問　題〕

1.　社債の期末評価額―定額法―の問題
　　　償還期限5年の社債総額500万円を額面100円につき96円で取得したとし（社債を割引で取得），当該社債の期末評価を定額法で行うことにするとき，各決算期において計上される有価証券の増価額はいくらとなるか。

160　第5章　資産の会計

[解　答]

$$有価証券の増価額 = \frac{5,000,000}{100} \times (100 - 96) \div 5 = 40,000 \text{ 円}$$

　　つまり，社債の期末評価額は，1年後には484万円，2年後には488万円と1年間に4万円ずつ増額していくことになる。

2.　減価償却費の問題

　①　定額法と定率法

　　　機械の取得原価が4,000万円，残存価額が0万円，耐用年数が10年，であるとすると，この機械についての定額法と200％定率法による，償却開始後第3年度の減価償却費と減価償却累計額および未償却残高は，それぞれいくらとなるか。

[解　答]（スクリーン部分が答え）

定額法償却率　　　　　　1 ÷ 10 年 = 0.100

200％定率法償却率　　　0.100 × 2 = 0.200

（千円）

償却方法	定　額　法			200％ 定率法		
年　　度	減価償却費	減価償却累計額	未償却残高	減価償却費	減価償却累計額	未償却残高
0			40,000			40,000
1	4,000	4,000	36,000	8,000	8,000	32,000
2	4,000	8,000	32,000	6,400	14,400	25,600
3	4,000	12,000	28,000	5,120	19,520	20,480
4	4,000	16,000	24,000	4,096	23,616	16,384
5	4,000	20,000	20,000	3,277	26,893	13,107
6	4,000	24,000	16,000	2,621	29,514	10,486
7	4,000	28,000	12,000	2,621	32,136	7,864
8	4,000	32,000	8,000	2,621	34,757	5,243
9	4,000	36,000	8,000	2,621	37,379	2,621
10	4,000	40,000	0	2,621	40,000	0

　　第7年度において，前期末未償却残高10,486万円に償却率0.200をかけた金額は2,097万円。一方，第7年度から前期末未償却残高10,486万円に対して均等償却する場合の年償却額は10,486 ÷ 4年 = 2,621万円。2,097万円 < 2,621万円なので，第8年度以降は，均等償却額を減価償却費とする。

　②　生産高比例法

　　　鉱業用機械（採掘機）の取得原価が5,000万円，残存価額が0万円，見積総利用可能時間が60,000時間であるとし，今年度において7,200時間稼動したとすると，

当期の償却額はいくらになるか。

［解　答］

$$当期の償却額＝（取得原価－残存価額）\times \frac{当期利用時間}{見積総利用可能時間}$$

$$＝50,000,000\times \frac{7,200}{60,000}$$

$$＝6,000,000 円$$

〔参　考　文　献〕

［１］　桜井久勝『財務会計講義（第25版）』中央経済社，2024年。

［２］　伊藤邦雄『新・現代会計入門（第6版）』日本経済新聞出版社，2024年。

第6章　負債・資本の会計

§1　負債・資本の定義

　企業は，決算日現在において各種の資産項目に資金を投下しているが，この投下資金の出所（**資金の調達源泉**）を示すのが貸借対照表の貸方である。**負債**は，銀行等の債権者から借入金等の形で得た資金額を表す。したがって，この金額は債権者等への返済すべき金額を表す。他方，**資本**は，株主が拠出した資金額である**払込資本**と，企業が各種の資産を利用・運用してこれまでに獲得してきた利益のうち，配当等の形で社外に分配した残りである**留保利益**との合計である。この合計額は，株主に帰属することから特に**株主資本**とよばれる。

　もともと資本という概念は，企業活動に必要とされる資金の源泉を示すとされる。このとき，企業の法的な所有主である株主（自己）が拠出した資金額とその増加分を留保した額からなる株主資本は，特に**自己資本**とよばれる。一方，株主以外の他者である債権者等から調達した資金額からなる負債は，**他人資本**とよばれる。

　借入金や社債等は，企業外部の他者からの借入れによる資金調達であることは，容易に理解できるであろうが，商品や原材料の仕入れ時の支払手形・買掛金等や，当期の収益が負担すべき将来の特定の費用または損失である引当金が資金の調達源泉となることは，次のように理解されたい。まず支払手形や買掛金等の債務であるが，これは短期的にではあるがその代金支払いが猶予されているので，仕入れ業者からの短期的な資金調達となる。次に引当金は，将来の特定の費用または損失を，当期の収益に負担させるために見越し計上したもの

164 第6章 負債・資本の会計

である。このとき，たとえば退職給付引当金の場合には，将来の退職金の支払い時に実際に資産が減少するのであって，それまでは引当金相当額が企業内に留保されることとなる。このために，資金調達と理解することができるのである。

§2 負　　債

負債の部も，資産の部と同様に，営業循環基準と1年基準によって，営業循環の期間内または1年以内に返済の必要がある流動負債と，営業循環の期間または1年を超えて返済の期限が到来する固定負債に区分される。また，法律的な債務だけでなく，適正な期間損益計算の観点から，企業にとって回避できない経済的負担としての引当金が負債の部に計上される。このように，負債の部は，流動負債，固定負債，および引当金の三つから構成される。

1　流動負債

流動負債は，その返済期限が営業循環の期間内または1年以内に到来する，債務または将来の特定の費用または損失を見越し計上した引当金である（引当金については，「3　引当金」の箇所を参照）。

営業循環の中にある項目であるがゆえに流動負債に分類される営業上の負債としては，次の項目がある。

(1)　**支払手形**：商品や原材料の仕入れに際して手形を渡したことによる債務。手形が銀行口座を通じて決済されるまでの代金を支払う義務を表す。

(2)　**買　掛　金**：代金を後日に支払うことを約束して商品や原材料を仕入れたことによる信用による債務。

(3)　**前　受　金**：一定の役務提供契約以外の契約や取引によるものであり，受注工事・受注品に対して，実際の引き渡しに先だって，代金の一部を，内金または手付金として受け取った場合の，その

受取額。

　これらは負債の項目であるが，明示的な形で利息は支払われない。しかしながら，もし仕入れ時点においてただちに現金を支払っていたならば，手形債務や掛けによる債務よりも少なくて済んだであろう。このことから，支払手形や買掛金の中には，利息相当分が含まれていることになる。

　これ以外の項目には，1年基準が適用される。代表的なものは，次の有利子負債である。

　(4)　**短期借入金**：返済期限が1年以内に金融機関等の債権者からの借入金。
　　　　　　　　　また，支払手形・買掛金・前受金が，主たる営業取引から生じる負債であるのに対して，付随的に生じる負債として，次の項目がある。

　(5)　**未 払 金**：固定資産や有価証券の購入など，企業の主たる営業活動以外の取引から生じた未払額で，一般の取引慣行として発生後短期間に支払われるもの。

　(6)　**預 り 金**：従業員給与に対する源泉所得税や社会保険料の預り額等で，一般の取引慣行として発生後短期間に支払われるもの。

　(7)　**未払法人税等**：企業が支払うべき法人所得税，住民税および事業税等のうち，未納付分。

　(8)　**未払費用**：借入金の利息が後払いになっている場合などに，決算時に経過期間分について計上される未払利息など。

　(9)　**前受収益**：賃貸している不動産の賃貸料を前受けした場合に生じる前受賃貸料など。

2　固 定 負 債

　固定負債は，営業循環の期間または1年を超えて返済期限が到来する，債務または将来の特定の費用または損失を見越し計上した引当金である（引当金については，「3引当金」の箇所を参照）。代表的なものは，次の二つの有利子負債である。

　(1)　**長期借入金**：返済期限が1年を超えて到来する金融機関等の債権者からの借入金。

166　第6章　負債・資本の会計

(2) **社　　債**：普通社債とは，その発行企業が購入者に対して，満期日まで定
期的に利子を支払うとともに，満期日にそれを償還して額面金
額の返済を行うことを約束した債務である。企業が資金調達を
目的として社債券を発行した場合，この利子と満期日における
額面金額の返済義務を負う。

社債について，発行日の収入額と額面金額とが異なる場合，当
該差額は一般に金利の調整という性格を有しているため，償却
原価法に基づいて算定された価額をもって貸借対照表価額とす
る（償却原価法については「第5章　§2流動資産」の箇所を参照）。

3　引　当　金

買掛金や借入金等の確定債務以外にも，①貸借対照表が決算日現在における
企業の財政状態を十分に表示するために，退職給付引当金や製品保証引当金等
の**条件付債務**や，②法律上の条件付債務ではないが，これと同様に将来の特定
の費用または損失を現時点で合理的に見積もることができる修繕引当金等の**会
計的負債**が，負債の部に計上される。

ここで引当金とは，決算整理時に次の仕訳を通じて計上される項目である。

　　　（借）○○引当金繰入　×××　　　（貸）○○引当金　×××

貸方が経済的負担として認識された負債であり，同額が当期またはそれ以前
の企業活動の結果として当期の収益が負担すべき費用・損失の金額として借方
に計上される。

このように引当金とは，法律上の条件付債務または適正な期間損益計算の観
点から必要とされる貸方項目であり，引当金が妥当なものとして認められるた
めに満たさなければならない要件は，次のとおりである（企業会計原則・注解
18）。

① 　将来の特定の費用または損失であること（将来の資産の減少）。

② 　その費用または損失の発生が，当期またはそれ以前の事象に起因してい
ること（当期の収益との対応関係）。

③　その費用または損失の発生の可能性が高いこと。

④　その金額を合理的に見積ることができること。

企業会計原則・注解 18 の要件を満たして設定される引当金には，**条件付債務**としては，次の項目がある。

▷ 退職給付引当金，製品保証引当金[1]，賞与引当金，工事補償引当金[2] 等

また，債務以外の経済的負担である**会計的負債**には，次の項目がある。

▷ 修繕引当金，特別修繕引当金，債務保証損失引当金，損害補償損失引当金等

これらが，注解 18 の要件を満たしていることを，たとえば退職給付引当金で確認すると，(1)将来の退職金支払いに伴うものであり，(2)各従業員の過去から当期までの勤続に起因して支払われるものであるから，その発生が当期またはそれ以前の事象に起因している。また，(3)その支払いは，雇用契約や労働協約で確約されているため，発生の可能性はきわめて高い。最後に，(四)退職金支給基準に準拠することによって，将来の支給額を合理的に見積もることができる。このように，退職給付引当金は，4 要件をすべて満たすため，適切な引当金といえる。

　一方，企業会計原則・注解 18 の要件を満たして設定される引当金には，その性質により，資産から控除される貸倒引当金がある。貸倒引当金は，売掛金や受取手形などの金銭債権について，過去の実績等に基づいて貸倒れ見積高を算定し，これを当期の経済的負担として認識するものである。このとき，同額が貸倒引当金繰入として当期の販売費の 1 項目となる。貸倒引当金は，売掛金等の金銭債権からの控除によって債権の回収可能額を評価していると考えられ

---

1)　財またはサービスに対する保証については，製品が合意された仕様に従っているという基本保証と，追加の延長保証等のサービスに区別する。基本保証は，売上を保証するために発生が見込まれるコストであるため，企業会計原則・注解 18 にしたがった引当金を設定して，負債の部に計上する。追加の延長保証等の部分については，売上とは別個の履行義務であるため，取引価格を売上から履行義務として区別して配分し，負債の部に計上する。

2)　工事補償引当金とは，製品保証引当金のうち，特に建設会社が建物等の工事に関して設定するものをいう。

168　第6章　負債・資本の会計

るので，**評価性引当金**とよばれる。

<h1 align="center">§3　資　　　本</h1>

　株主資本は，株主が拠出した資金額である**払込資本**と，企業が各種の資産を利用・運用してこれまでに獲得してきた利益のうち，配当等の形で社外に分配した残りである**留保利益**との合計である。

　すなわち企業は，株主が拠出した払込資本と，借入等の負債を資金の調達源泉として，事業活動を行うために各種の資産に資金を投下し，これを利用・運用することによって利益を獲得する。企業は，この利益を主な財源として，配当等の形で株主に利益の分配を行うが，分配せずに企業内に留保した利益の累計額が留保利益である。

1　払込資本

　企業の発行する株式を購入することによって，株主はその企業の法的な所有主となる。払込資本とは，株主が企業に対して設立・増資時に払込み・給付をした財産の額のことをいい，**資本金**と**資本剰余金**とから構成される。資本剰余金は，会社法で定める**資本準備金**とそれ以外の**その他資本剰余金**に区分される。すなわち，株式の払込額は，その全額を**資本金**に組み入れるのが原則であるが，2分の1までは資本金としないことができる。組み入れなかった部分は，**株式払込剰余金**とよばれ，資本準備金として積み立てなければならない（会社法第445条）。一方，その他資本剰余金は，資本金・資本準備金の取り崩しによって生じる資本金及び資本準備金減少差益や，自己株式処分差益がある。

　会社法は，現金等の社外流出を伴う利益配当等を剰余金配当として規定しているが（剰余金については「4　剰余金」の箇所を参照），剰余金配当を行った際には，この配当剰余金の10分の1を，その他資本剰余金から配当した場合には資本準備金として，その他利益剰余金から配当した場合には利益準備金として社内に積み立てることを要求している（会社法第445条4項）。この積立は，資

本準備金と利益準備金の合計額が資本金の4分の1に達するまで行わなければならず，積み立てた部分は分配不可能な部分とされる。したがって企業は，このような拘束額を最小にするために，会社法上の最低限度しか資本金に組み入れないのが一般的である。

2　自　己　株　式

企業がいったん発行した自社の株式を取得して保有しているとき，これを**自己株式**とよぶ。取得した自己株式は支出額によって計上し，決算に際しても取得原価によって評価する。このとき自己株式は，**資本の減少**を意味するので，貸借対照表の株主資本からの控除として表示される。自己株式の取得は，資本の減少であるから，その売却や交付は増資に相当する。よって自己株式処分差益は，資本剰余金の性質をもつが，会社法上の資本剰余金に含まれず，その他資本剰余金とされる。

自己株式の取得は，資金調達のために発行した株式の払い戻しと同様の効果を有するために，資本充実に反して債権者の権利を害するおそれがある。このため，利益の配当と同様に，その取得にあたっては財源規制がなされている。

3　留　保　利　益

留保利益は，株主が拠出した払込資本と，借入等の負債を資金の調達源泉として得た資金の運用を通じて獲得した利益のうち，企業内部に留保された金額である。留保利益は，**利益準備金**と**その他利益剰余金**とに区別される。すなわち企業は，獲得した利益を，出資者である株主に配当等の形で分配するが，その残余部分が社内に留保される。このとき，利益準備金は，剰余金の配当を行うときに，当該剰余金の配当により減少するその他利益剰余金の額の10分の1の金額を，資本準備金との合計額が資本金の4分の1に達するまで積み立てた準備金である。一方，それ以外のその他利益剰余金については，**任意積立金**のように，企業が自らの判断で任意に設定したものについては，その内容を示す科目によって表示され，それ以外については**繰越利益剰余金**として表示され

170　第6章　負債・資本の会計

る。

　資本準備金と利益準備金は，会社法の規定により強制されているので，両者をあわせて**法定準備金**とよぶ。会計上，資本準備金と利益準備金は，前者は払込資本であり，後者は留保利益であるために，その性質は異なる。一方，会社法では，**債権者保護**の観点から，資本金と法定準備金の合計額が，企業内に維持拘束すべき金額の基礎とされ，**資本の充実**がはかられている。よって，資本金の減少にあたっては，株主総会の特別決議および債権者保護手続きがとられることになる。

4　剰　余　金

　企業は，調達資金によって事業活動を行い，その結果として生じた利益を出資者である株主に分配するのがその主たる目的である。このとき，一定の期間損益計算による利益を基礎として分配するのが，従来の商法における**配当可能利益概念**であった。これに対して会社法では，利益概念を拡大し，資本金および法定準備金の減少分，保有する自己株式等の資本取引から生じたものも併せて剰余金概念を定義し，利益配当のみならず，自己株式の取得等をも含めた企業が行うすべての財産の社外流出を統一的に剰余金の分配という形で規制している。

(1)　剰余金の算定方法

　剰余金は，最終事業年度末における「資産＋自己株式－負債－資本金・法定準備金－評価・換算差額等－新株予約権」を基礎として，最終事業年度末以降の次の項目を加算または減算することによって算定される。

　加算項目：自己株式の処分差益

　　　　　　資本金の減少分（ただし減少する資本金の全部または一部を準備金とするときはこれを除く）

　　　　　　法定準備金の減少分（ただし減少する法定準備金の全部または一部を資本金とするときはこれを除く）

減算項目：自己株式の消却額

剰余金の配当額

剰余金の資本金・法定準備金への組入額等

剰余金はいつでも配当できるために，決算日から剰余金配当効力発生日までの資本項目の増減も反映される。

表 6-1　最終事業年度末における剰余金

資　産	負　債		
	資本金		
	資本剰余金	資本準備金	
		その他資本剰余金 ・資本金及び資本準備金減少差益 ・自己株式処分差益金	最終事業年度末における剰余金
	利益準備金	剰余金利益	
		その他利益剰余 ・任意積立金 ・繰越利益剰余金	
自己株式			
	評価・換算差額等		
	新株予約権		

(2) 剰余金の分配可能額

会社法では，利益の配当，中間配当，資本金・法定準備金の減少額，および自己株式の取得等による株主への会社財産の支払いを，剰余金から，次の各項目を控除した**分配可能額**により統一的に規制している。

▶自己株式の帳簿価額

▶最終事業年度以降に自己株式を処分した場合の自己株式の対価

▶正ののれんの1/2・繰延資産が資本金・法定準備金を越える場合には，その超過額（ただし，正ののれんの1/2が資本金，法定準備金，およびその他資本剰余金を上回る場合には，その他資本剰余金＋繰延資産）

特に正ののれん・繰延資産について，このような分配規制がなされるのは，これらが換金価値をもたない資産であるために債権者保護のための担保力がな

172　第6章　負債・資本の会計

いこと，およびその金額が巨額となる可能性が高いためである。

　会社法上の剰余金配当は，いつでも行うことができる。決算日以外の期日に
剰余金の配当を行う場合には，企業は，決算日から剰余金効力発生日までにお
ける臨時計算書類として損益計算書・貸借対照表等を作成し，当該期間におけ
る資本項目の増減を分配可能額に反映させる必要がある。

　なお剰余金の分配規制については，純資産額による制限がなされる。すなわ
ち，資本金の額にかかわらず，純資産額が300万円未満の場合には，剰余金が
あってもこれを株主に分配することができない。

5　純資産の部と株主資本等変動計算書

　近年，会計基準の新設・改正により，資本の部に直接計上される項目が増加
している。また商法の改正により，自己株式の取得，処分および消却等，資本
の部の変動要因が増加している。このため，ディスクロージャーの透明性の確
保の観点から，資産と負債の差額が**純資産の部**に表記されるとともに，純資産
の部のすべての項目がその変動を含めて**株主資本等変動計算書**に記載されるこ
ととなった。

⑴　純資産の部

　貸借対照表において，資産性または負債性を有するものは資産の部または負
債の部に記載され，これらに該当しないものは資産と負債との差額として純資
産の部に表示される。純資産の部には，株主資本以外に，損益計算書を経由せ
ずに資本直入される**その他有価証券評価差額金**，損益計算の観点から資産また
は負債として繰り延べる**繰延ヘッジ損益**等の内訳科目に細分される評価・換算
差額等と，負債と資本の中間項目である**新株予約権**が表示される。

⑵　株主資本等変動計算書

　会社法では，剰余金をいつでも配当できるなど，純資産の変動の自由度が高
い。このために，増資や配当等によって純資産の項目が期中にどう変動したの
かを適切に開示する目的から，株主資本等変動計算書が作成される。株主資本
等変動計算書においては，純資産の部が，資本金，資本剰余金，利益剰余金，

第 6 章　負債・資本の会計　　173

表 6−2　純資産の部

```
                    純資産の部

  Ⅰ　株主資本
    1　資本金
    2　資本剰余金
      (1)　資本準備金
      (2)　その他資本剰余金
                        資本剰余金合計
    3　利益剰余金
      (1)　利益準備金
      (2)　その他利益剰余金
          ××積立金
          繰越利益剰余金
                        利益剰余金合計
    4　自己株式（減算）
                        株主資本合計
  Ⅱ　評価・換算差額等
    1　その他有価証券評価差額金
    2　繰延ヘッジ損益
    3　土地再評価差額金
                    評価・換算差額等合計
  Ⅲ　新株予約権
                        純資産合計
```

　自己株式，その他有価証券評価差額金，繰延ヘッジ損益等の内訳科目に細分される評価・換算差額等，および新株予約権等の各項目に分けられて，それぞれの変動額が記載される。このとき，株主資本とそれ以外の項目とでは変動事由ごとの金額に関する情報の有用性が異なるので，前者については，変動事由ごとにその金額が表示されるが，後者については，原則として当期変動額が純額で表示される（215 ページの［表 8−7］を参照）。

〔参 考 文 献〕

［1］　岸田雅雄「剰余金の配当規制」『新「会社法」詳解』中央経済社（2005 年 7 月），
　　　174-183 頁。

174　第6章　負債・資本の会計

［2］　岸田雅雄「剰余金の配当」ビジネス法務，第6巻第2号（2006年2月），12-20
　　　頁。

［3］　桜井久勝『財務会計講義（第25版）』中央経済社，2024年。

第7章　原価の計算

§1　原価計算の意義と目的

1　原価とは

　原価は，組織のさまざまな職能活動に伴って発生する。たとえば，製造企業では，製造だけではなく，購買，販売，物流，財務，研究開発，一般管理等の活動に伴って原価が発生する。

　原価計算は，この原価を計数把握する計算機構であり，簿記とならんで企業会計の基礎をなす計算機構である。原価を具体的に計数把握するには，計算の対象となる原価の概念が具体的に明らかでなければならないが，この概念は，原価計算の目的によって異なる。もっとも，およそ原価といいうるためには備えなければならない特質というものは存在する。この特質を知っておくことが原価計算を理解するための第一歩である。

(1)　原価は消費される価値である

　原価は，金銭であらわされた価値の消費高である。企業は，一定の製品・サービス（以下，製品という）を提供するという社会的役割をはたすことによって利益を獲得しようとするが，このためにさまざまな種類の材料，労働力，その他のサービスを消費する。これら材料等の種類を**原価要素**というが，この消費高を金銭的にあらわしたのが原価である。すなわち，原価は，原価要素の消費量にその消費価格を掛けて計算される。

　　　原価＝Σ原価要素の消費価格×原価要素の消費量

176 第7章 原価の計算

(2) 原価は一定の給付に関連して把握される

企業が製造・販売・購買・物流・研究開発等々の職能活動を行うのは，社会に一定の製品を提供するためであり，原価は，これらの職能活動，職能部門およびこれらの活動の成果としての製品（完成品だけでなく，半製品や作業途中の**仕掛品**を含む）について把握される。職能活動，職能部門および製品は**給付**（Leistung）とよばれるが，原価計算上の原価は，この給付に転嫁された価値，つまりこれについて消費される価値を計数的に把握したものである。したがって，給付は原価の計算対象である。類似の概念としては，**原価対象**（cost objectives）があるが，この概念は給付よりも広義で，投資案件などのプロジェクトを含む。

(3) 原価は経営目的に関連したものである

原価は，一定の製品を企業が社会的に提供するという目的に関して消費される価値であることはすでに明らかである。逆にいうと，経営目的に関連しない価値の消費は原価を構成しないことになる。しかし，何が経営目的に関連しない価値の消費であるかの判断は難しい。この判断は，原価計算の目的によって異なるといえる。たとえば，のちに述べる財務諸表作成目的では，資本の調達・返還・処分等の財務活動にともなう価値の消費，つまり支払利息・割引料等の財務費用は，原価に算入しないで，営業外費用として処理される。この場合，財務活動は，経営目的に関連した主たる活動とみなされていないのである。しかし，管理会計目的では必ずしもそうとはいえない。

(4) 原価は正常なものである

原価は，正常な状態のもとにおける経営活動を前提として把握された価値の消費であり，異常な状態を原因とする価値の減少を含まない。この特質は，「**原価の正常性**」とよばれているが，その解釈も多様である。一般的には，異常な状態に基づく価値の減少を火災・地震・争議等による損失，異常な貸倒損失，固定資産売却損等とし，その他をすべて正常なものとして原価に算入すると理解されている。しかし，のちに述べる標準原価との関連で，あらかじめ予定しうる正常な原価だけが真実の原価であるという積極的な解釈もある。

なお，上の二つの特質を有しない価値の消費項目は**非原価項目**とよばれている。

2　原価計算の目的

以上の説明で原価の一般概念が一応明らかになったと思うが，企業会計上の原価計算の対象となる具体的な原価の概念は，原価計算の目的によって異なることはすでに述べたとおりである。現代の**原価計算**の目的は，財務会計目的と管理会計目的とに大別できるが，後者はさらに原価管理目的，予算管理目的と経営計画目的とに区別することができる。

⑴　**財務会計目的**

損益計算書や貸借対照表等の公表財務諸表の作成に必要な資料を提供することが，財務会計目的または公表財務諸表作成目的である。原価計算の目的のなかではもっとも古くから考えられており，また一般によく知られている。損益計算書上の売上原価，貸借対照表上の製品・半製品・仕掛品といった棚卸資産の価額を算定することが原価計算の第1の目的である。

⑵　**原価管理目的**

1900年代のテイラー（F. W. Taylor）にはじまる科学的管理法の思考をとり入れることによって，原価計算の第2の目的として登場したのが原価管理目的であった。**原価管理**の現代的な意義は，あらかじめ原価の標準を指示し，原価発生の責任の所在を明らかにすることによって，原価意識を高め，作業能率を増進し，もって原価を引き下げることである。このために，科学的に設定された標準となる原価がその発生に権限を有している各階層の管理者にまず指示される。これは，実際に発生した原価との比較ならびにその差異の原因分析を通じて，発生した原価ひいてはその背後にある作業能率の良否を判定する基準となる。また，この比較・差異分析の結果は，改善措置を講じるための基礎資料として用いられる。

ところで，原価管理の意義は，究極的には原価引き下げにあるといったが，設備を含めた作業条件の変更（たとえば設備の近代化）による原価引き下げは，

原価管理の意味に含めないのが通常である。原価管理では，作業条件を一定としたもとでの作業能率の改善による原価引き下げが目的となる。

(3) 予算管理目的

原価管理が作業能率の改善による原価引き下げを指向しているのに対して，**予算管理**は，予算編成を通じて，さまざまな部門活動を総合調整して，売上高予算，売上原価予算，製造高予算，製造原価予算，購買予算，営業費予算などの形で各部門に責任および必要なヒト・モノ・カネの資源を割り当てるためのシステムである。編成された予算は各部門に示達されるとともに，月次に予算と実績との対比が行われ，予算達成に向けた改善措置が講じられる。

原価情報は，売上原価予算，製造原価予算，購買予算，営業費予算などの編成に使われるし，実績も予算に対比して集計されるので，原価数字がないと予算管理を運用できない。

(4) 経営計画目的

原価計算の第4の目的として経営計画をはじめとする経営意思決定のための情報提供があげられる。この目的のための原価計算が顕著な発展をみたのは第2次大戦後であった。経営規模の拡大，外部環境の変化の多様化と複雑化は，適切な計画活動を不可欠なものとしたが，原価計算からの情報がなければ，この活動は円滑に進まない。

経営計画とは，経営目的実現のための手段を選択することをいう。その種類は多様であって，詳しくは第10章「マネジメントへの役立ち」を参照されたい。ここでは，**短期利益計画**についてのみふれておく。これは，予算編成の基礎となるものであって，短期の一定期間（通常1年または6カ月）中のすべての経営活動を総合的に期間計画としてまとめ上げるという種類の計画である。この計画は，生産量とか販売量といった物量情報を含むが，最終的には費用・収益・利益という会計情報で表示される。短期利益計画のための分析手段は，**CVP分析**（Cは原価 cost，Vは生産量・販売量等の営業量 volume，Pは利益 profit の略である）とよばれる。営業量の変化が原価と利益に及ぼす作用を分析することによって，短期利益目標の実現という観点から経営諸活動の調整が行われる

のである。

§2　原価の諸概念

原価計算の目的が明らかとなったので，それぞれの目的に合致した具体的な原価概念を次に説明しよう。ただし，本書の性質上，もっとも基本的な財務会計目的のための原価概念の説明に重点をおき，他の原価概念は，財務会計目的のための原価概念の特色を明らかにするのに役立つと思われるかぎりにおいてのみとりあげることにする。

1　実際原価

まず最初に知っておく必要があるのは，実際原価・予定原価・標準原価の区別である。

取得原価主義が今日一般に認められた会計慣行である。したがって，財務会計のための原価概念は実際原価である。**実際原価**はこれを狭く解釈すると，原価要素の実際消費量にその実際消費価格を掛けたものであることが要求される。しかし，主として原価計算の迅速化という観点から，消費量さえ実際であれば，価格は予定であっても，実際原価と考えられている。また，前節で述べたように，実際消費量といっても，異常な状態に基づく異常な消費量は実際原価に算入されない。

2　予定原価・標準原価

予定原価と標準原価は，ともに**未来原価**に属するものであって，実際原価に対立する概念である。**予定原価**は，生産物の単位について将来実際に発生すると期待される原価を予定して計算される。したがって，原価要素の消費価格はもちろんのこと，消費量にも予定が適用される。短期利益計画ならびに予算編成に役立つのは，この予定原価である。

標準原価は原価管理にもっとも適している。製品単位当たりの原価標準は，

180　第7章　原価の計算

作業能率の基準となるものであって，各原価要素の標準消費量にその予定消費価格を掛けることによって求められる。このようにして計算された原価標準に生産高の実績を掛けることによって，原価の実際発生高と比較すべき規範値たる標準原価とするのである。

　標準消費量は，科学的方法によって設定されるが，一般的な**現実的標準原価**では，普通程度に努力すれば達成可能な作業能率水準のもとで決定され，不回避的な減損（作業中に生じた材料等の損耗）や仕損についての余裕を含む。しかし，作業能率の基準としての性質上，予定原価よりは厳しい水準に決定されることはいうまでもない。ところで，標準原価こそが真実の原価であって，財務会計目的にも利用可能であるとする見解もあるが，それを公表財務諸表上の原価としてそのまま用いることは現在のところ一般には認められていない。

3　製品原価と期間原価

　原価は，製品原価と期間原価に区別される。**製品原価**は，一定単位の生産物に集計される原価であるのに対して，**期間原価**は，生産物に集計しないで，一定の期間（会計期間）について集計される。したがって，二つの原価は収益との対応の仕方が異なる。つまり，製品原価は，生産物を通して売上収益に対して直接的・個別的に対応される。これに対して，期間原価は，その期間の収益の全体に対して対応させるのである。

　一定期間に発生した費用は製品原価と期間原価とに別けられるが，両者の区別は実は相対的なものである。一方の大きさが定まれば，他の大きさが定まるという関係にあるからである。しかしながら，製造費用のみを製品原価に集計し，販売費および一般管理費は，これを期間原価として処理するのが現在の財務会計の一般的な実務である。もっとも，造船業や建設業などの企業の一部では，販売費および一般管理費をも製品原価に算入し，総原価を計算するという実務がみられる。管理会計目的では，具体的な目的に応じて製品原価に算入される原価の範囲は異なる。

第7章　原価の計算　181

4　全部原価と部分原価

　財務会計目的のための原価計算を明らかにする上で第3に知っておかなければならないのは，全部原価と部分原価の区別である。少なくとも，製造費用の全部を含めて製品原価を計算するのが**全部原価**である。財務会計で一般に認められているのはこの原価概念である。しかも，すでに述べたように，販売費および一般管理費を製品原価に算入しないのが一般的な実務であるから，実際製造全部原価が財務会計目的のための原価概念といえる。

　これに対して，**部分原価**は，販売費および一般管理費の全部または一部を製品原価の計算にあたって除外するだけではなく，製造費用の一部をもこの計算から除き，残りの費用だけで計算した製品原価である。その代表的なものは，直接原価計算でいう**直接原価**であって，これは変動費をもって製品原価とする概念である。このとき，製造固定費も期間原価扱いとなる。直接原価は，現在のところ財務会計目的には認められていないが，経営計画目的，特に短期利益計画にもっとも適した原価概念である。短期利益計画のためには，CVP 関係の分析が重要であることは前述のとおりであるが，生産量や販売量とともに変動する原価を製品原価として区分・集計することによって，生産量・販売量の変動の利益作用が分析できるのである。

§3　原価計算制度と原価計算基準

1　原価計算制度

　以上，種々の原価概念を述べてきたが，これらの概念に関連して，原価計算の種類としては，①実際原価計算対標準原価計算（予定原価の計算を含む）ならびに，②全部原価計算対部分原価計算（直接原価計算）の区別が生じる。その組合せとしては，実際全部原価計算，標準全部原価計算，直接標準原価計算の三つが知られている。なお，それぞれの原価計算は，単に実際原価計算，標準

原価計算，直接原価計算ということが多い。

　ところで，この三つの原価計算は，企業が原価計算の目的として財務会計目的，原価管理目的，短期利益計画目的をかかげるかぎり，いずれも継続的に行われる原価計算という特徴をもっている。つまり，これらの目的のために原価情報を提供することは，毎期繰り返し要求されるのである。

　しかしながら，このことは，三つの原価計算が同時並行的に行われることを必ずしも意味するものではない。たしかに，財務会計目的が第一義的であった時代には，実際全部原価を計算し，これを工業簿記の組織に組み入れ，たとえば原価管理目的のための標準原価の設定，これと実際に発生した原価との差異分析ならびにその報告を勘定組織の枠外で行うというのが一般的であったであろう。この場合には，制度としては実際原価計算を実施し，この制度外で標準原価計算を必要に応じて行っていたのである。

　ところが，原価計算の目的として，原価管理さらには短期利益計画の比重が高まるにつれて，各種の目的を秩序をもって同時的に達成できるような計算制度が要求されるようになってきた。たとえば，原価管理を重視して標準原価計算を実施している企業では，標準全部原価で計算した製品原価が勘定に記録される。この結果，標準原価と原価の実際発生額との間に差額（原価差異または原価差額という）が生じるが，この差額を原価差異勘定に記録しておくことによって，会計期末に必要な差異の会計処理を行い，財務会計目的にも役立つように標準原価計算制度を運用できるのである。

　工業簿記の組織と結びつけて経常的に行われる原価計算を原価計算制度というが，別度内で異なる原価計算目的の調整が行われる。重点的な目的の相違に応じて，実際原価計算制度，標準原価計算制度，直接原価計算制度の三つが考えられる。

　ところで，この原価計算制度のほかにも，工業簿記の組織を離れて必要に応じて臨時に行われる原価計算がある。これは**特殊原価調査**とよばれている。設備投資，部品の自製か購入か，生産方法の変更などの経営計画は，まったく同一の状況で同じ問題が反復的に生じるものではない。したがって，必要な原価

第7章 原価の計算 183

資料は，そのつど計算すればたりるし，またその必要がある。特殊原価調査には，ここで述べなかったような各種の原価概念が適用される。それらをまとめて**特殊原価概念**とよぶこともできるが，これに対立するのは，もちろん制度上の原価概念である。

2 原価計算基準の意義

わが国では，昭和37年11月に大蔵省企業会計審議会から「**原価計算基準**」が公にされている。これは，原価計算を先に示した意味で制度化するための実践規範として設定されている。したがって，財務会計との関連における企業会計原則の一環をなすものではあるが，経常的に要求される管理会計目的の達成をも同時に意図した原価計算制度に対する実践規範となっている。

繰り返すまでもなく，企業の原価計算にみられる目的には，株主，債権者，取引先，消費者，従業員等の社会的集団の要求に応えるための財務会計目的だけではなく，企業の内部的要求に基づく管理会計目的がある。しかも後者の目的がその重要性を増している。今日の企業経営は，管理会計目的のための適切な原価計算をぬきにしては考えられないのが現状である。そこで，社会的にも，企業会計原則の一環として，管理会計目的のための原価計算を財務会計目的に調整するための「原価計算基準」の設定が要求されたのである。設定時におけるわが国の原価計算の慣行のなかから，一般に公正妥当と認められるものを要約して設定されたのが「原価計算基準」であった。

「原価計算基準」の対象は，財務会計目的のための実際原価計算制度（第2章）および原価管理を主眼とした原価計算を財務会計目的に調整するための標準原価計算制度（第3〜5章）である。もっとも，短期利益計画のための直接原価計算の重要性が高まり，これが企業の一般的な会計慣行となる段階では，これを原価管理目的や財務会計目的に調整するために，直接原価計算制度の実践規範が社会的に要求されることはいうまでもない。「原価計算基準」の内容は，社会的要求の変化に応じて変わることを知らなければならない。

184　第7章　原価の計算

§4　原価要素の種類と原価計算の計算段階

本書の入門書としての性質上，以下では原価計算制度，特に実際原価計算制度に説明を限定することになる。まず，原価計算と工業簿記の結びつきを知ることが重要であるが，これを理解するための前提として，原価要素の種類と原価計算制度における計算段階を述べておこう。

1　原価要素の形態別分類

原価要素はまずその自然的発生形態に応じて，材料費，労務費，経費に分類される。これは，すべての原価計算制度に共通の原価要素の分類である。

(3)　材　料　費

材料費とは，製造目的にかかわる物品の消費によって生ずる原価要素であって，素材費，買入部品費，燃料費，工場消耗品費，消耗工具器具備品費等に細分される。**素材費**とは，製品のおもな構成部分となる素材の消費額であって，同じく製品の構成部分となるとしても，そのまま製品にとりつけられる部品の消費額としての**買入部品費**とは区別される。燃料費とは，いうまでもなく，重油，石炭等の燃料の消費高である。**工場消耗品費**とは，製造のために補助的に使用される塗装用材料，化学薬品，包装材料，事務用消耗品など工場消耗品の消費高である。また，**消耗工具器具備品費**とは，耐用年数が短く，単価の安いペンチ・ハンマー・ヤスリ・定規等の工具・器具・備品の消費高である。

(2)　労　務　費

労働力の消費によって生ずる原価の要素が**労務費**である。賃金，給料，雑給，従業員賞与手当，退職給与引当金繰入額，福利費等に分類される。**賃金は**，作業員に支払われる報酬，**給料**は，工場監督者や工場事務職員に支払われる報酬である。また，**雑給**は，臨時雇の工場従業員に対して支払われる報酬である。**従業員賞与手当**とは，たとえば賞与，家族手当，住宅手当，通勤手当のように労働に直接関係なく支払われる給与をいう。**退職給与引当金繰入額**は，退職金

規定によって計上される退職給与引当金の繰入額である。また，**福利費**は，健康保険料，雇用保険料など社会保険料の事業主負担分である。

(3) 経　　　費

経費とは，材料費・労務費以外の原価要素であって，支払経費，測定経費，月割経費，発生経費に分類される。実際の支払高に基づいてその消費高を計算できる経費が**支払経費**である。外注加工賃，福利施設負担額，運賃，通信費，修繕料等がその例である。前払高と未払高を当月支払高に加減することによって当月消費高が計算される。

測定経費とは，電力料・ガス代・水道料のように，工場の計量器による測定によってその消費高が測定される経費をいう。なお，この測定は，原価計算上月末に行われるので，料金計算上の検針日とは一致しない。したがって，料金計算上の検針日以降月末までの消費高が月末に未払高として残ることになる。

月割経費とは，1会計期間あるいは1年を単位として支払われたり計算される費用，たとえば減価償却費，賃借料，保険料，租税公課などをいうが，この消費高は原価計算上月割計算して求められる。

支払いを伴わないが現実に発生している経費，たとえば棚卸減耗費を**発生経費**という。しかし，この経費は，会計期間中におけるその発生高を見積もって，これを月割りにし，月割経費として通常処理されている。

2　製造直接費と製造間接費

原価要素の第2の分類として**製造直接費**と**製造間接費**の区別を知っておかなければならない。この二つの原価要素は，原価の発生が一定単位の製品の製造に直接関連して把握できるかどうかによって区別される。すなわち，このように直接認識できる製造費用が製造直接費に属する。

この区別を原価要素の形態別分類と組み合わせると，まず第1に**直接材料費**という原価要素が明らかになる。これは，素材費，買入部品費等の製品の製造にかかわらしめて直接的に把握可能な原価要素である。**直接労務費**には，製造に直接従事している作業員（直接工）の賃金などがある。**直接経費**の例としては，

186 第7章 原価の計算

特定の製品についての外注加工賃や特許権使用料をあげることができる。製造間接費も，**間接材料費**，**間接労務費**，**間接経費**に区分できる。

3 原価計算の方法と計算段階

(1) 原価計算の方法

原価に関する一般的な説明からもわかるように，原価は一定の給付に関連して把握される。したがって，原価計算の方法は，**給付単位計算**である。これは，期間損益計算のための簿記の方法が期間計算であるのと対照的である。

もっとも，給付単位計算といっても，その計算期間を決めておかないと実際には原価の計算ができない。つまり，価値の消費をただちに給付単位について把握することはできないので，原価計算の基礎資料の多くは，複式簿記の機構から得ることになる。そこで，原価計算のためにもある一定の計算期間が設けられる。原価計算では，できるだけ迅速に原価を計算する必要から，1カ月という計算期間が設けられるのが一般的である。これを**原価計算期間**という。

ところで，制度としての原価計算では，原価の算定を正確にし，また原価管理に資する目的で，原価の計算は三つの計算段階を経て行われる。

(2) 費目別原価計算

第1の計算段階は，**費目別原価計算**または要素別原価計算といわれる。これは，基本的には原価要素の形態別分類に従って，材料費，労務費，経費のそれぞれの消費高を区分・集計する手続きである。実際原価計算や標準原価計算では，原価要素はさらに製造直接費，製造間接費に区分・集計され，直接材料費，直接労務費，直接経費，間接材料費，間接労務費，間接経費に別けて消費高を計算することが多い。

(3) 部門別原価計算

費目別原価計算によって把握された各原価要素の消費高を部門別に区分・集計するのが**部門別原価計算**である。この部門別計算を省略し，費目別計算の結果を受けてただちに製品別原価計算を行うことも場合によっては可能であるが，製品原価の算定をより正確に行い，また原価管理上原価を責任領域ごとに区

分・集計するためには部門別計算が必要とされる。なお，本書では部門別原価計算の手続きの説明は省略する。

⑷　製品別原価計算

費目別さらには部門別に区分・集計した原価をさらに製品単位に区分・集計する手続きが**製品別原価計算**である。なお，製品別計算といっても，それは最終生産物たる製品に代表させているだけであって，中間生産物や仕掛品についても原価の区分・集計が必要とされる。

製品別原価計算の手続きは，企業の生産形態，つまり個別受注生産企業かそれとも見込生産企業かに応じて著しく異なる。また，費目別計算や部門別計算の手続きも若干異なる。見込生産企業に適用される原価計算は総合原価計算，個別受注生産企業の原価計算は個別原価計算とよばれる。この原価計算の形態の相違は，実際原価計算だけではなく，標準原価計算や直接原価計算にもみられるが，実際原価計算におけるそれぞれの製品別計算の基本的な手続きについては後述する。

§5　原価計算と工業簿記

原価計算制度は，すでに述べたように，簿記の組織と有機的に結びついたものとなっている。そこで，本節では，原価計算の基礎的な手続きを述べる前に，製造企業における簿記としての工業簿記の特色ならびにこれと原価計算との関係を説明することにしたい。

1　工業簿記の特色

製造企業は，財務，購買，製造，販売といった活動を営んでいる。**工業簿記**は，これらの活動の過程を複式簿記の原理に従って記録し，経営成績および財政状態を損益計算書と貸借対照表によって明らかにするという課題を有している。この点は商業簿記と同じである。しかし，株主，債権者，取引先といった外部関係者との接触を伴う外部活動，すなわち財務活動，購買活動，販売活動

188 第7章 原価の計算

のほかに，製造企業は企業内で行われる活動といえる内部活動として製造活動を営んでいる。そこで，工業簿記では，この製造という内部活動から生じるさまざまの取引を記録するために，商業簿記にはみられないような勘定が用いられている。

また，購買活動については，それが販売活動に先立つ製造準備活動としての性格をもっていることが商企業の場合とは異なる。製造企業は，材料を仕入れ，従業員を雇ってその労働力に対して賃金・給料などを支払い，また電力・ガスなどの外部サービスを購入したり，設備等を購入・保有しているが，この活動は製造準備活動としての意味をもっている。これらの材料・労働力・外部サービス等を結合して製品をつくることが製造活動である。したがって，工業簿記における購買活動の記帳処理も，商業簿記のそれとは異なる。

2　原価計算と工業簿記の関係

商業簿記と工業簿記のこのような相違を簡単な勘定記入を用いて示すと［図7—1］のようになる。

(1)　費目別原価計算と工業簿記

この図にみられるように，工業簿記では，製造準備活動によって準備された材料・労働力・外部サービス等は，それぞれ材料費，労務費，経費として分類され，材料・労務費・経費の費目別勘定の借方に材料の仕入高，労務費の支払高，経費の支払高または発生高が記録される。

次に，費目別原価計算によって，原価要素の消費高（製造工程への投入高）が計算され，材料勘定，労務費勘定，経費勘定の貸方から，製造勘定（製造活動を記録する勘定）の借方にそれぞれの原価要素の消費高が振り替えられる。

(2)　製品別原価計算と工業簿記

［図7—1］では，製造勘定貸方から製品勘定借方への振替えがみられるが，これは製品が完成し，その完成高を資産としての製品の増減を記録するための製品勘定借方にその製造費用で振り替えたことを意味している。その背後では，製品別原価計算が行われている。製造過程は今日では複雑化しており，純然た

図 7−1 商業簿記と工業簿記

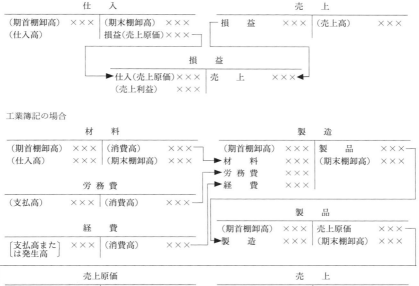

る簿記的記帳方法だけによっては，製品の完成品原価を把握できなくなってきている。費目別の原価要素の消費高の把握にしてもそうである。したがって，今日の工業簿記は，複式簿記の機構に原価計算を有機的に結びつけたものでなければならない。このような近代的な工業簿記は，純然たる簿記的記帳方法による**商的工業簿記**に対して**完全工業簿記**とよばれている。

　ところで，製造勘定は統制勘定である。製造勘定を統制勘定とすることによって原価計算との有機的結合が生まれるのであって，原価の計算・記録を行う原価計算表が製造勘定の内訳記録となる。言いかえれば，この製造勘定の内訳を計算・記録する手続が原価計算といえる。ここでは，説明の便宜上，部門別

190　第7章　原価の計算

計算のプロセスを省略しているが，これが行われる場合や原価計算の形態によっては，製造勘定はさらに細分される。

(3)　原価計算と月次損益計算

次に，製品勘定貸方から売上原価勘定借方へ当月の売上製品の製造原価（売上原価）が振り替えられる。そして，売上原価勘定の貸方には月次損益勘定への振替高が記録される。ここにおいて，原価計算が損益計算書上の売上原価の算定基礎となるという関係が理解できたと思われる。また，貸借対照表項目となる製品・仕掛品といった棚卸資産の価額は，貸借対照表日における製品勘定・製造勘定の残高から得られる。

原価計算と工業簿記との結びつきに関して最後に説明しておかなければならないのは，月次損益勘定である。この勘定は，**月次損益計算**を行うためのものであって，借方には当月の売上原価と販売費および一般管理費が各勘定から振り替えられ，貸方には当月の純売上高が売上勘定から振り替えられる。貸借残高（通常は営業利益を示す貸方残高）は，年次損益勘定に振り替えられる。この月次損益勘定を設定する意義は，原価計算と工業簿記との結びつきを知る上で重要である。原価計算期間は通常1カ月である。したがって，原価計算の資料を生かし，月次損益の計算を正確に行い，また年次決算に備えるという意味で，工業簿記においても原価計算期間に応じて月次損益計算のための集合勘定として，月次損益勘定を設ける方が便利なのである。

(4)　製造原価明細書

製造企業に特有の報告書として製造原価明細書がある。損益計算書上の売上原価は，期首製品棚卸高に当期製品製造原価を加算し，この合計額から期末製品棚卸高を差し引くという表示方法に従うことになるが，このうち当期製品製造原価については，その内訳を記載した明細書を損益計算書に添付するとされている。この明細書が**製造原価明細書**である。しかし，［表7−1］の例示からもわかるように，材料費，労務費，経費といった費目ごとに表示されるために，製品別の原価計算の資料から作成されるものではない。各原価要素の勘定記録を基礎として作成されるのである。

第7章　原価の計算　　191

表 7−1　製造原価明細書

平成×0年4月1日から平成×1年3月31日まで

Ⅰ　材　料　費
　1　期首材料棚卸高　　　　　　×××
　2　当期材料仕入高　　　　　　×××
　　　　　合　　計　　　　　　×××
　3　期末材料棚卸高　　　　　　×××
　　　　当期材料費　　　　　　　　　　×××
Ⅱ　労　務　費
　1　基　本　給　　　　　　　　×××
　2　諸手当・福利費　　　　　　×××
　　　　当 期 労 務 費　　　　　　　　×××
Ⅲ　経　　　費
　1　厚　生　費　　　　　　　　×××
　2　減価償却費　　　　　　　　×××
　3　貸　借　料　　　　　　　　×××
　4　保　険　料　　　　　　　　×××
　5　運　　賃　　　　　　　　　×××
　6　修　繕　料　　　　　　　　×××
　7　電　力　量　　　　　　　　×××
　8　水　道　料　　　　　　　　×××
　9　租　税　公　課　　　　　　×××
　10　棚卸減耗費　　　　　　　　×××
　11　雑　　　費　　　　　　　　×××
　　　　　当 期 経 費　　　　　　　　×××
　　　　　当期製造費用　　　　　　　　　　××

×
　　　　　期首仕掛品・半製品棚卸高　　　　×××
　　　　　　　合　　計　　　　　　　　　　×××
　　　　　期末仕掛品・半製品棚卸高　　　　×××
　　　　　当期製品製造原価　　　　　　　　×××

§6　原価計算の形態

§4と§5の説明で，原価計算の計算段階ならびにこれと工業簿記との結び

つきが理解できたと思う。本節と次の§7，§8では，実際原価計算の具体的な計算手続きのうち基本となるものを述べる。この計算手続きは，企業の生産形態に応じて異なる。ここで，企業の生産形態とは，見込生産か個別受注生産かということであり，これに応じて原価計算の形態として，総合原価計算と個別原価計算との区別が生じる。

なお，総合原価計算の一形態としての等級別原価計算や連産品の原価計算もあるが，ここでは説明を省略したい。

1 総合原価計算の体系

見込生産企業に適用される原価計算が**総合原価計算**である。見込生産企業では，製品市場における不特定の顧客を対象として同一製品を反復して連続的に生産しているので，個々の製品単位について原価を区分・集計して製品原価を算定することはなく，原価計算期間の製品別の製造費用を総合的にとらえ，これを同期間の生産量で割ることによって製品原価を計算するという方法がとられる。ここに総合原価計算とよばれる理由がある。

総合原価計算は，企業の生産する製品の種類が単数かそれとも複数かに応じて区別される。製品が１種類のとき**単純総合原価計算**，これが複数の場合，**組別総合原価計算**とよばれる。

総合原価計算は，製品の種類のほかにも，部門別原価計算を行うかどうかによってさらに区別される。見込生産企業では，製造部門は工程とよばれているので，部門別計算を伴う総合原価計算は，**工程別総合原価計算**といえる。

以上の説明を要約すると，[図7−2]に示す総合原価計算の体系が明らかになる。

図 7−2 総合原価計算の体系

2　個別原価計算の形態

すでに述べたように，**個別原価計算**は，造船業や建設業のような個別受注生産企業に適用される原価計算である。個別受注生産企業では，各注文の仕事の内容が異なるので，その製品の製造を指示するための**製造指図書**の番号（製造指図書番号）を指標として製品当たりの原価を個別に区分・集計する方が正確な原価の算定につながるし，また価格設定の資料としてこのような計算が必要とされている。個別の製品について原価が区分・集計されるという点で，個別原価計算とよばれるのである。なお，個別原価計算の形態は，部門別原価計算を伴う場合とそうでない場合とに区別される。

個別原価計算の純粋な形態は，上に述べた造船業や建設業のように，1口の注文の内容が一つの生産物からなっている場合にみられる。しかし，この1口の注文の内容が同一種類・同一規格の複数の製品から成り立っている場合もある。このときには，**ロット別個別原価計算**という方法がとられる。この方法は，総額としての製造費用を生産量で割ることによって製品原価を計算するという点では総合原価計算と似ている。

§7　総合原価計算の方法

見込生産企業の大部分は，複数の製品種類を反復して生産している。したがって，適用面では組別総合原価計算の方が重要といえるが，基本的なものから順次複雑な形態へ学習を進める方が効果的である。そこで，工程別計算を伴わない単純総合原価計算の方法をまず説明し，次に同じく工程別計算を伴わない組別総合原価計算の方法を簡単に述べることにしたい。工程別総合原価計算の方法は，本書では説明を省略せざるをえない。

前述したように，単純総合原価計算は，単一種類の製品を反復して連続的に生産している見込生産企業に適用される原価計算である。1原価計算期間に発生した原価要素を費目別に区分・集計して当期製造費用を計算し，これに期首

194 第7章 原価の計算

の仕掛品の原価を加えた合計額から期末仕掛品原価を差し引いて完成品原価が求められる。これを原価計算期間の完成品量で割ることによって，完成品の単位原価を計算すればよい。当期製造費用を計算する手続きが費目別原価計算であって，以後の単位原価を求めるまでの手続きが製品別原価計算である。

1 単純総合原価計算における費目別原価計算

　工程別計算を伴わない単純総合原価計算では，原価要素の区分・集計は単に費目について行えばよい。

　素材・買入部品等の直接材料は，材料の受入れ，払出しのつど，その数量を材料の種類ごとに材料棚札（材料の入出庫のつど，その入出庫量と有高とを記録するカードであって，材料倉庫に備えつけられる）や材料元帳に継続的に記録することによって原価計算期間の消費数量が把握される（継続記録法という）。この記録は，材料入庫伝票・材料出庫伝票に基づいて行われる。消費数量に材料消費価格を掛けることによって直接材料費が求められる。

　燃料や工場消耗品等の間接材料の消費量は，棚卸計算法に従って，期首棚卸数量に期間受入数量を加え，その合計から期末棚卸数量を差し引くことによって求められる。これに消費価格を掛けて間接材料費が計算される。

　直接労務費を構成する直接工賃金は，作業時間票に記載された作業時間を職種別または職場別に原価計算期間について区分・集計し，これに職種別または職場別の平均賃率を掛けて計算される。作業時間票は，作業種類ごとの作業時間がわかるように現場の職長が作業員ごとに毎日作成する伝票である。

　間接工賃金，給料，福利費，従業員手当は，その支払高をもって原価計算期間の消費高とするので，賃金支払帳や給料支払帳から間接労務費の金額を求めることができる。従業員賞与と退職給与引当金繰入額は，その会計期間における支払高または繰入額を期首に予定し，その月割額を原価計算期間の消費高として間接労務費に算入する。なお，工程別計算を伴わない単純総合原価計算では，製品原価の計算という目的に限定すれば，直接労務費と間接労務費を特に区別する必要はない。最終的に労務費として集計すればたりるのである。

第7章　原価の計算　　195

　原価計算期間における経費の消費高は，支払経費，測定経費，月割経費の別にそれぞれ経費支払表，経費測定表，経費月割表から求められる。それぞれの経費の消費高の計算方法は前述のとおりであるが，この計算の明細を示したのがこれらの計算表である。

2　単純総合原価計算における製品別原価計算

　このようにして各原価費目別の当期製造費用が判明すると，これを原価計算表に記載し，この表のうえで当期製造費用と期首仕掛品原価の合計額が求められる。原価計算表の雛型は［表7—2］のとおりである。

表 7—2　原価計算表（雛形）

単純総合原価計算表 平成×年△月分	
費　　用	金　　額
当 期 製 造 費 用 直 接 材 料 費 加 　工 　費 間 接 材 料 費 労 　務 　費 経 　　費	
計 期 首 仕 掛 品 原 価 合 　　計 期 末 仕 掛 品 原 価 完 成 品 原 価 完 成 品 数 量 単 位 原 価	

　製品別原価計算の手続きとしては，次に期末仕掛品原価を計算しなければならない。これは棚卸資産としての仕掛品の評価を意味している。総合原価計算では，期首仕掛品原価と当期製造費用の合計額から期末仕掛品原価を差し引き完成品原価を求めるという方法がとられるので，**期末仕掛の評価**と完成品原

価の計算は表裏一体の関係にあることがわかる。

期末仕掛品原価の計算は，直接材料費とそれ以外の原価項目，すなわち加工費に別けて行われる。さらに，直接材料費については，材料の種類ごとの計算が行われる。直接材料費については，期末仕掛品に材料が含まれているかどうかが仕掛品原価負担の原則である。したがって，作業のどの段階で材料が投入されるかが原価負担を決定する基準となる。仕掛品の作業段階が材料の投入時点を経過しているとすれば，仕掛品は，その直接材料費を完成品と同じ割合で負担しなければならない。

これに対して，加工費は，生産の進行に伴って徐々に消費されるという特徴をもっている。したがって，作業途中にある仕掛品と作業を完了した完成品との原価負担の割合は異なる。そこで，仕掛品数量に原価負担の割合を示す比率を掛けて完成品換算量を求め，この数値に基づいて期首仕掛品原価と当期加工費の合計額を期末仕掛品原価と完成品原価に配分することになる。仕掛品の原価負担の割合をあらわすこの比率は，**加工進捗度**または作業進捗度あるいは単に進捗度とよばれる。これは，仕掛品の完成品に対する完成度合を示す比率である。

3　平均法による期末仕掛品の評価

総合原価計算における期末仕掛品の評価法には，平均法，先入先出法，後入先出法などがあるが，ここでは平均法の考え方を示しておく。平均法では，[図7－3]からもわかるように，期首仕掛品原価と当期製造費用をそれぞれ期末仕掛品と完成品とにその数量の割合に応じて平均的に配分する。したがって，

図 7－3　平均法における原価配分の関係

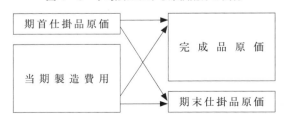

期首仕掛品原価と当期製造費用の合計額を平均的に期末仕掛品と完成品とに配分すればよい。期末仕掛品原価の計算式は直接材料費について次のようになる。

期末仕掛品直接材料費＝（期首仕掛品直接材料費＋当期直接材料費）

$$\times \frac{期末仕掛品含有量}{期首仕掛品含有量＋当期投入量}$$

　前述したように，直接材料費の原価負担の基準は，仕掛品に材料がすでに投入されているかどうかである。したがって，期首仕掛品含有量を含めた当期投入量のうち，期末仕掛品に含有されている割合で，期末仕掛品の原価負担分が計算されている。

　これに対して，期末仕掛品加工費の計算は次のとおりである。

期末仕掛品加工費＝（期首仕掛品加工費＋当期加工費）

$$\times \frac{期末仕掛品換算量}{完成品量＋期末仕掛品換算量}$$

　期末仕掛品の加工費負担基準は，完成品換算量であることはすでに説明した。そこで，完成品を基準として，期首仕掛品加工費と当期加工費が完成品と期末仕掛品とに平均的に配分されている。期末仕掛品換算量は，期末仕掛品数量にその加工進捗度を掛けたものである。

　以上のようにして期末仕掛品原価が求められると，その金額を期首仕掛品原価と当期製造費用の合計額から差し引くことによって完成品原価が計算される。これを完成品数量で割って単位原価が計算される。

4　組別総合原価計算の方法

　多種製品を見込生産している企業に適用される原価計算が組別総合原価計算である。この原価計算では，費目別計算の段階で，すべての原価要素を組別製品（多品種見込生産企業における各製品）について直接的にとらえられる製造直接費としての**組直接費**と，各組別製品について共通的にとらえられる製造間接費としての**組間接費**とにまず区分・集計しなければならない。

　組直接費を構成する直接材料費，直接労務費，直接経費は，前述の材料出庫伝票や作業時間票等に基づいて集計される。これらの伝票類に組別製品をあら

198　第 7 章　原価の計算

表 7−3　個　　別　　原

個　　別　　原　　価

着手日＿＿＿＿＿＿
完成日＿＿＿＿＿＿

直　接　材　料　費						直　接　労			
日　付	伝票番号	品　名	数　量	単　価	金　額	日　付	伝票番号	職　種	時　間

わす製造指図書番号の記載のあるものを組直接費として，組別に原価計算期間
について集計するのである。他方，指図書番号の記載のないものは，組間接費
として原価計算期間について集計される。原価要素の消費が伝票類に基づいて
行われない場合，たとえば燃料・工場消耗品等の補助材料，給料・従業員賞与
手当等，経費の大部分については，その原価計算期間の消費高は，単純総合原
価計算で説明したのと同じ方法で把握され，組間接費として集計される。

　このようにして組直接費と組間接費が区分・集計されると，月末に組間接費
を組別に配賦することになる。その配賦のためには種々の方法があるが，直接
作業時間法や機械時間法が望ましいとされている。これは，原価計算期間中に
各組別製品について使用された直接作業時間（直接工が製品の製造に従事した時
間），あるいは機械時間（製品の製造のための機械の稼動時間）の割合で各組別製
品に原価計算期間の組間接費総額を配賦する方法である。具体的には，原価計
算期間の製造間接費総額を同期間の直接作業時間総計または機械時間総計とい
った配賦基準量総計で割って**製造間接費配賦率**を求め，組別の配賦基準量にこ
の率を掛けて，組別の製造間接費配賦額を計算する。

　この組別配賦が終ると，この配賦額に組直接費の金額を加え組の当期製造
費用が得られる。製品別に期末仕掛品直接材料費と期末仕掛品加工費を計算

価　計　算　表

	計　算　表				製造指図書No.＿＿＿＿＿ 製　品　名＿＿＿＿＿＿＿ 規　　格＿＿＿＿＿＿＿			
務　費		直　接　経　費				合　計		
賃　率	金　額	日付	伝票番号	費　目	金　　額	日付	費　　目	金　額
							直 接 材 料 費	
							直 接 労 務 費	
							直 接 経 費	
		製　造　間　接　費					製造直接費合計	
		日付	配賦表番号	配賦基準	配賦率	金額	製 造 間 接 費	
							製 造 原 価	

し，この合計額を期首仕掛品原価と当期製造費用の組別の合計金額から差し引くことによって組別の完成品原価を求める手続きは，単純総合原価計算と同じである。

§8　個別原価計算の方法

　個別原価計算では，原価の区分・集計は，個々の製品の製造を指図する製造指図書の番号を指標として行われることは前述のとおりである。したがって，総合原価計算の方法に関する前節で述べたような伝票類，つまり材料出庫伝票や作業時間票等のうち，製造指図書の記載のあるものは，直接材料費，直接労務費，直接経費として製品別に区分・集計される。しかも，［表7－3］の個別原価計算表の例示にみられるように，当該指図書番号の個別原価計算表の各直接費欄に伝票ごとに数量・時間・金額等が記入される。

　製造間接費の集計ならびにその指図書別配賦の方法は，組別総合原価計算における組間接費の集計ならびにその組別配賦の方法と基本的には同じである。しかし，この方法では，製造間接費の集計が月末まで終了しないので，その指図書別配賦は結局月末以降となってしまう。したがって，月の途中に完成した

200　第7章　原価の計算

製品の原価の計算が非常に遅れることになる。このことは，原価計算に要求される計算の迅速性，また個別受注生産企業では価格政策の資料として原価情報が重要であることを考えると非常に不便である。

　そこで，特に個別原価計算では，製造間接費の予定配賦の方法が用いられるようになってきた。一定期間（通常は会計期間）の製造間接費の総額を予定し，これを同期間の予定配賦基準量（たとえば直接作業時間）の総計で割って**製造間接費予定配賦率**をあらかじめ設定しておき，製品の完成と同時に，指図書別の実際配賦基準量にこの予定配賦率を掛けて製造間接費の予定配賦額を求めるのである。

　完成した製品の原価は，製造間接費の実際配賦を行う場合には月末に，予定配賦の場合には完成時に，指図書別の原価計算表の合計欄で各原価要素の消費高を集計することによって求められる。月末に未完成の製造指図書に集計された製品原価は，いうまでもなく期末仕掛品原価をあらわしている。この点は，総合原価計算と異なり，完成品と期末仕掛品に計算式を使って原価配分を行う必要はない。

　以上，部門別計算または工程別計算を伴わない実際原価計算の方法を述べてきたが，これを基礎として，もっと複雑な形態の原価計算，さらには標準原価計算，直接原価計算，特殊原価調査の学習に進むことが望まれる。実際原価計算の方法だけではなく，原価計算の意義や目的を含めて原価計算の全体像をできるだけ説明してきたので，高度な学習に進むための基礎的な理解は得られたと思う。最後に，原価計算の方法を規定する具体的な原価概念は，その計算目的に応じて異なることをもう一度思い出されたい。

〔練　習　問　題〕

　1種類の材料を加工して単一の製品を見込生産している神戸工業所の当月の生産実績および原価データは次のとおりであった。これに基づき，原価計算表を作成しなさい。なお，期末仕掛品の評価には平均法を用いるものとする。計算にあたって生じる端数は，小数点以下2位未満を四捨五入のこと。

1　月初仕掛品

　　　　　数　　　　　　量　　　　　　400 t（加工進捗度40%）
　　　　　直 接 材 料 費　　　　120,000 円
　　　　　加　　工　　費　　　　 50,000 円
　　　2　当月データ
　　　　　完　成　品　量　　　　 15,000 t
　　　　　月末仕掛品量　　　　　 300 t（加工進捗度50%）
　　　　　当月材料投入量　　　　 14,900 t
　　　　　当月直接材料費　　　 4,546,500 円
　　　　　当 月 加 工 費　　　 4,691,950 円

〔参 考 文 献〕

Ⅰ．原価計算一般，特に原価計算制度

　〔1〕　岡本　清『原価計算（六訂版）』国元書房，2000 年。

　〔2〕　加登　豊・山本浩二『原価計算の知識（第2版）』日本経済新聞出版社，2012
　　　年。

　〔3〕　谷　武幸『エッセンシャル原価計算』中央経済社，2012 年。

Ⅱ．さらに進んだ学習のために

　〔4〕　加藤　豊・李　　建『ケースブック　コストマネジメント（第3版）』新世社，
　　　2022 年。

　〔5〕　櫻井通晴『原価計算』同文舘出版，2014 年。

第8章　財務諸表の公開

§1　財務諸表の作成方法

1　主要な財務諸表

　会計は，企業の経済活動を，第3章で学習した複式簿記の原理に従い，第4〜7章で学習した会計上の諸原則に準拠して，記録し処理することを通じて，企業の経済活動から生じた利益を計数的に明らかにするものである。その計数的結果は，一定の様式をもって作成した書類を公開することによって，企業の利害関係者に伝達される。そのための書類を**財務諸表**（financial statements）という。

　財務諸表によって伝達される主要な情報は，企業の経営成績（operating performance）と財政状態（financial position）に関する情報である。企業の経営成績または投資の成果は**損益計算書**（profit and loss statement, income statement）で表現され，財政状態または投資のポジションは**貸借対照表**（balance sheet）によって表現される。この二つの財務諸表は，会計の目的である利益決定において欠くことができないものであるという意味で，基本財務諸表としての性格をもつ。基本財務諸表中の重要な項目については，その詳細を記載した書類が補足情報として追加される。［図8—1］は，これら一般的な財務諸表の体系を要約したものである。以下では，まず，基本財務諸表である損益計算書と貸借対照表について説明する。

図 8-1 財務諸表の体系

2 損益計算書の作成

損益計算書では，一定期間中の収益と費用を一覧表示し，その差額として利益が算出される。損益計算書は，企業の経営成績を明らかにしようとするものであるから，これらの情報を利害関係者にうまく伝達するために，その作成に関して次のような多くの工夫がなされている。

(1) 総額主義

総額主義とは，収益項目と費用項目の金額を直接に相殺して差額のみを記載するのではなく，損益計算書上に収益項目と費用項目の金額をそれぞれ記載し，両者の差額として利益を表示する方法をいう。これに対し，収益と費用を直接に相殺して差額のみを表示する方法を**純額主義**という。たとえば，売上高と売上原価の差額は売上総利益といわれるが，総額主義の場合には，売上高と売上原価のそれぞれが損益計算書に表示され，その差額を計算する形で売上総利益が記載されるのに対し，純額主義の場合には売上高と売上原価が前もって相殺され，損益計算書上には売上総利益だけが表示されることになる。

売上高と売上原価を相殺し売上総利益だけを表示した損益計算書からは，企業の売買活動の規模や，売上高に占める売上原価の割合を知ることはできない。したがって，経営成績を十分に表示するために，損益計算書の重要項目は純額主義ではなく総額主義で作成されなければならない。

(2) 収益・費用の分類と利益の段階的計算

損益計算書は，企業がその会計期間に獲得した利益の金額だけでなく，その利益がどのようにして生じたかを明らかにすることによって，企業の経営成績をよりいっそう適切に表示することができる。前期に比べて当期の利益が増加

第 8 章　財務諸表の公開　　205

したといっても，それが生産や販売面でのコスト削減努力から生じている場合
もあれば，遊休不動産の臨時的な売却から生じている場合もあるであろう。利
益がどのようにして生じたかを表示するためには，まず収益と費用を，企業が
行う経済活動と関連づけて発生源泉別に分類する必要がある。［表 8—1］は，
そのような収益と費用の分類を示したものである。

表 8—1　収益・費用の発生源泉別分類

経済活動の分類		費用・収益の分類	
当期の主たる営業活動	仕入・生産活動	売上原価	売　上　高
	販売活動	販売費及び一般管理費	
	経営管理活動		
当期の金融活動		営業外費用	営業外収益
その他の経済活動および事象		特別損失	特別利益

　発生源泉別に分類された費用と収益は，努力と成果の因果関係を基準として
対応表示され，［表 8—2］に示すような形で，利益が段階的に計算される。
　最初の**営業損益計算**の区分では，企業の主たる営業活動からの売上高とそれ
に対応する売上原価を示し，その差額として**売上総利益**を表示する。次いでそ
こから販売費及び一般管理費を差し引いて**営業利益**を表示する。この結果，営
業損益計算の区分は，企業の主たる営業活動を源泉とする損益の発生状況を表

表 8—2　損益計算書の区分表示

営業損益計算	Ⅰ．売　上　高 Ⅱ．売　上　原　価 　　　　　　　　　売　上　総　利　益 Ⅲ．販売費及び一般管理費 　　　　　　　　　営　業　利　益
経常損益計算	Ⅳ．営業外収益 Ⅴ．営業外費用 　　　　　　　　　経　常　利　益
純損益計算	Ⅵ．特別利益 Ⅶ．特別損失 　　　　　　　　　税引前当期純利益 　　法人税，住民税及び事業税 　　法人税等調整額 　　　　　　　　　当　期　純　利　益

206　第8章　財務諸表の公開

すことになる。

　次に**経常損益計算**の区分には，営業活動に付随する当期の金融活動から生じた営業外収益と営業外費用を表示し，営業利益にこれらを加減して**経常利益**を算出する。これら営業損益計算と経常損益計算の区分に記載される収益・費用は，企業の正常な経済活動から規則的・反復的に生じるものである。したがって，それらの項目から算出された経常利益は，企業業績の良否を判断するための重要な尺度である。

　これに対し，臨時的・偶発的に生じた損益項目は，特別利益または特別損失として**純損益計算**の区分に記載し，経常利益に加減することによって税引前当期純利益を算出する。純損益計算の区分には，さらに税引前当期純利益から法人税，住民税及び事業税を控除し，税効果会計の適用により計上される法人税等調整額を加減して，**当期純利益**を表示する。

(3)　報告式と勘定式

　財務諸表の様式には報告式と勘定式がある。**報告式**の損益計算書は，［表8−2］のように，まず初めに売上高を記載し，それに順次項目を加減しながら，上から下へ表示していく様式をいう。これに対し**勘定式**は，［表8−3］のように紙面を左右に二分し，複式簿記の原理に従い貸方に収益項目を，借方に費用項目を記載する様式である。一般に公表される損益計算書は，会計の知識に乏しい利害関係者にも理解可能にするため，複式簿記原理に従う勘定式ではなく，報告式で表示されることが多い。

表 8−3　勘定式損益計算書の一例

売　上　原　価	売　　　上　　　高
販売費及び一般管理費	営　業　外　収　益
営　業　外　費　用	特　別　利　益
特　別　損　失	
法人税・住民税・事業税	
当　期　純　利　益	
計	計

(4)　重要事項の注記

　利害関係者が損益計算書によって企業の経営成績を判断するに際して重要な

事項は**注記**（explanatory notes）することが必要である。そのような事項には，①重要な会計方針，②重要な後発事象，および③勘定科目の内容や内訳の説明などがある。

会計方針（accounting policy）とは，企業が財務諸表の作成に際して採用した会計処理の原則および手続などをいう。たとえば，固定資産の減価償却方法としての定額法と定率法がそれである。会計基準はいくつかの領域において代替的な会計処理方法の適用を認めているから，企業がどの方法を採用するかによって損益計算の結果は相違する。したがって，企業が採用した方法を利害関係者に知らせるため，重要な会計方針は注記しなければならない。会計方針の例としては，固定資産の減価償却方法のほか，有価証券や棚卸資産の評価基準と評価方法，引当金の計上基準などがある。なお会計方針を変更する場合には，企業会計基準委員会が定めた企業会計基準第 24 号「会計方針の開示，会計上の変更及び誤謬の訂正に関する会計基準」に準拠しなければならない。

後発事象（subsequent event）とは，決算日以降に発生した事象で次期以降の経営成績や財政状態に重要な影響を及ぼすものをいう。たとえば，災害による重大な損害の発生，多額の増資・減資，重要な裁判事件の発生・解決，主要な取引先の倒産などがそれである。これらは企業の将来の経営成績や財政状態を理解するために役立つ情報であるから注記を要する。

なお会計方針，後発事象その他注記すべき重要項目の多くは損益計算書と貸借対照表の両方に関係し，また一括して記載した方が見やすいことから，一般に，損益計算書と貸借対照表を掲載したあとでまとめて記載されることが多い。

3　貸借対照表の作成

貸借対照表は，一定時点における資産・負債・純資産の一覧表である。貸借対照表が企業の財政状態を十分に表示できるように，その作成に際しては次のような工夫が行われる。

(1)　総 額 主 義

資産・負債・純資産は総額によって記載することを原則とし，資産の項目と

208　第8章　財務諸表の公開

負債または純資産の項目とを相殺することによって，その全部または一部を貸借対照表から除去してはならない。これは損益計算書の作成に際して，収益項目と費用項目の直接的な相殺が禁止されているのと同様である。したがって，たとえば売掛金と買掛金を前もって相殺し，その残額だけを売掛金または買掛金として表示したり，同一の相手方に対する貸付金と借入金とを相殺表示したりしてはならない。このような相殺表示を行うと，債務の総額を知ることはできず，また資金調達源泉としての他人資本（負債）と自己資本（資本）の構成割合や，資金運用形態（資産）とその調達源泉（負債・資本）の関係が歪められ，企業の財政状態は適切に表示されないことになる。したがって総額主義は，貸借対照表が企業の財政状態を十分に表示できるようにするための重要な原則である。

(2)　流動項目と固定項目の区分

　貸借対照表において，資産は流動資産・固定資産および繰延資産に区分し，負債は流動負債と固定負債に区分して表示する。これは企業に投入されている資金を流動的な部分と固定的な部分とに分類することにより，資金の運用形態と調達源泉の関係をよりいっそう明瞭に表示するための工夫である。

　このような区分表示を行うためには，資産と負債はそれぞれ流動項目と固定項目に分類されなければならない。その分類は，**営業循環基準**（operating cycle basis）を原則とし，**1年基準**（one year rule）を加味して行われる。［表8—4］は，営業循環基準と1年基準の適用関係，およびその適用によって分類された流動項目と固定項目の例を示している。

表 8—4　流動項目と固定項目の分類

			（資産）	（負債）
営業循環過程内の項目《営業循環基準》		流動項目	現金・売掛金　受取手形・原材料・製品	買 掛 金　支払手形　前 受 金
その他の項目《1年基準》	履行期または収益・費用に転化するまでの期間が1年以内の項目		1年以内の預金・貸付金	1年以内の借入金・未払金
	1年超の項目	固定項目	土地・建物　1年超の預金	社債・1年超の借入金

(3) **流動性配列法**

　資産と負債が流動項目と固定項目に分類されると，次にこれらは貸借対照表上に原則として流動性配列法に従って記載される。**流動性配列法**とは，貸借対照表の項目を流動性の高い順，すなわち資産については換金可能性の高い項目の順，また負債については返済期限の早い項目の順に配列する方法である。この方法によれば，［図8－2］に示したように，資産は流動資産・固定資産の順に，また負債は流動負債・固定負債の順に配列され，続いて純資産が記載される。逆に［図8－3］のように，流動性の低い順序で項目を配列する方法を**固定性配列法**という。

　流動性配列法は，企業が流動資産で流動負債を支払う能力を明らかにするのに便利であるから，多くの企業の貸借対照表はこの方法に従って作成されている。しかし，固定資産の割合が極めて高い電力会社などについては，長期的な資金運用形態たる固定資産と，同じく長期的な資金調達源泉たる純資産および固定負債との関係を明らかにするのに，固定性配列法が便利である。

(4) **報告式と勘定式**

　貸借対照表の様式にも，損益計算書の場合と同様に，報告式と勘定式がある。勘定式の貸借対照表は，複式簿記の原理に従い，資産を借方側に，負債と純資産を貸方側に対照表示して作成する。これに対し報告式の場合は，各項目を上から下へ資産・負債・純資産の順序で配列して記載する。

210　第8章　財務諸表の公開

(5)　中間項目の表示

　企業が支配している経済的資源を資産，その経済的資源を放棄・引渡す義務を負債，財務諸表を報告する企業の所有者（株式会社の場合は株主）に帰属するものを資本とするならば，そのいずれにも該当しない中間項目が貸借対照表に計上されることがある。たとえば，損益計算書を経由しないその他有価証券の時価評価差額，ヘッジ対象に係る損益が認識されるまで繰り延べられるヘッジ手段に係る損益，権利または権利行使が確定していない株式引受権や新株予約権などがそれである。企業会計基準委員会が定めた企業会計基準第5号「貸借対照表の純資産の部の表示に関する会計基準」では，貸借対照表上，資産性または負債性をもつ項目を「資産の部」または「負債の部」に記載し，それらに該当しない項目は資産と負債の差額として「純資産の部」に記載することを要求している。したがって，純資産の部には，株主に帰属する資本（株主資本）とそれ以外の評価・換算差額，株式引受権や新株予約権といった項目が区分して記載される。［表8-5］は，勘定式のもとで流動性配列法に従う場合に用いられる区分表示の方法を示したものである。

表 8-5　貸借対照表の区分表示

（資産の部）	（負債の部）
流　動　資　産	流　動　負　債
固　定　資　産	固　定　負　債
有形固定資産	（純資産の部）
無形固定資産	株　主　資　本
投資その他の資産	資　本　金
繰　延　資　産	新株式申込証拠金
	資本剰余金
	資本準備金
	その他資本剰余金
	利益剰余金
	利益準備金
	その他利益剰余金
	自　己　株　式
	自己株式申込証拠金
	評価・換算差額等
	その他有価証券評価差額金
	繰延ヘッジ損益
	土地再評価差額金
	株　式　引　受　権
	新　株　予　約　権

(6) **重要事項の注記**

　貸借対照表から企業の財政状態を判断するに際して重要な事項は注記しなければならない。注記の内容は損益計算書の箇所で述べたとおりである。

§2　個別企業の財務報告

　財務諸表に表示された企業の財務情報は，元来，多くの利害関係者の経済的意思決定に役立つものであるが，特に利害関係が強い資金提供者に対する財務報告は，法律によって規定されている。そのような法律には会社法と金融商品取引法がある。

1　会社法の計算書類

(1)　計算書類の体系

　会社法は，株式会社に対して，事業年度ごとに①貸借対照表，②損益計算書，③株主資本等変動計算書，④個別注記表，⑤事業報告，⑥附属明細書を作成することを要求している。その記載事項・用語・様式については，法務省が定めた「**会社法施行規則**」や「**会社計算規則**」に準拠して作成しなければならない。会社法は，特に貸借対照表・損益計算書・株主資本等変動計算書・個別注記表という四つの書類を**計算書類**とよぶが，ここでは，それらに併せて作成される事業報告や附属明細書についても説明する。

　貸借対照表と損益計算書は利益決定に関する基本的な書類であり，株主資本等変動計算書は，貸借対照表の純資産の部のうち，主に株主資本の各項目の期中増減の理由を明らかにするために作成される。個別注記表は，財務諸表本体の記載内容に関連する重要事項を，それとは別の箇所に一括して言葉や数値を用いて記載したものである。また事業報告は，計算書類との関係において，会社の状況や営業の経過についての文章による説明報告書である。さらに附属明細書は，これら書類の記載内容の重要な事項を補足している。これらの書類は，監査役会（監査等委員会・監査委員会）や会計監査人による監査を受けなければ

212 第8章 財務諸表の公開

ならない。そして取締役会設置会社においては，取締役会の承認を経たのち，計算書類と事業報告が定時株主総会の招集通知に添付して株主宛に報告される。貸借対照表と損益計算書についてはすでに説明したので，以下ではそれ以外の書類について説明する。

(2) 株主資本等変動計算書

株主資本等変動計算書は，貸借対照表の純資産の部のうち，主に株主資本の各項目の期中増減の理由を明らかにするために作成される。会社法では，株主総会または取締役会の決議によって，剰余金の配当を行ったり，株主資本の計数を変動させたりすることができる。株主資本等変動計算書は，資本金や剰余金といった株主資本の項目について数値の連続性を把握するのに役立つ。その記載事項や様式などは後述する。

(3) 個別注記表

個別注記表は，財務諸表本体の記載内容に関連する重要事項を，それとは別の箇所に一括して言葉や数値を用いて記載したものである。これにより，財務諸表本体の簡潔性を維持しながら，企業の財政状態や経営成績を正確に判断するために必要な情報が詳細に伝達されることになる。会社計算規則は，継続企業の前提，重要な会計方針，貸借対照表，損益計算書，株主資本等変動計算書，税効果会計，リースにより使用する固定資産，金融商品，賃貸等不動産，持分法損益，関連当事者との取引，1株当たり情報，重要な後発事象，連結配当規制適用会社，収益認識などの項目について注記すべき事項を定めている。

(4) 事業報告

事業報告は，貸借対照表や損益計算書で表現されえなかった会社の経済活動の全体像を文章や数字を用いて記載した状況報告書である。したがって，事業報告は，貸借対照表や損益計算書から企業の財政状態および経営成績を判断する前提となる情報を記載した重要な書類である。事業報告に記載すべき事項は，会社法施行規則で定められている。たとえば，その会社の株式を自由に取得・譲渡することができる公開会社については，①会社の現況に関する事項（主要な事業内容など），②会社役員に関する事項（氏名，地位，担当，報酬総額など），

③役員等の賠償責任保険契約に関する事項（被保険者の範囲など），④株式に関する事項（大株主の氏名など），⑤新株予約権等に関する事項（その内容や人数など）を開示しなければならない。

(5)　附属明細書

附属明細書は，計算書類と事業報告の記載内容を補足するために，重要事項の詳細を表示した書類である。附属明細書は株主総会の招集通知に添付する必要はないが，他の書類とともに会社に備え置いて株主と債権者の閲覧に供される。会社計算規則は，計算書類の附属明細書として，①有形固定資産及び無形固定資産，②引当金，③販売費及び一般管理費の明細を少なくとも作成することを要求している。また会社法施行規則によれば，公開会社の事業報告の附属明細書には，会社役員の兼職の状況などを記載しなければならない。

2　金融商品取引法の財務諸表

(1)　財務諸表の体系

金融商品取引法が，上場会社などその適用を受ける企業に対して，投資者の意思決定のための情報として決算期ごとに開示を要求している有価証券報告書には，①貸借対照表，②損益計算書，③株主資本等変動計算書，④キャッシュ・フロー計算書，および⑤附属明細表が含められる。これらの書類は，**財務諸表規則**と略称される内閣府令（正式名称は「財務諸表等の用語，様式及び作成方法に関する規則」）に準拠して作成しなければならない。有価証券報告書などの開示書類は，金融庁が運営している EDINET という電子開示システムを通じて提出されるとともに，インターネット上で自由に閲覧することができる。貸借対照表と損益計算書についてはすでに説明したので，以下ではそれ以外の書類について説明する。なお，金融商品取引法では，連結財務諸表が主たる財務諸表として位置づけられるため，次節で説明する連結財務諸表の作成に伴い，その記載が一部省略されることがある。

214　第8章　財務諸表の公開

(2)　損益計算書に添付する製造原価明細書

　財務諸表規則によれば，製造業を営む企業の損益計算書の売上原価は，［表8—6］のように表示される。このうち当期製品製造原価については，その明細を記載した**製造原価明細書**が作成される。製造原価明細書には，当期総製造原価を要素別，すなわち材料費・労務費・経費に分けて表示し，それに期首と期末の仕掛品棚卸高を加減して完成品の製造原価を算出し，それを当期製品製造原価として記載する。［表8—6］は損益計算書との関係において製造原価明細書の様式を示している。財務諸表利用者は，この明細書により，企業の当期の生産活動の状況を知ることができる。

表 8—6　損益計算書と製造原価明細書の関係

損益計算書		
Ⅰ．売上高		××××
Ⅱ．売上原価		
1．製品期首棚卸高	××	
2．当期製品製造原価	××××	
計	××××	
3．製品期末棚卸高	××	××××
売上総利益		××××
Ⅲ．販売費及び一般管理費		×××

製造原価明細書	
材　料　費	×××
労　務　費	×××
経　　　費	×××
当期総製造原価	××××
仕掛品期首棚卸高	××
計	××××
仕掛品期末棚卸高	××
当期製品製造原価	××××

(3)　株主資本等変動計算書

　株主資本等変動計算書は，貸借対照表の純資産の部の期中変動額のうち，主に，株主に帰属する部分である株主資本の各項目の変動理由を明らかにするものであり，企業会計基準委員会が定めた企業会計基準第6号「株主資本等変動計算書に関する会計基準」に準拠して作成される。

　［表8—7］は個別株主資本等変動計算書の様式例である。株主資本の各項目は，当期首残高，当期変動額および当期末残高に区分し，当期変動額は変動理由ごとにその金額を表示しなければならない。損益計算書の当期純利益は，その他利益剰余金またはその内訳科目である繰越利益剰余金の変動理由として表示される。また，株主資本以外の各項目は，当期首残高，当期変動額および当期末残高に区分し，当期変動額は純額で表示する。

表8-7 個別株主資本等変動計算書の様式例

| | 株主資本 | | | | | | | 評価・換算差額等 | | 新株予約権 |
| | 資本金 | 資本剰余金 | | 利益剰余金 | | 自己株式 | 株主資本合計 | その他有価証券評価差額金 | 繰延ヘッジ損益 | |
		資本準備金	その他資本剰余金	利益準備金	その他利益剰余金					
当期首残高	×××	×××	×××	×××	×××	△×××	×××	×××	×××	×××
当期変動額										
新株の発行	×××	×××					×××			
剰余金の配当				×××	△×××		△×××			
当期純利益					×××		×××			
自己株式の処分						×××	×××			
×××××										
株主資本以外の項目の当期変動額(純額)								×××	×××	×××
当期変動額合計	×××	×××	－	×××	×××	×××	×××	×××	×××	×××
当期末残高	×××	×××	×××	×××	×××	△×××	×××	×××	×××	×××

216　第8章　財務諸表の公開

(4)　キャッシュ・フロー計算書

キャッシュ・フロー計算書（cash-flow statement）は，現金および現金同等物について，その期中変動と期末残高を示した書類であり，現金収入余剰の獲得能力や債務返済能力をよりいっそう的確に評価するのに役立ちうる。財務諸表規則は，企業の活動を①営業活動，②投資活動，③財務活動の三つに区分した上で，キャッシュ・フローに関する状況を区分表示することを要求している。そのうち，営業活動からのキャッシュ・フローの区分は，期中の収入額と支出額を主要な取引毎に総額表示する**直接法**，または税引前当期純利益に一定の調整を加えながら表示する**間接法**のいずれかに基づいて作成される。

(5)　附属明細表

貸借対照表および損益計算書の主要項目については，期末残高の内訳明細や期中増減を明らかにするため，附属明細表（supporting schedule）を作成する。財務諸表規則は，有価証券・有形固定資産・社債・借入金・引当金・資産除去債務の6項目について附属明細表の作成を要求し，その様式を規定している。

§3　企業集団の財務報告

1　連結財務諸表の意義と開示

これまで述べてきた財務諸表は，個々の会社など法律上の企業単位を会計単位として作成される財務諸表であった。しかし現代の企業は個々の会社として独立に存在するだけでなく，親会社とその支配下にある子会社や関連会社という形で企業集団を形成し，集団として経済活動を営んでいる場合が多い。たとえば，販売部門を生産部門から独立させて別会社としたり，新規事業を始めるために子会社を設立したり，また将来の成長が有望な別会社の株式を取得して支配下に従属させたりしている場合がある。

これら企業集団を構成する個々の会社は，法律上はそれぞれ別個の実体であ

るが，経済的・実質的には支配従属関係を通じて一つの組織体として認識される。したがって，このような場合には，企業集団を構成する個々の会社を総合して一つの会計単位として取り扱い，企業集団としての財務諸表を作成することが経済的な事実に合致している。

　法律上の個々の企業を会計単位とする財務諸表を個別財務諸表というのに対し，一つの企業集団に属する複数の企業の個別財務諸表を総合して作成される財務諸表を**連結財務諸表**（consolidated financial statements）または連結計算書類という。連結財務諸表は，支配従属関係にある二つ以上の会社からなる企業集団を単一の組織体とみなして，親会社がその企業集団の財政状態と経営成績を総合的に報告する目的で作成するものである。

　連結財務諸表は個別財務諸表からは得られない企業集団に関する情報を含んでおり，したがって，投資者の意思決定にとって不可欠な情報である。そこで金融商品取引法は，有価証券報告書を作成し開示する親会社に対して，決算期ごとに連結財務諸表を作成し，有価証券報告書に含めて公開することを要求している。連結財務諸表の作成と表示に関しては，企業会計基準委員会が定めた企業会計基準第22号「**連結財務諸表に関する会計基準**」と企業会計基準第16号「持分法に関する会計基準」，企業会計審議会が定めた「**連結キャッシュ・フロー計算書等の作成基準**」，および内閣府令である**連結財務諸表規則**（正式名称は「連結財務諸表の用語，様式及び作成方法に関する規則」）などに準拠しなければならない。一方，会社法は，有価証券報告書を提出しなければならない大会社（資本金5億円以上または負債総額200億円以上の株式会社）に対して，連結計算書類を作成することを要求している。

2　連結の範囲

(1)　支配従属関係の判断

　連結財務諸表は，親会社を頂点とする企業集団を一つの会計単位とみなして，集団内の個別企業の財務諸表を総合して作成するものである。連結財務諸表に含められる企業の範囲を**連結の範囲**という。ある企業が連結の範囲に含まれる

か否かは，その企業と親会社の間に支配従属関係が存在するか否かによって決定される。

支配従属関係の存否を判断する基準には，持株基準と支配力基準がある。**持株基準**は，他企業の議決権のある株式の過半数を所有していれば，株主総会での議決権行使を通じてその企業を支配下におくことができるから支配従属関係が存在するとみる基準である。他方，**支配力基準**は，たとえ株式の所有割合が過半数以下であっても，協力株主の存在・役員派遣・融資・技術供与・取引関係などを通じて財務や事業の方針を実質的に支配していれば，支配従属関係が存在するとみる基準である。

持株基準は，支配従属関係の存在を形式的に判断するため，客観性の面では優れているが，機械的な判断だけでは企業集団の実態を把握できないという欠陥がある。このためわが国では支配力基準が採用されている。

(2) **親会社・子会社・関連会社・関係会社**

株式の過半数所有や役員派遣などの方法により，ある会社が別の会社を支配している場合，支配している側の会社を**親会社**といい，支配されている側の会社を**子会社**という。いま［図8-4］に示したような議決権の所有関係が存在したとする。議決権の過半数所有によってP社はA社を支配しているから，P社はA社の親会社であり，A社はP社の子会社である。

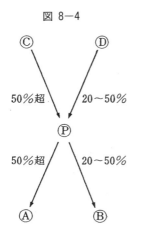

図8-4

他方，B社の議決権所有は過半数に達しないから，協力株主の存在や役員派遣その他の理由がない限り，B社は子会社ではない。このB社のように，議決権の所有比率が20%以上50%以下の会社で子会社に該当しないもの，および議決権支配が20%未満でも親会社の実質的な影響力が及ぶ会社は，P社の**関連会社**とよばれる。

なお，関連会社に類似の用語として，**関係会社**という概念がある。これはP社の子会社および

関連会社だけでなく，Ｐ社を子会社としている親会社（Ｃ社）や，Ｐ社を関連会社としている会社（Ｄ社）をも含めた概念である。したがって［図8−4］では，ＡからＤのすべてがＰ社の関係会社に該当する。

(3)　連結子会社

　支配力基準により子会社として判定された企業は，すべて連結の範囲に含めるのが原則である。しかし一時的支配の会社や，連結すれば利害関係者の判断を著しく誤らせるおそれのある会社は，連結の範囲に含めない。また資産額や売上高などからみて，連結の範囲に含めなくても影響が小さい小規模会社は，連結の範囲に含めないことができる。子会社のうち連結の範囲に含まれるものを**連結子会社**といい，含まれないものを**非連結子会社**という。連結子会社の個別財務諸表は親会社の個別財務諸表と合算される。非連結子会社と関連会社の業績は，**持分法**とよばれる方法で連結財務諸表に反映される。これは有価証券の評価方法の一つで，これらの会社が獲得した純利益に親会社の持株比率を乗じた額を，連結損益計算書で利益に，連結貸借対照表でこれらの会社の株式にそれぞれ加算する方法である。

3　連結財務諸表の作成

　連結財務諸表は連結貸借対照表，連結損益計算書，連結株主資本等変動計算書および連結キャッシュ・フロー計算書の四つからなる。このうち連結貸借対照表では企業集団の財政状態が表示され，連結損益計算書では企業集団の経営成績が表示される。連結株主資本等変動計算書は，連結貸借対照表の純資産の部の期中変動について，その理由を明らかにする。また連結キャッシュ・フロー計算書は，1連結会計期間における企業集団の営業活動，投資活動および財務活動からのキャッシュ・フローの状況を表示するものである。一方，連結計算書類には，連結貸借対照表，連結損益計算書，連結株主資本等変動計算書および連結注記表が含まれる。

　連結貸借対照表は，親会社と連結子会社の個別貸借対照表を基礎とし，①連結子会社の資産・負債の時価評価，②連結会社相互間の投資と資本の相殺消

220 第8章 財務諸表の公開

去，③債権と債務の相殺消去を行って作成する。

連結損益計算書は，親会社と連結子会社の個別損益計算書を基礎とし，①企業集団を会計単位とすれば内部取引にすぎない連結会社相互間の取引高を相殺消去し，②企業集団内の売手が利益を加算して販売した資産で集団内の買手の期末貸借対照表に残存している資産中に含まれる未実現利益を消去して作成する。なお，連結財務諸表においては，当期純利益にその他の包括利益を加減して算定される包括利益を表示しなければならない。表示方法は，連結損益計算書とは別に連結包括利益計算書を作成する2計算書方式と，当期純利益と包括利益を一つの計算書で表示するために連結損益及び包括利益計算書を作成する1計算書方式のいずれかによる。これは，後述する期中の連結財務諸表に関しても同様である。

§4　期中の財務報告

1　期中財務諸表の意義と開示

金融商品取引法は，その適用を受ける上場会社などの企業に対して，投資者の意思決定のための情報として，決算期ごとに有価証券報告書の作成と開示を要求しており，その中に連結財務諸表や個別財務諸表が含まれていることは前述のとおりである。したがって，事業年度を1年とする企業は1年ごとに財務諸表を公表するが，投資者の意思決定のためには，1年に1回だけの情報提供だけでは十分ではない。たとえば，これまで順調に増加してきた企業利益が，期中に生じた経済環境の変化によって減少傾向に転じることがあり，投資者にとってこのような経営成績のすう勢変化は極めて重要な情報であるにもかかわらず，年1回の情報提供では，投資者は有価証券報告書の公表時までこの情報を知ることができない。

そこで金融商品取引法は，事業年度を1年とする上場会社などに対して，事業年度の開始日から6カ月間の経済活動の状況を投資者に知らせるため，**半期**

第 8 章　財務諸表の公開　　221

報告書とよばれる書類を作成し，その中に中間財務諸表を含めて開示すること
を要求している。

　また，証券取引所は，上場会社に対して，事業年度や四半期累計期間に係る
決算の内容が定まった場合には，ただちにその内容を投資者に伝達するため，
決算短信や**四半期決算短信**とよばれる書類を作成・開示することを義務づけて
いる。そして，四半期決算短信には，中間財務諸表または四半期財務諸表が添
付される。

　これら期中財務諸表の作成と開示に際しては，企業会計基準委員会が定めた
企業会計基準第 12 号「四半期財務諸表に関する会計基準」や企業会計基準第
33 号「中間財務諸表に関する会計基準」のほか，内閣府令である連結財務諸
表規則や財務諸表規則などに準拠しなければならない。**中間財務諸表**は，中間
貸借対照表，中間損益計算書および中間キャッシュ・フロー計算書からなる。
一方，**四半期財務諸表**は，四半期貸借対照表，四半期損益計算書および四半期
キャッシュ・フロー計算書からなる。中間財務諸表および四半期財務諸表のい
ずれも，株主資本等変動計算書の作成は要求されておらず，連結財務諸表を開
示すれば，個別財務諸表の開示は要しない。また，第 1 四半期と第 3 四半期の
キャッシュ・フロー計算書は，減価償却費とのれんの償却額を注記した上で，
その開示を省略することができる。

　期中財務諸表の公表は，金融商品取引法や証券取引所の自主規則のもとで義
務づけられている情報公開制度であり，会社法はその作成と報告を要求してい
ない。

2　期中財務諸表の性格

　中間財務諸表や四半期財務諸表といった期中財務諸表の性格については二つ
の考え方がある。その一つは，中間や四半期をそれぞれ独立の会計期間とみな
し，期中財務諸表は，正規の年度決算の場合と同じ会計処理を行うことによっ
て，あくまで当該期間の経済活動の確定的な実績を表示すべきであるとする立
場である。この立場は**実績主義**といわれる。

222 第8章 財務諸表の公開

　もう一つは，中間や四半期を1事業年度の構成部分とみなし，したがって，期中財務諸表は当該期間の確定的な実績を表示するのではなく，1事業年度の経営成績や年度末の財政状態の予測を可能にする情報を表示すべきであるとする立場である。この立場は**予測主義**といわれる。

　これら二つの考え方のうち，わが国では実績主義が採用されている。これは，次の判断による。①季節変動の影響をあらかじめ会計上で調整するよりも，中間や四半期の実績をそのまま測定した情報を公表し，情報利用者がみずから季節変動の存在を念頭において実績情報を解釈するようにした方が，利用者にとって有用であること。②営業費用の繰延処理や繰上計上には恣意的操作の介入の余地が大きいため，実績主義により客観性を確保する必要があること。

　したがって，実績主義に基づく期中財務諸表を作成するための会計処理は，原則として，年度決算に適用される会計処理の原則および手続と同じである。すなわち中間決算や四半期決算は，年度全体の予測とは無関係に，中間や四半期を独立した会計期間とみなして行われる。しかし企業の経済的実態をより適切に表示するという観点から，原価差異の繰延処理と税金費用の計算については，中間決算や四半期決算に特有の会計処理が採用されることがある。また中間決算や四半期決算では，利害関係者の判断を誤らせない限り，実地棚卸の省略など，簡便な決算手続を適用することも認められている。

§5　監査報告書

　この章で説明してきた各種の財務諸表は，利害関係者の意思決定にとって極めて重要な情報源であるが，企業自身が作成するため，常に真実な報告であるとは限らない。また，たとえ真実であっても，利害関係者が疑いを抱くこともある。そこで会社法と金融商品取引法は，企業とは独立の第三者による監査を受けさせ，その結果を記載した**監査報告書**を財務諸表に添付させることにより，財務諸表に対する利害関係者の信頼性を確保しようとしている。すなわち会社法は，大会社に対して，**会計監査人**（具体的には公認会計士または監査法人）によ

第8章 財務諸表の公開 223

る計算書類や連結計算書類の監査を受けることを要求している。金融商品取引法は、上場企業などに対して、財務諸表と連結財務諸表のそれぞれについて、公認会計士または監査法人による監査を強制している。そして、期中財務諸表については、期中レビューが強制または任意で実施される。

　監査報告書は、監査を実施した公認会計士が、会社の取締役会あてに作成するものであり、その内容は①監査人の意見、②意見の根拠、③経営者及び監査

表 8−8　監査報告書の例

独立監査人の監査報告書

×年×月×日

○○株式会社
　　取締役会　御中

　　　　　　　　　　　　　　　○○監査法人
　　　　　　　　　　　　　　　○○事務所
　　　　　　　　　　　　　　　指定社員
　　　　　　　　　　　　　　　業務執行社員　　公認会計士　　○○○○
　　　　　　　　　　　　　　　指定社員
　　　　　　　　　　　　　　　業務執行社員　　公認会計士　　○○○○

＜財務諸表監査＞
監査意見
　当監査法人は、金融商品取引法第193条の2第1項の規定に基づく監査証明を行うため、「経理の状況」に掲げられている○○株式会社の×年×月×日から×年×月×日までの第×期事業年度の財務諸表、すなわち、貸借対照表、損益計算書、株主資本等変動計算書、キャッシュ・フロー計算書、重要な会計方針、その他の注記及び附属明細表について監査を行った。
　当監査法人は、上記の財務諸表が、我が国において一般に公正妥当と認められる企業会計の基準に準拠して、○○株式会社の×年×月×日現在の財政状態並びに同日をもって終了する事業年度の経営成績及びキャッシュ・フローの状況を、全ての重要な点において適正に表示しているものと認める。

監査意見の根拠
　当監査法人は、我が国において一般に公正妥当と認められる監査の基準に準拠して監査を行った。監査の基準における当監査法人の責任は、「財務諸表監査における監査人の責任」に記載されている。当監査法人は、我が国における職業倫理に関する規定に従って、会社から独立しており、また、監査人としてのその他の倫理上の責任を果たしている。当監査法人は、意見表明の基礎となる十分かつ適切な監査証拠を入手したと判断している。

役等の責任，④監査人の責任の4区分からなる。さらに，継続企業の前提に関する事項や監査上の主要な検討事項などの区分が追加されることもある。**監査上の主要な検討事項**（Key Audit Matters: KAM）とは，公認会計士が当年度の財務諸表の監査の過程で監査役等と協議した事項のうち，職業的専門家として当該監査において特に重要であると判断した事項のことである。KAMの区分が設けられるときは，関連する財務諸表における開示への参照を付した上で，KAMの内容，KAMであると決定した理由，監査における対応が記載される。

　［表8―8］は，金融商品取引法監査における個別財務諸表に関する監査報告書のうち，①監査人の意見と②意見の根拠の区分を抜粋したものである。監査の結果，経営者の作成した財務諸表に問題がなければ，［表8―8］のような無限定適正意見が表明される。しかし，財務諸表に重要な虚偽表示がある場合には，それが財務諸表に及ぼす影響の範囲に応じて限定付適正意見または不適正意見が表明される。さらに，重要な監査手続を実施できず十分かつ適切な監査証拠を入手できなかった場合には，限定付適正意見が表明されるか意見不表明となる。したがって，財務諸表の利用者は，まず最初に，監査報告書の内容に注目することが重要である。

〔**参　考　文　献**〕

Ⅰ．基　本　書
　［1］　桜井久勝・須田一幸『財務会計・入門（第17版）』有斐閣，2024年。
　［2］　桜井久勝『財務会計講義（第25版）』中央経済社，2024年。
Ⅱ．財務諸表の表示実務を解説した文献
　［3］　あずさ監査法人（編）『会社法決算の実務（第18版）』中央経済社，2024年。
　［4］　EY新日本有限責任監査法人（編）『会社法決算書の読み方・作り方（第18版）』中央経済社，2024年。
　［5］　有限責任監査法人トーマツ『会社法計算書類作成ハンドブック（第18版）』中央経済社，2024年。

第9章　財務諸表の利用

　財務諸表はさまざまな利用者に活用されて，それぞれの意思決定に役立てることができる。そのためには財務諸表の数字をいろいろと加工して，目的に適合した指標を作成することが有効である。このような方法は財務諸表分析とよばれる。また，利用する情報は財務諸表以外にも，さまざまな経営情報を応用することが可能であり，**財務諸表分析**は**経営分析**へと拡充される。

　財務諸表分析は経営分析の基本であり，財務諸表を理解するための重要な視点を提供する。本章では，財務諸表の利用方法として，財務諸表分析の基本的な技法を解説する。

§1　財務諸表分析の体系

　財務諸表分析は，分析主体，分析目的および分析方法の観点から体系化することができる。

　分析主体とは分析者の視点を意味する。債権者が財務諸表を分析する場合と，企業経営者が財務諸表を分析する場合では，その意味が違ってくる。分析主体の点から体系化すると，**信用分析**，**投資分析**，**内部経営分析**に分けることができる。

　信用分析は企業に対して信用を供与している立場（主に銀行や債権者）からの分析を指し，投資分析は企業に資金を投資する立場（主に株主や投資家）からの分析を意味する。信用分析と投資分析はともに企業の外部からの分析という意味で**外部分析**とよばれる。外部分析の場合，利用できる財務情報は企業が公表する情報に限られる場合が多い。

226 第9章 財務諸表の利用

　一方，内部経営分析は経営管理目的で経営者や管理者が行う分析を指す。これは，業績評価や予算編成などさまざまな目的のために企業内部で行われる。企業内部者による分析であるため，外部分析の場合のような情報の制限が少なく，公開されていない情報であっても利用できるので，利用可能な分析手法も拡充される。

　分析目的による財務諸表分析の体系化は，分析対象とする企業側面に基づくものである。たとえば，分析対象としての企業の価値とは，企業の収益力や資金の安全性などである。財務諸表分析を分析目的の点から体系化すると，**収益性分析**，**生産性分析**，**安全性分析**，**社会性分析**などに分類することができる。成長性分析や流動性分析が追加される場合もあるが，広義には，**成長性分析**は収益性分析に，**流動性分析**は安全性分析に含めて考えてよい。

　先に示した分析主体による体系と分析目的による体系は，［図9－1］のように交差して考えることができる。すなわち，収益性分析，生産性分析，安全性分析，社会性分析は，いずれも信用分析，投資分析，内部経営分析の構成要素となるが，その意味は異なる。

図 9－1　財務諸表分析の体系

		分析主体による分類		
		信用分析	投資分析	内部経営分析
分析目的による分類	収益性分析			
	生産性分析			
	安全性分析			
	社会性分析			

　たとえば，後述するように安全性分析の基本的な指標として**流動比率**（流動資産／流動負債）がある。この比率は，短期債務である流動負債の返済の可能性を示す指標であり，信用分析の立場（すなわち資金の貸し主の立場）からは高い方が望ましい。しかし，内部経営分析の立場（すなわち企業経営者の立場）からは，流動資産は一般に利益を生まない資産なので，流動資産の額は必要最小限にして，より大きな収益源へ資産を投下することが望ましい。このように同じ比率であっても，分析主体によって，そのもつ意味が異なることには注意し

なければならない。

　また，分析手法によって財務諸表分析を体系的に利用する方法もある。財務諸表分析の手法としては，異なる数値間の比率を使用する**比率分析法**と比率を加工せずに実数の推移を分析する**実数分析法**がある。この二つはお互いに対立する分析手法ではなく，相互補完的な分析手法として利用されるべきである。

　本章では，財務諸表分析を分析目的の点から体系化して，基本的な分析手法を解説する。

§2　収益性分析

　企業の目的は利益の獲得にあるので，その収益力を分析する収益性分析は財務諸表分析の中心である。収益力の基本は，投下資本に対してどれだけの利益を獲得できたかであり，それは資本利益率で示される。本節では，資本利益率を中心に，その構成要素も含めて解説する。

1　資本利益率

　資本利益率は利益を資本で除した比率であるが，分子である利益と分母である資本の対応関係が重要である。

　資本概念としては，企業の全資本を意味する総資本（＝総資産），株主の持分に相当する自己資本（純資産−新株予約権−少数株主持分，または株主資本＋評価・換算差額等）の二つが基本となる。一方，利益概念としては，財務諸表上で表示される利益としては，売上総利益，営業利益，経常利益，当期純利益（税引前，税引後）がある。

　このような資本概念と利益概念の組み合わせについては，分析の目的および資本と利益の性質をよく考える必要がある。

　企業全体の収益性を分析するためには，総資本を分母として企業の経常活動から生じた経常利益を分子とする**総資本経常利益率**が基本となる。ただし，分析目的によっては，営業上の収益力をみるために総資本営業利益率や，企業の

228　第9章　財務諸表の利用

最終的な収益性を分析するために総資本当期純利益（税引前）率を用いる場合もある。

　一方，株主の持分である自己資本に対してどれだけの利益が獲得できたかを分析するためには，経常利益では不十分で，企業が最終的に獲得した利益額としての当期純利益（税引後）がふさわしく，これは**自己資本当期純利益率**である。

　より一層理論的に考えるならば，財務諸表上では項目として示されていない資本概念や利益概念を用いることも可能である。たとえば，営業活動による収益力を分析するためには，実際に営業活動に投下された資本である経営資本を分母にして，分子を営業利益とする**経営資本営業利益率**が重要であるが，経営資本は財務諸表の構成項目ではない。

　経営資本を算出するためには，総資本から本来の営業活動に利用されている資本以外の部分（財務活動資本と未利用資本）を控除する必要がある。具体的には，総資本額から，「現金預金」，「有価証券」，「投資その他資産」などの，営業活動に投下される前の段階にある資産（現金など）や金融収益目的の資産（有価証券など）を財務活動資本として控除し，さらに「建設仮勘定」のようなまだ使用されていない未利用資本もあわせて控除することによって，経営資本を求める。ただし，厳密にいえば，使用されていない設備・土地・工場などの遊休資産なども未利用資本であるが，外部分析の立場からそれらを特定することはできない。

　総資本に対応すべき利益概念も理論的には経常利益よりも適切なものが考えられる。総資本は，株主に帰属する自己資本部分と，債権者から調達した他人資本部分に分かれるが，経常利益の場合は，自己資本に対する報酬である配当は控除されていないのに対して，他人資本に対する報酬に相当する支払利息は控除されているので，理論的な首尾一貫性に欠けるという見方もある。

　このような問題を克服する利益概念として，支払利息などの金融費用控除前の利益として**事業利益**が考えられる。これは，日本の財務諸表では表示されていない利益であるが，営業利益に受取利息・配当金のような金融収益を加算す

ることによって求めることができる。そのようにして事業利益を算定すれば，総資本の収益力を最もよく示す**総資本事業利益率**が算出できる。

　以上のように，資本利益率は多様なバリエーションをもつので，その算定式を以下にまとめておこう。なお，実際の計算にあたっては，分子の利益は1期間を通じての値であるので，分母の資本は厳密には期首・期末の平均値をとるべきであり，これは損益計算書上の数値と貸借対照表上の数値を比較する場合は，常にそのようにする方が望ましい。

$$\text{総資本事業利益率} = \frac{\text{事業利益}}{\text{総資本}} \times 100$$

$$\text{総資本経常利益率} = \frac{\text{経常利益}}{\text{総資本}} \times 100$$

$$\text{総資本純利益率} = \frac{\text{当期純利益（税引前）}}{\text{総資本}} \times 100$$

$$\text{経営資本営業利益率} = \frac{\text{営業利益}}{\text{経営資本}} \times 100$$

$$\text{自己資本純利益率} = \frac{\text{当期純利益（税引後）}}{\text{自己資本}} \times 100$$

2　資本利益率指標の分解——売上高利益率と資本回転率

　資本利益率は収益性分析の中心であり，企業の収益力をはかる尺度であるが，資本利益率の増減がどのような原因によっているのかが明らかにされねばならない。そのためには資本利益率を分解することが必要である。

　資本利益率は以下のように，**売上高利益率**と**資本回転率**に分解される。

資本利益率＝売上高利益率×資本回転率

$$\left(\frac{\text{利益}}{\text{資本}} = \frac{\text{利益}}{\text{売上高}} \times \frac{\text{売上高}}{\text{資本}} \right)$$

　売上高利益率は企業の営業活動による利ざやの大きさを示し，資本回転率はその営業活動が繰り返される頻度を示している。したがって，薄利多売の量販店では，売上高利益率は低く資本回転率が高いのに対して，装置型産業では，売上高利益率が高く資本回転率が低くなる。

この資本利益率の分解公式は20世紀初頭にアメリカの化学会社デュポン社によって開発され，デュポン社ではこの資本利益率公式を［図9-2］のようにさらにその構成要素に分解し，精緻な内部経営分析を行った。そのシステムは**デュポンチャートシステム**とよばれ，その後GMにも導入され，近代的な経営分析の基礎となった。

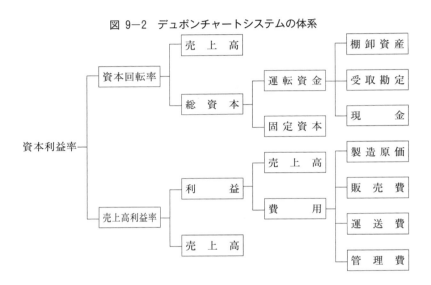

図 9-2　デュポンチャートシステムの体系

　デュポンチャートシステムに示されるように，売上高利益率および資本回転率の構成要素に遡って，資本利益率に与える影響を分析する必要がある。売上高利益率の分析は売上高と費用の分析に他ならず，売上高利益率と費用分析の関係を比率で示せば，以下のような指標が考えられる。（パーセント表示するときは100をかける。）

$$売上高総利益率 = \frac{売上高 - 売上原価}{売上高} = 1 - 売上原価率$$

$$売上高営業利益率 = \frac{売上総利益 - 販売費・一般管理費}{売上高}$$

$$= 売上高総利益率 - \frac{販売費・一般管理費}{売上高}$$

$$売上高経常利益率 = \frac{営業利益 \pm 営業外損益}{売上高} = 売上高営業利益率 \pm \frac{営業外損益}{売上高}$$

$$売上高純利益率 = \frac{経常利益 \pm 特別損益}{売上高} = 売上高経常利益率 \pm \frac{特別損益}{売上高}$$

さらに，売上高と費用の関係分析には，実数分析も有効であり，後述するように，基準年度の数値を100として，翌年度以降の数値をその割合で示す**趨勢分析**による傾向把握が役に立つ。

資本回転率もその構成要素である各種資産の回転率を分析することによって，どのような理由で資本回転率が変動したのかを明らかにすることができる。資本回転率は，**流動資産回転率**と**固定資産回転率**に分類することができ，流動資産回転率は**売上債権回転率**と**棚卸資産回転率**に分類される。売上債権については，回転率の逆数である**売上債権回転期間**もよく用いられる。それぞれの比率の算定式は以下のとおりであり，先に述べたように資産の数値は期首・期末平均が望ましい。

$$流動資産回転率 = \frac{売上高}{流動資産}$$

$$売上債権回転率 = \frac{売上高}{売上債権}$$

$$売上債権回転期間（日数）= \frac{1}{売上債権回転率} \times 365（日）$$

$$棚卸資産回転率 = \frac{売上高}{棚卸資産}$$

$$固定資産回転率 = \frac{売上高}{固定資産}$$

3　収益性分析の実際

ここで上記で解説してきた比率を使って，製造業A社の5年間の収益性を分析してみよう。A社の収益性指標を［表9—1］に示す。

A社の総資本純利益率の推移をみると，収益性は，X2年度に飛躍的に上昇しているが，X4年度に急激に下落し，X5年度にも若干の低落がみられる。

232 第9章 財務諸表の利用

表9-1　A社の収益性比率の推移

	X1年	X2年	X3年	X4年	X5年
総資本純利益率（税引前）	5.02%	8.23%	8.05%	4.45%	4.41%
自己資本純利益率（税引後）	10.23%	9.35%	9.59%	6.23%	6.15%
売上高純利益率（税引前）	5.50%	8.06%	7.67%	5.15%	4.77%
売上高総利益率	25.07%	25.13%	22.63%	21.36%	21.25%
売上高営業利益率	6.16%	9.12%	6.55%	3.01%	3.77%
売上高経常利益率	5.37%	7.96%	7.76%	4.84%	4.92%
総資本回転率	0.91	1.02	1.05	0.86	0.92
流動資産回転率	1.30	1.44	1.69	1.35	1.46
売上債権回転率	8.91	10.31	11.16	11.14	12.04
棚卸資産回転率	3.24	4.33	4.42	3.37	5.17
固定資産回転率	3.08	3.53	2.77	2.40	2.50

X5年度の総資本利益率の下落に作用しているのは，売上高純利益率であることがわかる。総資本回転率は逆に上昇している。

　売上高純利益率と総資本回転率の両方が良くなれば望ましい（X2年度の状況がこれである）。しかし，A社の属する業種では，競争がきびしく，また輸出比率が高い関係上，最近の国際経済情勢からみて，増収が困難なのが実状である。

　A社の売上高総利益率は，X3年度以降わずかながら減少傾向にある。つまり，売上原価率が上昇しているのである。その原因は，売上原価の上昇によるものであるかもしれない。しかし，A社の経営環境からすると，価格競争の影響による販売価格の低落が作用しているものと解釈する余地がある。

　次に，X5年度の売上高営業利益率の変化をみると，売上高総利益率の減少にもかかわらず，3.01%から3.77%へと前年比で0.25%増加している。つまり，きびしい経営環境に直面して，営業費（販売費・一般管理費の合計をいう）を対売上高でかなり削減していることがわかる。

　以上から，売上高純利益率が多少低下しているとしても，本来の営業活動面での業績は改善されたといえる。さらに，売上高経常利益率も上昇しているの

第9章 財務諸表の利用 **233**

で，売上高純利益率の下落の最大の原因は，固定資産の売却等に関連した特別
利益の減少である。

A社では，総資本回転率はX5年度に上昇している。この改善に作用した要
因を明らかにするには，資産の種類ごとに回転率を求めるのがよい。A社の
流動資産回転率はかなり改善されているが，その内訳をみると，特に棚卸資産
回転率が高くなったことがわかる。このことは，調達・生産・販売の関係が非
常にうまく進み，その結果として，材料・半製品・製品等の在庫が売上高との
比較で少なくなったことを意味している（棚卸資産回転率を材料回転率・製品回転
率等に分解すれば，どの棚卸資産の在庫が減少したかがわかる）。また，販売効率が
高くなったために，棚卸資産，特に商品・製品の在庫が減少したのかもしれない。

次に，売上債権回転率も上昇し，売上債権の回収の状況が良くなったといえ
る。なお，回転率は，その逆数をとって回転期間として表せる。売上債権回収
期間の意味が特に重要である。X5年度の売上債権回収期間は，年，月，日の
順に0.08，1.00，30.32（1年を365日と仮定）となる。X4年度の売上債権回収
期間は32.76日であり，平均して2.44日売上債権の回収期間が早くなってい
る。

固定資産回転率も改善されている。これは，固定資産の有効利用が進み，販
売が増加したことを意味している。したがって，バランスがとれた形で，固定
資産の有効利用が進んだといえよう。このケースには該当しないが，流動資産
または固定資産の回転率の一方，特に固定資産回転率が上昇したのに，他方が
悪化し，結果的に総資産回転率が低下するという状況には注意が必要である。

以上，A社を例にとって，収益性分析を説明してきた。総資本利益率は若
干低下しているが，経営環境にもかかわらず，売上高経常利益率と総資本回転
率が同時に高くなっていること，および売上高経常利益率の改善に対応して総
資本回転率の各要素が非常にバランスよく上昇していることからみて，収益性
上の問題は特にないといえよう。この分析例にみられるように，比率分析では，
一つの比率をみて結論をだすのではなく，関連比率を参照することが重要であ
る。

4 趨勢分析

　比率分析は，財務諸表のさまざまな科目間の比率に基づいているために，個々の科目の絶対金額の推移およびその変動要因を明らかにしえない等の問題点が指摘されるようになった。そこで，これを補充するものとして登場したのが実数をベースとする**趨勢分析**や比較分析である。

　趨勢分析とは，財務諸表の個々の科目の基準年度における金額を100として，各年度の趨勢（趨勢比率という）をたとえばグラフ上にプロットし，これに基づいて企業の収益性および財務構造を分析する方法をいう。このとき，関連のある項目を同一グラフ上に示すのが便利である。

　[図9-3] では，A社について，売上高との比較で棚卸資産在高の趨勢を示している。A社では，X5年度に棚卸資産回転率の改善がみられるが，その解

図 9-3 棚卸資産の趨勢

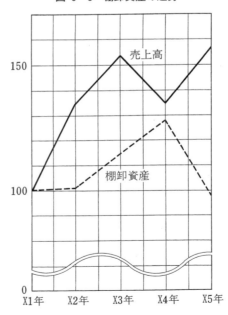

第 9 章　財務諸表の利用　235

釈の妥当性は，この図からも確認できよう。棚卸資産，特に商品・製品の在高
は，売上高が増大すれば，品切れの危機を回避するために，ある程度増加する。
しかし，仕入や生産に要する時間等を考慮して保有する最低在庫量の部分は売
上高に対して固定的であり，在庫量が売上高に比例して増減することはない。

　しかし，X4 年度の趨勢をみると，売上高の減少がみられるのに，棚卸資産
在高は逆に増加している。販売が予想以上に伸びず，また生産・販売の調整が
うまく進まなかったために，過大な在庫をかかえてしまったといわざるをえな
い。これに対して，X5 年度は，売上も伸び，生産と販売の調整も効率的であ
ったといえよう。

　趨勢分析はこのように，財務項目のトレンドを視覚的に捉える手法として優
れており，比率分析と併用することで一層効果を発揮する。

§3　安全性分析

　安全性分析は，収益性分析とならぶ財務諸表分析の中心である。もともと財
務諸表分析は，銀行家による与信調査に起源をもち，安全性分析はその中心的
手法であった。安全性分析は，短期的な支払い能力に関する分析と，長期的な
資本構成に関する分析に分かれ，前者は**流動性分析**ともよばれる。

1　短期的な支払い能力の分析

　短期的に返済を要求される債務は流動負債である。債権者の立場からすれば，
流動負債の返済を担保できる資産の状況が重要である。その基本的な指標とし
て**流動比率**がある。これは流動資産を流動負債で除したもので，債務返済能力
の点からは高いほど望ましく，アメリカの財務諸表分析では伝統的に 200％ が
ひとつの目安とされてきた。

　しかし，流動資産が高いからといって必ずしも安全な状態とは言えない場合
もある。なぜなら，流動資産の中で棚卸資産の占める割合が高く，これらが不
良在庫化している場合は，流動比率がいくら高くても，安全ではない。したが

って，より厳密な企業の支払い能力を分析する比率として**当座比率**がある。当座比率は，当座資産を流動負債で除したもので，当座資産とは早期に換金できる資産を指し，流動資産の中で現金預金，受取手形，売掛金，有価証券が当座資産に相当する。流動比率の目安が 200% であるのに対して，当座比率の目安は 100% といわれている。

　先にも述べたが，安全性の観点からは，流動比率や当座比率は高いほど望ましいが，収益性の観点からすれば，一般に短期的な資産ほど収益力が低く，長期的な資産ほど収益力が高いので，流動資産や当座資産は必要最小限でよく，それ以外の資源はより大きな収益源へ投下すべきと考えられる。

　たとえば，電力会社は一般に非常に低い流動比率であるが，これによって電力会社が危険であると判断するのは間違いである。電力会社は月々定期的に現金収入が確保されているので，現金の支出と収入の時期を管理するだけで，安全のためのバッファーとしての流動資産を必要としないのである。したがって，企業の本来の支払い能力を分析するためには資金収支の分析が不可欠であるが，これについては桜井（2015）などを参照していただきたい。

　流動比率や当座比率は，貸借対照表を基準とするストックについての安全性指標であるが，利益やキャッシュなどフロー項目を利用する安全性指標もある。たとえば，**インタレストカバレッジレシオ**と呼ばれるものがあり，これは，支払うべき利息等に対して，どれだけ利益が獲得できているかを示す指標である。また，営業活動によるキャッシュフロー有利子負債比率を計算すれば，営業活動によるキャッシュフローを有利子負債の返済に充当した場合に，どの程度返済することが可能であるかをみることができる。

$$流動比率 = \frac{流動資産}{流動負債} \times 100$$

$$当座比率 = \frac{当座資産}{流動負債} \times 100$$

$$インタレストカバレッジレシオ = \frac{営業利益＋受取利息・配当金等}{支払利息・社債利息等}$$

営業活動によるキャッシュフロー有利子負債比率

$$= \frac{\text{営業活動によるキャッシュフロー}}{\text{有利子負債残高}} \times 100$$

2 長期的な資本構成に関する比率

短期的な支払い能力に関する比率が良好でも，長期的な安全性が確保されているとは限らない。企業資本は，株主の持分となる部分で返済義務を負わない自己資本部分と，借入等として将来の支払義務を負う他人資本部分（負債）から構成されるが，自己資本に対して他人資本が過度に大きいならば，その企業の資本構成は必ずしも安全であるということはできない。

資本構成の安全性を分析する指標として，**負債比率**や**自己資本比率**がある。負債比率は負債を自己資本で除したものであり，自己資本比率は自己資本を総資本で除したものである。負債を固定と流動に分けて，固定負債比率，流動負債比率を算定することもできる。負債比率は安全性の観点からは100%以下（自己資本比率は50%以上）が望ましい。しかし，日本では伝統的に資金調達を負債に依存する傾向があったため，負債比率は高い傾向がみられた。

ただし，日本の中小企業の財務諸表分析を行う場合，銀行等から資金を借りられるということは，逆に信用力があるからだとみられる場合もあり，高い負債比率がかえって企業の信用力を表すケースもある。財務諸表分析にあたっては，財務諸表上の数値だけからは判断できない要素が常に存在することも忘れてはならない。

資本構成は貸借対照表の貸方側だけの問題ではない。土地，建物，設備などの巨額の固定資産をどのような資金源で調達しているのかも重要な分析要素である。このような固定資産を購入するために投下された資金は簡単には回収できないし，いったん購入した建物等を売却することは営業政策上好ましくない。

したがって，固定資産は安全性の観点からは返済義務のない自己資本によって購入することが好ましく，この点を分析する比率が**固定比率**である。固定比率は固定資産を自己資本で除したもので，これが100%以内であれば，すべて

238　第9章　財務諸表の利用

の固定資産は自己資本から賄われており，資本構成上は安全であるといえる。

　しかし，先に述べたように日本では負債依存度が相対的に高かったため，固定資産を自己資本で100％賄えていない企業が多かった（すなわち固定比率が100％以上）。固定比率だけからみるとそのような企業は資本構成上問題があるということになるが，このようなケースは，固定資産の資金調達源を自己資本＋固定負債とみなす**固定長期適合率**でさらに詳しく分析することができる。もしも，固定長期適合率が100％以上であれば，短期的な流動負債が固定資産の調達に利用されていることを意味し，資本構成が危険なことを示す。

　このように資金の源泉と使途には長期的なものと短期的なものがあり，長期的な資金源泉から短期的な使途へ資金が流れる状態が安全上は望ましく，逆に短期的な資金源泉から長期的な資金使途へ流れる状態は危険である。このような資金の運用状態を期間比較で分析する方法に資金運用表分析があるが，この手法についても別書に解説を譲りたい。

　ここで取り上げた指標の算定式をまとめると以下のとおりである。

$$負債比率 = \frac{他人資本}{自己資本} \times 100$$

$$自己資本比率 = \frac{自己資本}{総資本} \times 100$$

$$固定比率 = \frac{固定資産}{自己資本} \times 100$$

$$固定長期適合率 = \frac{固定資産}{自己資本 + 固定負債} \times 100$$

3　安全性分析の実際

　［表9－2］は，A社の5年間の主要な安全性指標である。安全性分析は，収益性分析のように構成要素に展開して原因を究明するよりも，まず全体的な傾向として企業の安全性を阻害する危険な兆候があるかどうかを分析し，そのような兆候が発見された場合に，より詳細な原因分析を行うことになる。

　流動比率は，200％以上が望ましいとされているが，A社の流動比率は

第 9 章　財務諸表の利用　239

表 9-2　A社の安全性比率の推移

	X1 年	X2 年	X3 年	X4 年	X5 年
流　動　比　率	154.0%	154.9%	148.7%	147.8%	160.0%
当　座　比　率	92.2%	103.6%	91.8%	88.4%	114.7%
負　債　比　率	281.3%	135.3%	138.1%	142.0%	152.0%
流 動 負 債 比 率	174.1%	108.0%	99.3%	104.7%	99.3%
固 定 負 債 比 率	107.2%	27.3%	38.8%	37.3%	52.7%
自 己 資 本 比 率	26.2%	42.5%	42.0%	41.3%	39.7%
固　定　比　率	113.2%	68.0%	90.4%	87.2%	93.0%
固定長期適合率	54.6%	53.4%	65.1%	63.6%	60.9%

160.0%（X5 年）で，それを下回っているものの，日本企業の現状からすれば悪くはないと言えよう。最近 5 年間の流動比率の推移をみると，流動比率は，X3 年度と X4 年度における多少の低落傾向から改善され，この比率をみる限り，流動性の問題点はないといってよい。

　当座比率も，X3 年，X4 年の低落傾向から，X5 年度には大幅に改善しており，しかも，当座比率が妥当かどうかの基準である 100% も超えているので安全性は向上しているとみてよいであろう。特に，流動比率と当座比率の両方が上昇しているが，当座比率の増加率のほうがはるかに高い。このことから，流動資産に占める棚卸資産の割合の減少を確認できる。逆に，流動比率が当座比率に比べて著しく増加している状況では，棚卸資産への過大な投資がみられる。

　長期的な資本構成の分析についてみてみよう。負債比率は X1 年度は極端に高かったものの，その後は自己資本の充実が図られ，100% 以上ではあるが，資本構成は改善しているとみることができる。負債比率を，流動負債比率と固定負債比率に分けてみると，X2 年度において，A 社では，資本構成に占める固定負債の割合が特に低くなり，これが負債比率の改善につながっていることがわかる。

　A 社の固定比率は，X2 年度以降 100% 以下が継続しており良好である。X1 年度についても固定長期適合率は低く，長期的な資金源で固定資産が賄われていたことがわかる。

240　第 9 章　財務諸表の利用

　このように安全性関連の財務比率をみる限り，A 社の状況は良好と判断できるが，安全性指標は業種業態によって基準が異なり，一概に比率だけで判断することはできない。また，実際に詳しい分析を行う場合には，資金収支分析や資金運用表分析などの実数分析手法と比率分析を併用することが望ましい。

§4　損益分岐点分析

　収益性分析と安全性分析を中心に解説してきたが，この両方の分析目的に活用される手法に**損益分岐点分析**がある。損益分岐点は企業の採算性を計ると同時に，その基準をどの程度上回っているかが，企業にとっての安全余裕率となる。損益分岐点分析は企業全体に対しても利用できるが，内部経営分析ではプロジェクトごとに分析することも可能である。

　損益分岐点分析では，すべての原価を**変動費**と**固定費**に分解する。変動費とは，売上高の変動に対して比例的に増減する費用をいう。これに対して，固定費は，売上高が変動しても一定額として発生する費用である。

　このように原価を分類できれば，売上高の変動の結果として，原価および利益がどのように変化するかを分析できる。そこで，損益分岐点分析は，**原価―売上高―利益の関係**（cost-volume-profit relationship，略して CVP 関係という）を分析するための管理会計上の重要な方法となっている。しかし，狭義には，この関係から導かれる損益分岐点（損益が分岐する利益ゼロの売上高をいう）を中心とした分析をいう。外部分析で利用されるのは主として後者の意味での損益分岐点分析である。なお，「利益ゼロ」という場合の利益概念は，通常営業利益が想定される。

　損益分岐点は，売上高が費用と等しくなる点であるから，次のようにその公式を導くことができる。

　　売上高＝費用

　　売上高＝変動費＋固定費

$$\text{売上高} = \frac{\text{変動費}}{\text{売上高}} \times \text{売上高} + \text{固定費}$$

ここで，$\frac{\text{変動費}}{\text{売上高}}$ は変動費率と呼ばれるから，下記のように書き換えることができる。

$$\text{売上高} = \text{変動費率} \times \text{売上高} + \text{固定費}$$

したがって，上式を売上高（損益分岐点）で解くと，下記のようになる。

$$\text{損益分岐点} = \frac{\text{固定費}}{1 - \text{変動費率}}$$

また，CVP 関係は損益分岐図表［図9－4］に示すことができる。この図では正方形のグラフが描かれ，横軸には売上高，縦軸には売上高と原価がとられる。したがって，対角線を引くと，これが売上高線となる。次に，縦軸に固定費の大きさをとり，この点から横軸に対して水平線を引くと，固定費線が描かれる。最後に，この線と縦軸の交点から勾配が変動費率となるような直線（原価線）を書けばよい。売上高線と原価線の交点から損益分岐点がわかる。

図 9－4　損益分岐図表

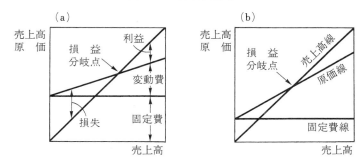

損益分岐点の公式から，固定費の割合が企業の利益構造に及ぼす影響を知ることができる。固定費の割合が大きいという資本集約的な業種の場合，分子の金額が大であるために，利益を得るには，かなりの売上が必要である。しかし，変動費率の割合が相対的に小であれば，売上高が増大しても，原価の増加は比較的少なく，［図9－4（a）］に示したように，損益分岐点以降はより多額の利

242　第9章　財務諸表の利用

益獲得機会をもっている。

　他方，労働集約型産業のように，固定費の割合が小さい場合，損益分岐点は低く，売上が少なくても，損失の危険は低い。しかし変動費率が高いと，［図9―4（b）］のとおり，売上の増加に伴う原価の増大は大きく，多額の利益獲得機会もそれだけ少ないといえる。

　損益分岐点分析を外部分析に利用する場合，業種・規模・立地条件等が類似の企業との比較が特に重要である。業種の特定，たとえば資本集約的か労働集約的かなどによって，固定費の割合および変動費率がある程度規定されるからである。類似企業であれば，固定費の割合および変動費率が低いと，損益分岐点も低くなるので，それだけ損失の危険も小で，また利益可能性も大である。なお，損益分岐点分析において，損失危険の尺度として**安全余裕率**が使われる。これは，実際の売上高から損益分岐点の売上高を差し引いた額を実際売上高で除した商として計算される。この比率がマイナスのときには損失が生じていること，およびこの比率が大きいほど損失危険が小さいことはいうまでもない。

　損益分岐点分析を外部分析で利用する場合，最大の障害となるのは，固定費・変動費の分解である。減価償却費や固定資産税は，固定資産を一旦取得すると，その利用度，つまり生産量や販売量が変動しても，一定額として発生する固定費である。

　また，製品を構成する素材等の消費高（直接材料費）は，生産量に対して比例的に変動する変動費である。しかし，この金額は，外部分析では確認できない。材料費の総額は製造原価明細書から利用可能であるが，材料費のなかには，製品の製造に対して直接的に帰属できないような間接材料費（消耗品等の消費高）があり，このような材料費は一部変動的・一部固定的という準変動費の性質をもつからである。この事情は，労務費および経費（減価償却費・固定資産税等を除く）についても同様である。そこで，外部分析では，業種ごとに費目別に固定費と変動費の割合を推定し，この推定に基づいて損益分岐点分析を行うという以外に方法はない。

第 9 章　財務諸表の利用　　243

　ちなみに，先の分析で用いた A 社の場合，材料費がすべて変動費で，これ以外の労務費，経費，販売費及び一般管理費はすべて固定費と仮定すれば，X5 年度の変動費率は 56.6%，固定費は 52,823 百万円であった。

　これから，営業利益での損益分岐点および安全余裕率は次のようにもとめられる。（売上高は 133,362 百万円であった。）

$$損益分岐点 = \frac{52,823}{1 - 0.5662} = 121,768$$

$$安全余裕率 = \frac{133,362 - 121,768}{133,362} \times 100 = 8.69\%$$

　売上が 8.69% 減少すると，営業利益が損益分岐することがわかる。

§5　生産性分析と社会性分析

　これまでは財務諸表分析の基本である収益性分析と安全性分析について解説してきた。企業は営利追求を目的として設立された組織であるため，収益性分析はその目的遂行のための分析として意義があり，安全性分析はその目的遂行のための基盤分析として意義がある。いわば車の両輪である。

　一方，企業を社会的な富を生産する組織と捉え，企業によって生産された価値とその社会的な分配を分析することもできる。前者は**生産性分析**，後者は**社会性分析（分配性分析）**と呼ばれる領域である。最後にこれらの領域について簡単に解説しておこう。

　生産性分析と社会性分析の関係を図示すると［図 9-5］のように示すことができる。すなわち，企業は，社外から原材料費等のインプットを購入し，それに何らかの加工を施して社会へアウトプットを行い，その成果を分配するのである。

　このような企業が社会に対して生み出した価値は**付加価値**と呼ばれ，これは企業にとっての利益の原資となると同時に，従業員や株主への分配原資となるのである。

　付加価値の算定方法には，控除法と加算法の二つの方法がある。控除法は，

図 9-5 付加価値の生産と分配

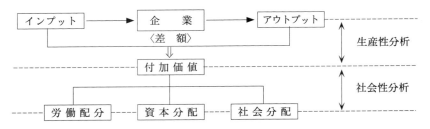

売上高から前給付費用(原材料費,光熱費など外部から調達した資源のコスト)を控除する方式で,加算法は,従業員・経営者への分配額,債権者への分配額,国家・自治体への分配額,株主への分配額を足しあわせる方法である。算定式を示すと以下のとおりである。

　　控除法：付加価値＝純売上高－前給付費用

　　加算法：付加価値＝人件費＋賃借料＋他人資本利子＋税金＋税引後利益

　控除法は,企業の生産活動の側面からの算定式であり,加算法は企業によって生み出された価値の分配面からの算定式である。両者は理論的には一致し,生産性分析の観点からは控除法が望ましいとされるが,算定方法は財務諸表から算定する場合は加算法の方が容易なため,一般には加算法が採用される場合が多い。

　生産性分析の基本指標としては,**付加価値生産性**(付加価値／従業員数),**付加価値率**(付加価値／売上高),**1人あたり売上高**(売上高／従業員数),**経営資本集約度**(経営資本／従業員数)などをあげることができる。

　付加価値生産性は,従業員1人あたりがどれだけの付加価値を産出しているかを示しており,生産性分析の基本である。付加価値率は売上高の中で占める付加価値の割合を示しており,一般に加工度の高い産業ほど付加価値率は高くなる。1人あたり売上高は,従業員1人あたりの売上効率を示し,収益性分析の指標としても利用できる。経営資本集約度は,従業員1人あたりの経営資本の額を示すもので,一般にこの比率が高いほど企業の機械化が進んでいると考えられる。

なお，付加価値生産性は1人あたり売上高と付加価値率の積として表される。また，付加価値ベースの資本利益率として，経営資本付加価値率（付加価値／経営資本）も重要な比率である。

一方，社会性分析（分配性分析）の基本指標としては，付加価値の分配先が，従業員，社会，資本提供者に分類されるので，それに応じて，**労働分配率**（労働分配額＜人件費総額＞／付加価値），**社会分配率**（社会分配額＜税金など＞／付加価値），**資本分配率**（資本分配額＜配当・利息・地代など＞／付加価値）などの指標があげられる。これらの指標は付加価値算定の際の加算法を構成する各要素を，企業に対する資源の提供者別に区分したものである。

企業が生み出すものは財務単位で捕捉できる付加価値だけではなく，社会や環境への目に見えないベネフィットやコストがある。これらも考慮することができるならば，社会性分析はより一層拡充することができる。

〔参 考 文 献〕

［1］ 國部克彦『アメリカ経営分析発達史』白桃書房，1994年。
［2］ 桜井久勝『財務諸表分析（第9版）』中央経済社，2024年。
［3］ 日本経営分析学会編『新版　経営分析事典』税務経理協会，2015年。

第10章 マネジメントへの役立ち

§1 会計情報とマネジメント：管理会計の意義

1 管理会計情報と財務会計情報

　会計情報は，一般に**財務会計情報**と**管理会計情報**に区分される。財務会計情報は，**財務諸表**を通じて**株主**や**債権者**に代表される企業外部の**利害関係者**に伝達されるのに対して，管理会計情報は企業内部のさまざまな活動に関連させて利用される。管理会計情報と財務会計情報との関係は，［図10－1］からも明らかなように，管理会計と財務会計の両者に共通して同一の情報が使用されることもあるし，それぞれ独自の目的に応じて準備されることもある。

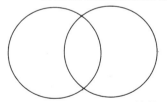

図 10－1　管理会計情報と財務会計情報

　たとえば，売上原価の情報は外部報告のために開示されるだけでなく，管理会計でも活用される。もっとも，全社レベルの売上原価情報が単独で管理会計目的に使用されることはそれほど多くない。また，売上原価情報と売上高情報から，**売上原価率**という財務指標を生み出すことができる。製品別・事業部別

248 第10章 マネジメントへの役立ち

の売上原価率という情報は，市場動向，同業他社の新製品投入時期と設定価格，消費者動向などといった情報とともに活用されて，製品別・事業部別の収益性の分析，一層の原価低減努力を必要とする製品や事業の特定，同業他社との経営基礎力の比較などの分析，すなわち管理会計的分析に活用される。

2 管理会計固有機能の認識

管理会計には，組織の計画（planning）と管理（control）に関する諸活動に役立つ情報を提供するとともに，これまで実施してきた計画や管理方法の適切性を診断し，より望ましい方向を示すという機能がある。財務諸表情報は，経営全体の活動成果を測定し，経営活動全体の方向づけをするために企業内部でも利用される。管理会計の誕生は，企業が複式簿記を用いて定期的に期間損益計算を始めたときまで遡ることができる（溝口一雄『管理会計講義4−5ページ。櫻井通晴『AAA原価・管理会計基準』147ページ）。しかし，近代的な管理会計，すなわち経営管理目的のための固有の会計が認識されたのは，**標準原価**による**原価管理**によって生産性の向上を支援するという働きに注目が集まり始めたときである。

19世紀末にアメリカで生まれた**科学的管理法**（scientific management）とよばれる合理化運動では，**流れ作業**による製造活動の効率化を図るため，**時間研究**や**動作研究**に基づいて徹底した**課業管理**が実施された。原価に関しても，実際に発生した原価（実際原価）を能率的に作業を実施した場合に発生するだろう原価（標準原価）と比較するという手続を通じて，**実際原価**を標準原価に近づけることで原価低減を図るとともに，原価差異の原因を究明することによって経営のさらなる効率化が目指されたのである。標準原価計算はこの意味で，内部管理志向をもった管理会計独自の機能を有している。

その後，単に原価だけではなく，企業全体活動を管理する手段として，**予算管理**（budgetary control）制度が次第に普及し始めた。予算管理制度が普及・整備されたのは第一次大戦後だといわれている。標準原価計算および予算管理制度は，時代の経過とともにその適用範囲や機能を拡大していく。

3 管理会計の発展

標準原価計算と予算管理制度の有用性が認識されるようになったことは，計数による企業管理や**業績評価**への会計情報の活用をより一層促進した。しかしながら，経営管理者の必要とする情報は，標準原価情報や予算情報だけに限られたものではない。第二次大戦以降，管理会計はその計画機能の拡充面でアメリカにおいて飛躍的な発展を遂げることになるが，それには管理会計職能を担当する**コントローラー部門**が果たした役割が大きい。

管理会計の発展は，その外延を拡張する方向と内面的な深化を目指す方向の両面で進んだ。前者の例としては，長期経営（利益）計画を含む経営意思決定のための会計の発展，計量的な意思決定モデルの会計問題への適用，コンピュータを活用した管理会計システムの構築などがある。一方，後者については，責任会計システムの展開，事業部制組織に代表される分権的組織構造のもとでの業績測定と業績評価制度の充実，グローバル化した企業の管理システムの整備などがある。

もっとも，会計情報が本来有している機能以上のものを利用者が期待したり，会計情報を誤って使用してはならない。計数による管理があまりにも行きすぎると，経営実態の掌握をないがしろにした**数値による管理**（management by numbers）が横行することになり，管理会計はその本来の機能を果たすことができなくなる。また，企業を取り巻く環境変化に対応できない管理会計システムは，その有用性に問題があるばかりでなく，誤った意思決定を誘導し企業業績にまで大きな打撃を与えることにもなりかねない。経営管理者の情報ニーズを的確に把握し，それを満足させる情報が現行の管理会計システムから十分に提供されているかどうかを常に確認し，もしギャップがあるなら，それをできるだけ埋める方策が検討されなければならない。

今日使用されている管理会計技法やそのベースにある考え方は，1920年代にすべて開発されており，現在の環境下ではまったく有用性を失っているという指摘もある（Johnson and Kaplan［1987］）。この意味で，管理会計は大きな曲

250　第 10 章　マネジメントへの役立ち

がり角にさしかかっているといえる。もっとも，**活動基準原価計算**（ABC, activity based costing）および**バランス・スコアカード**（BSC, Balanced Scorecard）の開発や原価企画やミニ・プロフィット・センターなどに代表される日本的コスト・マネジメントへの注目など新たな動きが生じてきている。管理会計はその有用性の回復に向けて動き始めている。

4　管理会計の全体像

　間断なく外延的拡張と内面的深化を繰り返し，その有用性回復を目指している管理会計の全体像を把握することは難しい。しかし，管理会計情報の役立ちを明確にし，他の情報との併用によって有効な意思決定を行うには，そのカバーする領域を明確にしておくことが必要となる。

　管理会計の体系を明らかにしようとする試みには，いくつかのものがある。管理会計を**計画会計**と**統制会計**に分類する方法は，第二次大戦直後から現われた。この分類は，計画のための会計の重要性を強調することを通じて，そのための手段を開発することに大きく貢献した。しかしながら，組織内部で行われる各種の活動を計画のための活動と統制のための活動に単純に二分することはできない。また，計画と一言でいっても，**個別計画**と**総合計画**（期間計画），**長期計画**と**短期計画**，**構造計画**と**業務計画**，**定型的計画**と**非定型的計画**という区分があるが，それぞれの関係も相互依存的である。

　アンソニー（R. N. Anthony）は，**計画**と**統制**の区分および経営管理の諸機能がどのレベルの組織階層で支配的であるかに注目し，経営管理システム全体を説明する［図 10−2］のフレームワークを提示している。このモデルに従うなら，管理会計は，

　　戦略的計画のための管理会計

　　マネジメント・コントロールのための管理会計

　　オペレーショナル・コントロールのための管理会計

に分類することができる。

　戦略的計画とは，組織目標を設定し，資源の取得や使用のための基本方針な

第10章 マネジメントへの役立ち　251

図 10−2　経営管理システム（アンソニー）

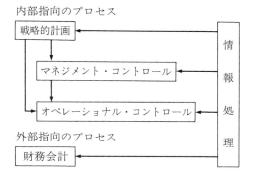

いし枠組を決定するプロセスのことをいい，設備投資意思決定や研究開発投資意思決定といった長期個別計画や長期総合利益計画を作成する戦略会計に関連性をもつ。マネジメント・コントロールは，戦略的計画で確定した枠組のなかで，資源の効率的利用を図る総合的な計画と統制のプロセスである。短期利益計画，予算管理制度，各種の業績評価の仕組みがマネジメント・コントロールの主要な内容になる。マネジメント・コントロールのための管理会計システム構築にあたっては，経営諸目標達成に向けて組織構成員が能動的に行動するように動機づける行動科学的な配慮が不可欠である。最後に，特定の課業を能率的に遂行することを確保するプロセスであるオペレーショナル・コントロールに対しては，できる限り短いタイム・スパンで（理想的にはリアル・タイムで）各種の情報（原価や売上高といった会計情報に加えて，工程の物量情報や輸送中の物品に関する物流情報なども含む）を提供する仕組みが必要となってきている。かつては，標準原価と実際原価の差異情報は，オペレーショナル・コントロールにおいて重要視された時期もあった。しかし，現在では作業現場の情報，とりわけ物量情報が即座に獲得できるようになり，それを利用した迅速なオペレーショナル・コントロール活動が実施できるようになってきている。この点に限るならば，標準原価関連情報の意義はかつてほど大きなものではなくなってきている。

　以上，管理会計の全体像を把握するための二つの考え方を紹介したが，本書

252 第10章 マネジメントへの役立ち

では，管理会計を「**業績管理の会計**」と「**意思決定支援のための会計**」に二分する見方をとることにしたい。この区分は，計画会計・統制会計，および経営管理のタイプによる区分を踏まえたうえで，意思決定と会計情報の活用の仕方にも配慮した類型化である。業績管理も意思決定の一つのタイプではあるが，会計情報の活用方法については，意思決定の支援を目的とする場合とは後述するように性格を異にするため，両者を区分して検討することが管理会計の全体像を明らかにするためには適切であると考えられる。

§2 業績管理の会計

1 業績管理会計システムの設計

業績管理（performance evaluation）は，組織管理者の行動に影響を与えて，組織目的ならびに経営戦略の有効な実現に向けて，分権化した組織単位の統合を図る一連の諸活動である。したがって，組織目的をどのように部分組織単位に割り付けるか，事業部長のような部分組織単位の責任者の業績をどのように測定するか，またどのようなインセンティブ・システムを設計するか，などといった問題を業績管理会計システムを構築するときに考慮しなければならない。

組織目標の割り付けにあたっては，組織の長期的成長を保障するような配慮が必要になる。組織がいくら長期的な展望をもって行動しようとしても，短期的な財務目標達成を強く意識させるような業績管理会計システムが存在すれば，長期的な視点に基づく行動はとりにくい。また，業績管理において短期的な財務目標の達成が強調されると，管理者は過度な利益操作や違法な不正会計を行うことがある。エンロンやワールドコムなどアメリカ企業を舞台に起こった不正会計の一因は，株主からの短期的な利益達成圧力が強まる中で，経営者の業績管理において短期的財務業績が過度に強調されたことにある。目標の割り付けについて，いま一つ考慮すべきことは，ベクトル合わせである。全社目標の達成を妨害するような行動を部分組織単位にとらせない仕組みが，業績管理会

第 10 章　マネジメントへの役立ち　253

計システムに組み込まれなければならない。もちろん，管理者を動機づけるインセンティブ・システムを設計したり，公正な業績測定と評価が実施される必要がある。

　分権化によるメリットを生かし，それによるデメリットを最小限にするマネジメント・コントロール・システムの構築が必要である。分権化したものを統合する，あるいは統合的な視点から分権組織を管理することが業績管理の会計の重要な役割である。

2　業績管理の三つの機能

　業績管理には，目標の設定と部門間調整を含む目標設定関連活動（計画），目標達成活動のモニタリングとモニタリング結果に基づく行動や意思決定の誘導，そして達成された実績（業績）の測定と測定結果を用いたより望ましい行動の喚起という三つの異なる側面がある。これらは，それぞれの実施時点に着目すれば，**事前管理**，**進捗管理**，**事後管理**という用語で代替できる。

　業績管理の会計の意義は，組織規模が拡大するにつれて，より高まってくる。それは，業績管理にかかわる人の数が飛躍的に増大すること，そして経営機能がより幅広く組織内に分割して付与されていくからである。また，分化した各組織単位は，単に上部から指示されたことをこなすという受動的な役割ではなく，より現場に近い位置にいる利点を生かしトップ・マネジメントが直接は入手できない情報を活用して，全体目標の達成に向けた独自の情報処理や意思決定を行うことが要請されるようになる。このことを可能にするため，組織内の各組織単位に必要な権限が付与されるとともに，与えられた権限をフルに活用して，与えられた責任を達成するシステムの設計が期待されるのである。

3　集権組織と分権組織

　組織規模が拡大するにつれて，トップ・マネジメントに集中していた意思決定権限は，次第に部分組織単位に委譲される傾向がある。意思決定権限がトップ・マネジメントに集中する傾向の強い組織を**集権組織**，その反対に組織部分

254　第 10 章　マネジメントへの役立ち

単位に意思決定権限が分散している組織を**分権組織**とよぶ。大規模組織では集権組織形態よりは分権組織形態の方が一般的である。それは，大規模組織では事業が多角化し，それぞれの事業を取り巻く環境が異なるため，経営職能の専門化が不可欠になるためである。また，意思決定権限の委譲によって組織が重層的になるにつれて，各階層レベル固有の機能が発見されていくことも分権化の推進力の一つとなる。トップ・マネジメントは大局的な経営意思決定により多くの時間を割く一方，実行目標に関連する意思決定は実質的にはミドル・マネジメントが担うことになる。

　もっとも大規模組織であっても，集権組織形態をとる企業もある。このような企業にはいくつかのタイプがある。まず第一は，企業活動範囲が特定の事業に限定されていたり，企業を取り巻く環境が安定していて計画がそれほど狂わないときである。第二は，トップ・マネジメントがほとんどすべての意思決定に関与することが当然だと考えている場合である。創業者社長が全権を把握している企業では，集権組織形態がとられることが少なくない。そして第三は，経営不振や大きな環境変化といった危機を突破するために，分権的な組織運営を一時的に放棄し，トップ・マネジメント層によるスピーディな意思決定が要請される場合である。

4　機械的組織と有機的組織

　明文化されたあるいは暗黙の前提となっている規則や手続に基づいて，経営管理が実施される組織は**機械的組織**，組織部分単位の自主的な経営運営がなされ部分組織間で生じるコンフリクトの解消までもがトップ・マネジメントの干渉を最小限にして実施されるような組織を**有機的組織**とよぶ。

　機械的組織では，責任と権限が明確に規定され，全社目標も各部分単位に割り付けられる傾向が強いので，各部分組織単位では与えられた権限と経営資源を利用して指示された目標を達成することが任務である。例外的な出来事は，より上位の組織で対処方法が決定され，部分組織単位では指示された方策をできるだけ忠実に実行することが要請される。このような組織における業績評価

は，指示されたことがどの程度達成されたかをめぐって実施される。

　一方，有機的組織では，トップ・マネジメントは経営上の重要な方針決定と戦略的な意思決定に携わるだけで，部分組織単位に具体的な実行目標を与えることはない。最小限のルールや手続は大規模組織の管理を混沌状況に陥れないために設定されるが，大幅に権限は部分組織単位に委譲される。環境情報により近いところに位置する部分組織単位の自主的な活動が組織全体としての高い環境適応力を高めるという前提に基づいて有機的組織は運営されるのである。

　どちらの組織形態にも長所・短所がある。もちろん，現実の組織はこの二つの形態の中間に属するが，より機械的組織の傾向の強い企業と有機的組織運営を優先する企業がある。大切なのは，環境との関連でより適応的な組織形態を選択し，長所を最大限に引出し，短所を補う業績管理の仕組みを構築し，それを適切に運営することである。

5　職能別組織と事業部制組織

　組織を分権的に運営しようとする場合には，二つの方法がある。一つは，経営職能別に部分組織単位を設ける方法であり，このような組織は**職能別組織**とよばれる。職能別組織では，研究開発，設計，生産準備，生産，資材，販売，営業，会計，財務，人事などといった専門化された職能ごとに組織を区分する。これら部分組織単位は，通常，収益あるいは原価についての目標達成の責任をもつ**レベニュー・センター**あるいは**コスト・センター**として位置づけられる。

　これに対して，**事業部制組織**では，地域別あるいは製品別などにそれぞれ独立した部分組織単位を構成し，事業に取り組む。当然のことながら，各事業部は独立して事業に取り組むことを可能にするだけの職能を事業部内にもつ。もっとも，組織全体としての資源の有効利用の観点から，会計，財務，人事といった各事業部に共通するスタッフ機能のかなりの部分は本社が担当することも少なくない。また，ライン業務についても，資材や販売・営業といった機能も本社が全社的な観点から機能を遂行する場合もある。事業部制組織の運用形態は多様であるが，それがどのように組織されていても，各事業部は利益につい

256 第10章 マネジメントへの役立ち

ての目標達成責任をもつ**プロフィット・センター**であるという共通点がある。職能別事業部制の場合には，振替価格を用いて，各事業部に利益責任が付与される。

　職能別組織と事業部制組織以外にも実際に活用されている組織形態がある。一つは，**マトリクス組織**であり，もう一つは**プロジェクト組織**である。マトリクス組織は，典型的には製品別事業部制と地域別事業部制が重なり合った組織形態である。権限関係が曖昧になりやすいことや調整コストが増加するなどの短所がマトリクス組織にはあるが，情報の共有を促進し，多様性から創造的活動を引き出す仕組みとして大きな成果が得られる可能性をもつ。

　プロジェクト組織は，職能別組織や事業部制組織のように公式的である程度の期間，その構造が規定されているものではなく，必要に応じて特定プロジェクトの遂行のために臨時的に組織される。プロジェクト・メンバーは組織内外から集められ，業務が完了すればチームは解散する。**プロジェクト・チーム**ないし**タスク・フォース**とよばれるこのような組織は，既存の組織では対応できない問題が発生したときにしばしば組織される。

6　分権的組織における業績管理——事業部制業績管理会計

　事業部はプロフィット・センターであるので，各事業部ごとの損益が計算される。事業部の利益構造を示す損益計算書は，次のような形式で示されること

表 10−1　事業部における4種の利益概念の関係

売　上　高	×××××
差引，変動費	××××
売上差益	×××
差引，管理可能固定費	×
管理可能利益	×××
差引，事業部所属のその他の固定費	×
事業部利益	×××
差引，事業部外の費用	×
純　利　益	×××

第10章　マネジメントへの役立ち　257

が多い。**管理可能利益**が，各事業部長責任下にある。この意味で，管理可能利益額によって，**事業部長の業績評価**を行うことが望ましいという考え方が生まれてくる。また，使用資本についても責任をもつ場合には，（使用）**資本利益率**によって評価することが可能となる。

　もっとも，事業部管理者を管理可能利益だけで業績評価することにすると，事業部管理者の管理不能固定費や本社費・共通費の配分額といったいわゆる**管理不能費**への関心は弱まり，その結果として事業部純利益，さらには全社利益を始めとする全社的な目標達成には興味を示さなくなる可能性がある。そのため，セクショナリズムや個人業績の達成だけを目指す行動を回避するために，事業部純利益に対しても責任をもたせるなどの工夫が業績評価上必要となる。

　事業部間で財貨や用役が振り替えられるケースは少なくないが，その場合には**内部振替価格**（internal transfer prices）の設定が事業部の業績管理において大きな問題となる。**本社費・共通費**の配分の場合と同様に，内部振替価格の設定いかんによって，事業部業績が大きく左右されるからである。内部振替価格として用いられるものには，市場価格，原価（平均変動費や全部原価），原価プラス一定利益などがあるが，どれを用いるかは状況に依存する。振替価格の設定にあたっては，全社的利益を最大にするのか，あるいは全社的利益の最適化を若干犠牲にしても，各事業部に利益機会を与えて，各事業部の自主的な決定の促進を狙うかを明確にしておかなければならない。

7　戦略の実施化および戦略促進に対する業績管理会計の意義

　意思決定の環境が不確実でかつ複雑な場合には，機械的組織ではなく有機的組織が選ばれ，そのような組織構造をもつ企業が高い業績を示していることは論理的にもまた実証的にも明らかにされている。このような組織の選択行動は，「組織は環境に適応する」という命題を支持するものである。組織の環境適応行動に関しては，数多くの業績管理の会計についての知識が蓄積されつつある。

　これとは逆に，最近，戦略の実施を円滑に進めるように業績評価のシステム

258　第10章　マネジメントへの役立ち

を設計したり，業績管理会計をテコに戦略を促進するという「**影響システムとしての業績管理会計**」の役割にも注目が集まり始めている。本社費の事業部への配賦を例にとろう。一般に，事業部に本社費・共通費を配賦することで，事業部が全社的な利益に注目するようになり，事業部利益のみを優先する行動を牽制するとともに，配賦を受ける事業部は，本社費の配賦額をできるだけ抑えたいという誘因から，「なぜそれほどまでの本社費・共通費が必要なのか」を本社に追求するプロセスを通じて，本社費・共通費を削減する契機を本社に与えるという機能がある。しかし，このような有用性が本社費・共通費の事業部配賦にみられるにもかかわらず，特定の費用については事業部への配賦を行わないケースが少なくない。「基礎研究部門費は，全社の長期的戦略的観点からその額を決定すべきで，短期的な利益目標が与えられた事業部には配賦すべきでない」という考え方は，基礎研究には，短期的なコスト・コントロールによる牽制は適切ではないという企業方針が反映されている。つまり，基礎研究部門は，どの事業部からも影響されずに業務に専念できる体制を，他の本社費・共通費とは異なり不配賦という方法によって確保しているという点で，戦略実施化を間接的に促進しているのである。事業の成熟度によって，本社費の配賦率を変えることも同様の狙いをもつものである。

　また，戦略的課題を明確にするために，戦略的な対応を可能とする土壌を形成したり，問題点や脅威・機会の発見メカニズムを業績管理会計システムに組み込むことも行われる。「金のなる木」の事業部から「花形製品」の事業部に対しての振替価格の設定にあたって原価基準を適用するという処理は，「花形商品」事業部の現時点での利益を意識的に膨らませることによって，将来獲得できる大きな収益へのはずみをつけ，モラルの向上を図るという戦略的意図が背後にあるといってよい。

第 10 章　マネジメントへの役立ち　259

§3　意思決定支援の会計

1　個別支援と総合支援

　情報と意思決定の関係をみる場合，情報がすべてを語る状況，つまり情報が特定の行動や意思決定を行うべきことを明確に指し示している場合と，いくら情報を収集しても最終的な意思決定にまで到達しない状況がある。前者は構造的意思決定問題，そして後者は半構造的意思決定問題とよばれる。経営管理の実践では，ほとんどの問題が半構造的な意思決定問題の特徴をもっている。このような状況では，意思決定を支援する会計の役割が重要である。情報そのものだけではなく，情報を獲得するプロセスにも注目しなければならない。情報獲得や情報処理のプロセス自体が，意思決定問題を明らかにするとともに，どのような決定を下すべきかについての心証をも形成するからである。

　支援には個別支援と総合支援とがある。**個別支援**とは，対象となる問題を特定し，その問題解決を支援することをいう。具体的には，案件ベースの投資意思決定（設備投資や研究開発投資），つまり個別計画（project plans）の支援活動のことである。一方，**総合支援**とは，全社目標の設定や個別プロジェクトの総合調整の支援をいう。利益計画や予算作成の支援をめぐる会計情報の役だちを考察することが総合支援の代表的な例である。

　個別支援にせよ総合支援にせよ，会計情報はその他の多様な情報と併用される。状況や問題によって，会計情報がドミナントな役割を果たす場合もあれば，補足的に用いられるときもある。このことを十分承知しておかないと，会計情報が主要な役割を果たすべきときにそれを軽視したり，会計情報が本来有している機能以上のものを期待して誤った意思決定を行うことが少なくない。このような過ちを犯さないためにも，会計情報の性質，とりわけ各種の収益・原価概念を正しく理解する必要がある。

　次節で各種の概念を紹介した後，総合支援のための会計について，利益計画

260　第10章　マネジメントへの役立ち

と予算について論じることにする。なお，個別支援については，「§5　設備投資計画と意思決定支援」で説明を加える。

2　各種の原価・収益概念

代替案を評価するためには，代替案間で共通の収益・原価数値は考慮する必要はない。したがって，意思決定にあたっては，代替案間での相違する部分にだけ注目すればよい。この種の会計情報は一般に**差額的会計情報**とよばれる。以下では，さまざまな差額的会計情報についての収益・原価概念，そして原価についての帰属関係やコスト・ビヘイビアに関する基礎的な概念を示すことにしよう。意思決定に無関連な会計情報を代替案の評価にあたって使用するという誤りを犯すことは少なくない。さまざまな収益・原価概念とその適用方法を正しく理解することが肝要である。

(1)　**直接費と間接費**

製品やサービスなどの原価計算の対象に直接関連する原価を直接費（direct cost），そうでないものを間接費（indirect cost, overhead）という。

(2)　**部門個別費と部門共通費**

特定の組織単位でだけ発生する原価を部門個別費とよぶ。一方，複数部門に共通して発生する原価は部門共通費とよばれる。

(3)　**変動費と固定費**

操業度の変動に応じて発生額が変化する原価を変動費（variable cost），変化しない原価を固定費（fixed cost）という。操業度とは，一定の経営規模のもとでの生産量や営業量などの割合のことをいい，生産数量，作業時間，機械稼動時間，売上高，販売数量などで測定される。変動費と固定費の区分は，一定の経営規模を前提とした利益管理や原価管理・原価低減活動を行う場合にとりわけ重要である。

変動費と一言でいっても，操業度変動に対する原価の変動の仕方は多様であり，より厳密には**比例費**，**逓増費**，**逓減費**，**準変動費**などがある。

第10章　マネジメントへの役立ち　261

⑷　アクティビティ・コストとキャパシティ・コスト

　経営活動によって生じる原価はアクティビティ・コストとよばれる。変動費はアクティビティ・コストである。一方，固定費は経営活動を実施するうえで準備されなければならない設備等に関する原価であるので，キャパシティ・コストとよばれる。キャパシティ・コストには，その発生額が過去において確定していて，その発生を現時点でコントロールできない**コミテッド・キャパシティ・コスト**（committed capacity cost）と管理者に発生額を変化させる裁量権が認められる**マネジド・キャパシティ・コスト**（managed capacity cost）がある。

⑸　関 連 原 価

　特定の意思決定に影響する原価のことを関連原価（relevance cost）とよぶ。一方，意思決定に関連しない原価は無関連原価ということになる。ある意思決定問題にあっては関連原価であるものが，別の問題においては無関連原価となることは少なくない。したがって，直面している意思決定問題に照らして関連原価と無関連原価を正しく識別することが意思決定活動の出発点となる。

⑹　差額原価と差額収益

　代替案の間の原価差額のことを差額原価（differential cost）という。同様に，収益差額は差額収益とよばれる。二つの代替案（A案とB案）があり，そのそれぞれの原価および収益が $C_a \cdot C_b$，$R_a \cdot R_b$ であるとすれば，

$$差額原価 = C_a - C_b$$
$$差額収益 = R_a - R_b$$

である。なお，差額原価を考えるときには，変動費だけでなく，固定費についても代替案間の差額を求める必要がある。

⑺　増分原価，減分原価

　二つの代替案を考えたとき，プラスの差額原価を増分原価，マイナスの差額原価を減分原価とよぶ。プラスなら，代替案Aからみれば $C_a - C_b > 0$ のときの $C_a - C_b$ は増分原価，代替案Bからは減分原価となる。また，増分原価・減分原価を操業度の変化に伴う原価の増減額を表す用語として用いることがある。

262　第 10 章　マネジメントへの役立ち

この場合には，操業度増加による原価増分を増分原価，操業度低下による原価減分を減分原価と表現する。増分収益および減分収益についても同様なことがいえる。

(8) 限界利益，貢献差益

厳密には，限界利益（marginal income, marginal profit）は販売数量などの企業活動を表す変数値が無限小変化したときの利益変動額を意味するが，管理会計では通常，売上高と売上変動原価の差額のことを限界利益とよぶ。限界利益あるいは限界利益からセグメントごとの直接固定費を控除して求められる利益のことを，貢献差益（contribution margin）とよぶ。それは，この利益が，固定費あるいはセグメントに共通した固定費を回収すれば，利益の獲得に貢献するからである。

(9) 機 会 原 価

経営資源をある目的（A）に投入すると，他の目的（B，C など）には使用できなくなることがある。この種の決定は，B や C から得られたであろう利益を犠牲にして，A からの利益を求める行動であると理解できる。機会原価（opportunity cost）とは，犠牲にされた利益のうちで最大の額を意味する。

機会原価の概念は，代替案からの選択を行う意思決定問題では，非常に重要である。

(10) 現金支出原価

現金支出原価（out of pocket cost）とは，短期的には支出を必要としない原価のことである。

(11) 埋 没 原 価

埋没原価（sunk cost）とは，過去のおいてなされた意思決定により，支出が確定している原価のことをいう。埋没原価と現金支出原価は対になる原価概念である。また，埋没原価はすでに過去の意思決定に対して関連原価であるから，これから検討される意思決定に対しては無関連原価になる。設備の取替投資意思決定のほとんどの問題では，現有設備の残存簿価は過去の意思決定によって確定した埋没原価であるから無関連原価となる。

3　利益管理システムと意思決定支援のための会計

(1)　長期利益計画の意義

　企業が安定的な成長を実現するためには，将来を見越した長期的な行動指針をもつ必要がある。このような行動指針を財務的に把握したものが，長期利益計画である。将来の見通しがきかないからこそ，長期利益計画が必要なのである。

　長期利益計画には，設備投資，新製品研究開発，新分野への参入，既存市場からの撤退，組織変革や経営体質の強化，経営情報システムの充実などの個別のプロジェクトを対象とした個別計画とこれら個別計画を総合調整した長期総合計画とがある。長期計画が重要なのは，多額の投資が決定され，将来の企業構造を規定するからである。生産キャパシティは，設備投資によって確定する。また，研究開発投資は，その効果の発現までに少なくとも数年，長ければ10年以上の期間の経過を待たなければならない。

(2)　長期利益目標の設定と長期利益計画

　長期利益目標として用いられているものには，期間利益額，売上高利益率，資本利益率，1株当り利益率，配当率などがある。一般には，長期計画のカバーする期間中に資本の在高は変化することがあるため，使用資本の効率を示す資本利益率の使用が望ましい。複数の長期利益目標をもち，健全な長期的成長を目指す企業が多い。

　使用される利益目標の指標が決定すれば，それぞれの目標値を求める必要がある。多くの場合，経営目標の達成のために必要な利益額（率）が求められる一方で，計画されている個別のプロジェクト全体から得られる利益額（率）が計算される。通常は，この両者間にギャップが存在する。そこで，両者のすり合わせと見直しの作業を行い，計数的な裏付けのある長期利益計画が作成される。長期利益計画は，個別プロジェクト立案にあたってのガイドラインを提供するとともに，個別のプロジェクトを期間計画としてとりまとめる機能をもつ。

(3) 損益分岐点分析の活用

　企業の短期的な利益構造を端的にとらえるツールとして損益分岐点分析（break-even point analysis）は有用である。原価・営業量・利益の相互関係はCVP関係（cost-volume-profit relationship）として把握される。損益分岐点は，費用と収益が一致する営業量として求められる。損益分岐点売上高は，次式で求められる。また，(1)式を図表で表すと，［図10−3］のようになる。

$$損益分岐点売上高 = \frac{固定費}{1 = 変動費率} = \frac{固定費}{1 = \dfrac{変動費}{売上高}} \cdots\cdots\cdots\cdots\cdots\cdots\cdots\cdots(1)$$

図 10−3　損益分岐図表

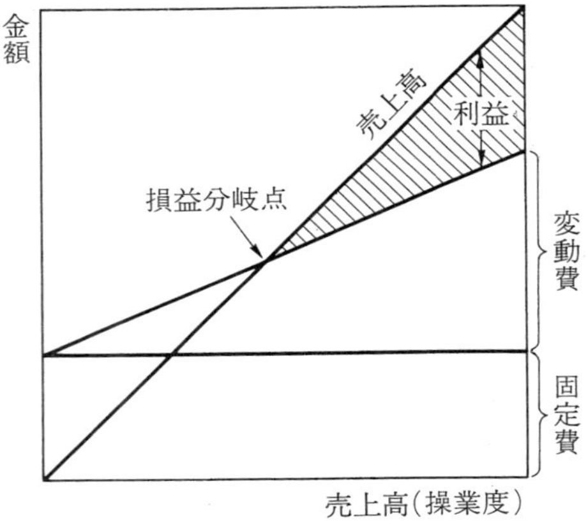

　損益分岐点売上高が小さければ小さいほど，組織の利益構造は優れている。(1)式からも明らかなように，損益分岐点を低くするためには，固定費負担を軽減したり，変動費率を抑えるような経営諸施策が必要となる。

　一定の利益を獲得できる売上高を求めるためには，(2)式を解けばよい。

$$目標売上高 = \frac{固定費 + 目標利益}{1 = 変動費率} = \frac{固定費 + 目標利益}{1 = \dfrac{変動費}{売上高}} \cdots\cdots\cdots\cdots\cdots\cdots(2)$$

(4) 予算の編成

　予算は，その対象とする期間（年次，半期，四半期，月次）の企業活動および

第10章 マネジメントへの役立ち 265

図 10−4 予算編成の手順

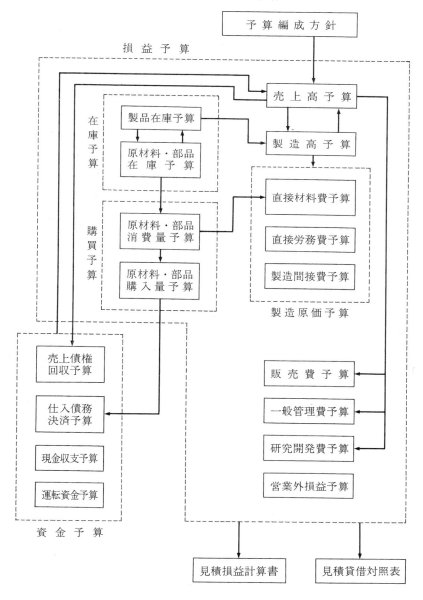

266　第10章　マネジメントへの役立ち

それに伴う経営資源の使途を貨幣単位で表示したものであり，企業の利益管理活動を計数的に支援するシステムである。予算はまた，組織の責任・権限の委譲構造を体系的に示しており，経営活動の指標として，また予算期間終了後は実績値と対比される業績評価基準としても用いられる。

　予算の編成手順の一例が［図10—4］に示されている。

　売上高目標，原価目標，利益目標（目標利益額および目標利益率）などの財務的目標だけでなく，確定済みの主要支出計画，トップ・マネジメントの現状認識，達成すべき経営目標などが盛り込まれた予算編成方針が予算作成の出発点となる。予算編成方針には，予算編成スケジュール，予算編成のガイドブックとしての役割を果たす予算編成マニュアルなどが添付され，各部門はこれらを参照しながら部門予算案を作成する。作成された部門予算案は，本社スタッフにより集計・整理された後，修正・調整を繰り返し，最終的な実行予算が確定することになる。予算の編成にあたっては，多くの場合売上高予算の作成が出発点となる。売上高予算の概要が定まらないと，生産，在庫，購買，資金などのその他予算を作成することができないからである。売上高予算の作成にあたっては，過去の販売実績の分析，市場調査，経済動向分析，そして価格政策・販売方法の検討などを行う必要がある。このことからも明らかなように，売上高予算一つを取り上げても，会計情報に加えて，極めて多様な情報が必要となることがわかるだろう。

　予算編成にあたっても，標準原価設定の場合と同様に，行動科学的な配慮が不可欠である。参加型の予算編成が組織構成員の動機づけのために行われることは多い。しかし，参加型の予算は，必要以上の予算スラックを生み出し，これが組織にさまざまな悪影響を及ぼす危険性がある。一方，予算スラックを極限にまで排除した予算は，動機づけの観点からみるとあまりにも厳格すぎる。予算編成時に，予算による業績評価のあり方を検討すべきであるという主張は，動機づけのための諸施策が組織活動に多様な影響を及ぼすことに言及しているのである。

第 10 章　マネジメントへの役立ち　267

(5)　期中の環境変化への予算対応と予算・実績差異分析

予算期間中に予測される環境変化を織り込んで予算は作成される。それにも
かかわらず，当初予想できなかった環境変化が生じることは日常茶飯事である。
したがって，予算が確定した後にも，必要性が認識されれば，予算の弾力的運
用（予算の費目間振替や予備予算の執行）を図ったり，場合によっては予算の期中
修正が必要となることがある。日本企業の多くでは，年次予算を作成する場合
にも，実行予算の対象となる期間は半年とし，半年経過後に下半期の実行予算
を再度作成している。

予算期間終了後には，予算・実績の差異分析が実施される。差異分析にあた
っては，期中の環境変化が実績に及ぼした影響を勘案する必要がある。差異分
析には，予算目標を与えられた管理者の業績を評価することと次期以降の予算
編成をより望ましいものとするために情報を収集することが含意されている。
予算未達の原因を明らかにすることは重要だが，その責任追及に終始すること
は生産的ではない。いかに整備された予算管理制度があったとしても，その運
用を誤れば，予算に期待される機能を十分に引き出すことはできない。

§4　原価の管理

1　原価の管理と業績管理

原価の管理といえば，標準原価計算の活用を議論するのが従来の管理会計で
は一般的であった。すでに述べたように，業績管理には，目標の設定と部門間
調整を含む目標設定関連活動（計画），目標達成活動のモニタリングとモニタ
リング結果に基づく行動や意思決定の誘導，そして達成された実績（業績）の
測定と測定結果を用いたより望ましい行動の喚起という三つの異なる側面があ
る。標準原価計算を用いる原価の管理による業績管理活動においても，この三
つの機能がある。

原価標準の設定が第一の機能に関連する。達成目標として原価標準が機能す

268 第10章 マネジメントへの役立ち

るには，原価標準が能率的に作業が遂行できる条件を設定し，そのもとでの**達成可能良好水準**（attainable good performance level）の原価標準を求めなければならない。もちろん，作業に携わる人々が標準の達成に向けて動機づけされるように配慮することが必要となる。具体的には，原価標準設定作業への参画や原価標準の厳格度（tightness）に関する合意形成プロセスが不可欠となる。

モニタリングとそれに基づく誘導活動は，期中の活動状況と原価実績値をモニターし，標準からのかい離が決定的なものとなる前に，必要な是正措置を講じる活動である。もっとも，これを実施するためには短いタイムスパンで実績原価情報と操業状況に関する情報が入手できる必要がある。

原価実績の測定，標準原価との対比を通じた差異の算定，そして差異の発生原因分析と必要な是正措置を講じることが第三の機能と関連する。これが原価実績が確定した後に行われる，いわゆる標準原価計算差異分析である。差異分析にあたっては，原価標準設定の基礎前提が現状でも妥当するかどうか，また原価標準自体が適切かどうかをチェックすることも必要である。

2　環境の変化が標準原価計算に及ぼす影響

標準原価計算は，管理会計の主要なツールとして発展してきたし，多くの企業で活用されてきている。しかしながら，近年の環境変化は，標準原価計算制度について見直しを求めていることも事実である。標準原価計算が有効に機能する環境が崩れつつあることを十分に認識することが，逆説的ではあるが，標準原価計算の有効活用につながることを意識しなければならない。

それでは，どのような環境変化が標準原価計算制度に影響を与えつつあるのだろうか。以下では，重要ないくつかの兆候について検討することにしよう。

(1)　消費者ニーズの多様化

同一規格のライフサイクルの長い製品は市場から次第に姿を消している。消費者が自分のライフスタイルに合った商品を望む傾向が極度に強まってきたせいである。新製品は短いインターバルで市場に次々と投入されている。

このような環境のもとでは，**多品種少量生産**体制を確立することが競争力の

向上や維持に直接に関連するので，生産者論理に基づく，すなわち大量生産によって効率性を追求することは困難になる。標準原価計算制度は規格品の大量生産方式を前提にしている。異なる製品を同一ラインで生産する**混流生産**，ライフサイクルの短い製品，そして少量しか製造されない製品を対象にした標準原価計算制度は，その構築だけでなく運用も難しい。

(2) FA化の進展

工程における自動化の進展は，単にコスト削減を目指すだけではなく，危険な作業をロボットに置き換えて作業員の安全性を確保することや製品品質を高いレベルで維持することなどにも関連している。**FMS**（flexible manufacturing systems），**トランスファー・マシーン**，各種ロボットの活用は，単に大企業に固有のものではなく，中小・中堅企業においてもその普及は著しい。無人工場における24時間操業体制は当り前のものとなっている。

このようなFA化の進展は，原価管理のあり方にも大きな影響を及ぼしている。とりわけ注目されるのは，製品原価に占める各原価費目の構成比率の変化である。第一は，直接労務費のウェイトの低下である。FA化が進展すれば，直接製造作業に従事する作業員は少なくなる。その結果，直接労務費の製造原価に占める割合も低下していく。乗用車を例にあげれば，今や直接労務費の製造原価に占める割合は，5%程度にまで減少している。手作業に多くを依存していた時代と比較すれば，標準直接労務費の管理上のウェイトは相対的に減少している。第二は，間接費のウェイトの増大である。とりわけFA機器の保守やプログラミングに関する費用はますます増加する傾向にある。製造間接費に関する管理は，標準原価計算による原価管理が隆盛を極めていた時代にあっても，実質的には予算による管理が支配的であったこと，そしてその金額的重要性の増大を考慮すれば，新たな間接費の管理方式を樹立すべき時を迎えているといってよいだろう。いくつかの企業では，製造間接費を一つの費目として把握するのではなく，その金額的重要性に鑑み，いくつかの新たなコスト範疇に区分したうえで，個別に管理する方式をとり始めている。

270 第10章 マネジメントへの役立ち

3 物量管理の台頭

標準原価計算による原価管理では，ここまでに述べてこなかったもう一つの前提がある。それは，原価計算期間（多くの場合，1カ月）の経過後に原価実績を集計し，標準原価との差異を算定し，是正措置を講じるというサイクルを念頭においているという点である。しかしながら，現実に製造工程で問題が生じた場合には，即座に対応策を講じる必要がある。原価差異を集計して，事後的に問題のダメージを金銭的に評価できても，それだけでは問題の発生原因を取り除くことはできない。この問題は，**製品のライフサイクル**が短くなり，短期間のうちに多くの製品の製造が打ち切りになるようになった現在，より顕著なものとなってきている。そこで，製造工程で問題が生じないようにする工夫や問題発生以前にその原因を取り除いてしまうことによって，原価を削減することに大きな関心が集まるようになり始めた。つまり，原価の管理よりは原価低減に関心が移行したのである。

原価低減は，原価を発生させる原因，すなわち**コスト・ドライバー**（cost drivers）に着目し，付加価値を生まないコスト・ドライバーを一つひとつ工程から取り除いていく活動によって可能になる。組立工が間違った動作をすることがないよう工夫を講じたり，機械の誤作動が万が一発生した場合にでも加工中の製品や製造ラインに損害を与えないようなポカよけとよばれる仕組みはいたるところで見られるようになってきた。また，小集団活動によるカイゼン活動からの創意工夫は，ムリ・ムダの発生原因を徹底究明し，それに対する善後策を講じるものである。**JIT生産方式**も在庫というコスト・ドライバーを排除することを狙いとして生み出された原価低減のための生産システムであるという性格を有している。

4 原価企画の役立ち

付加価値を生まないコスト・ドライバーを取り除くことを目的とした徹底した物量管理は，製造現場での原価削減に大きな成果をもたらす。標準原価計算

による原価管理は，一定の作業条件のもとでの標準原価の達成を目指す活動であり，その意味で，標準原価にできるだけ近い実績の達成を狙う原価維持活動としての性格を強めつつある。それに対して，**全社的品質管理**（total quality control），QC サークルをはじめとした小集団活動，あるいは JIT 生産は，作業条件の改善を通じての原価削減を意図している。

　物量管理の実践を通じて，製造現場の原価低減に取り組んだ企業は，次第に原価発生の本当の原因は，製造以前の段階にあることを認識し始める。製造上のムリ・ムダの排除は物量管理によって実施できても，製造工程自体の問題を解決するためには，製造工程自体の見直しを必要とする。したがって，物量管理にも限界があるのである。このような考え方は，ごく自然にモノ作りの源流段階での原価低減を目指す原価企画とよばれる活動への注目を促進したといえる。

　原価企画の実施にあたって用いられる手法や考え方は，標準原価計算や物量管理の実践から考え出されたものに多くを依拠している。それに加えて，顧客ニーズを製品づくりに直接反映させるマーケティングの考え方や利益管理の思想も原価企画を支えている。この意味で，原価企画は，原価低減，さらには利益管理のための総合的な管理会計ツールであるということができるだろう。

　原価企画は，「原価発生の源流に遡って，VE などの手法をとりまじえて，設計，開発さらには商品企画の段階で原価を作り込む活動」である。日本企業の優秀さは，その生み出す製品を通じて評価されている。日本製品の競争力の源泉は，高品質，信頼性，納期厳守，そして低コストに裏付けられた低価格にある。このような一見同時達成が不可能とも思われる目標の達成を可能にする仕組みが原価企画にあるといってもいいだろう。

　市場で受け入れられた商品には共通点がある。一つは，デザイン，機能，操作性，安全性，信頼性，軽量化，価格など多様な要因のいくつかが市場のニーズに合致したことである。そしていま一つは，原価企画を通じて生み出された商品であるという点である。魅力ある商品作りにコストは無関連だと主張するものも少なくないが，現実は違う。商品の企画段階から，コストを「作り込む」

272 第 10 章 マネジメントへの役立ち

ことが重要なのである。

　原価企画には，二つのポイントがある。一つは，商品の設計図面がいったん引かれれば，あるいは製品コンセプトやそれをもとにして決定される製品スペックが確定すれば，コストはほとんど決ってしまうという事実である。製造段階での作りやすさを考慮しない設計は，量産工程でのムダなコストを発生させる原因となる。これを取り除こうとすれば，設計段階から製造担当者や生産技術の知識を駆使して，製造しやすい，つまり製造段階で負荷をかけないモノ作りが行われなければならない。第二は，原価企画は単なる源流段階における原価低減活動ではないという点である。多くの場合，商品ごとの目標原価は，

　　　　目標原価＝予定売上高－目標利益

という算式で求められる。予定売上高および目標利益の各数値の求め方にはさまざまな方法があるが，将来市場に投入される商品を対象に原価企画が行われることを考えるならば，これらの数値は，中長期の利益計画から誘導されることが望ましい。将来の商品相互がお互いに独立しているならば，それぞれに予定売上高や目標利益を設定することも合理的かもしれない。しかし，このような前提は現実には妥当しない。中長期計画で設定された売上高および目標利益の達成のために，各商品がどの程度の貢献が可能なのかを計画設定時点で明らかにするという作業を通じて，各商品別の目標原価を求めることが重要となる。

　これまでに，原価管理および原価削減のためにさまざまな技法や考え方が生み出されてきたが，現状でそれらを振り返れば，［表 10－2］のように要約することができるだろう。

表 10－2　コスト・コントロールの重点移行

コントロールのタイミング	コスト・コントロールの方法	着　目　点
事　前　管　理	原　価　企　画	総コストの削減
プロセス管理	製造現場での原価削減 JIT, TQC	費目別の原価削減
事　後　管　理	標準原価管理	原　価　管　理

5 原価企画の逆機能

標準原価計算による原価管理，そして物量管理を通じた製造現場での原価低減には限界があることはすでに指摘した。原価企画は，その両者の限界を克服するものである。しかし，その原価企画にもやはり限界があることを承知しておく必要がある。限界を知ることで，その有効利用が可能となることを忘れてはならない。

変動製品原価の低減だけに焦点を合わせると，設備の償却費に代表される固定製造原価が考慮外となる。新設備を導入すれば，数年にわたる償却負担を負わなければならなくなるが，それによって変動製造原価を大幅に削減することが可能になる。リサイクルや廃棄物処理にかかわるコストは，これまで社外コストであったが，昨今の安全性や環境問題への意識の高まりから，企業はそれへの対応を要請されるようになってきた。PL コスト（製造物責任に関連するコスト）についても同様のことがいえる。社外にコストを負担させることで企業内で発生するコストを低減するだけでは企業は存続しえない。その意味からも，製品のライフサイクル全体を対象とする原価企画が要請され始めている。

このような視点は，系列に代表される従来からのサプライヤーとの関係の見直しにも関連するものである。開発初期段階からのサプライヤーとの密接な関係を前提として，原価企画のシステムは長い時間をかけて構築されてきた。このシステムは，アセンブラーとサプライヤーとの共存共栄を前提とするネットワークであるが，時と場合によっては，サプライヤーの資質をアセンブラーが実質的にはほぼ無償で活用し，さらにサプライヤーの犠牲の上に成り立っているとの批判がなされることがある。このような見方は，一面的ではあるが，真実から大きく遊離しているともまたいえないのである。真の共存共栄の可能性が原価企画の観点からも検討されなければならない。

また，消費者ニーズに対応するために短期間のうちに次々と新製品を市場に送り出すことが競争に勝ち抜くための必須条件となっている点も検討しなければならない。無理や極度の緊張が新たな知恵の創造に結びつくという経験的事

274　第 10 章　マネジメントへの役立ち

実も無視はできないが，明らかに日本企業のモノ作りにはきしみが生じている
といってよいだろう。それは，典型的には，設計担当エンジニアの疲弊となっ
て表出している。

　顧客のニーズへの対応を極度に推し進めてきた結果，事業全体の効率性の低
下が問題となり始めている。多様なニーズに対応するために，多品種少量生産
体制の構築に向けて日本企業は多大なエネルギーを投入した。そのプロセスで，
FMS がますます洗練され，混流生産が可能となった。しかしながら，ライン
生産は本来少品種大量生産による効率的生産を目指したものである。多品種少
量生産によっても，収益性が維持できるなら問題はないが，現実には多くの問
題を生み出している。多数の事例が示すように，製品数を半減させても売上へ
の影響は軽微で，そうすることで収益性の回復をみたところも少なくない。

　ここまでみてきたように，多くの企業はモノ作りのあり方を再検討し始めて
いる。原価管理についても，現在再検討が求められているといえるだろう。

§5　設備投資計画と意思決定支援

1　設備投資計画の評価方法

　設備投資案件が財務的にみて適切かどうかを判定する方法には，資本利益率
法，回収期間法，現在価値法，内部利子率法などがある。前二者は収入・支出
の発生時点ないしそれに伴う利子を考慮しない方法であるのに対して，後二者
では**資本コスト**（cost of capital）を考慮する方法である。

(1)　資本利益率法

　ある投資プロジェクトの投資額（最初にのみ投資が行われて，期間中に追加投資
を行わないものとする）を I，設備の耐用期間の収入合計額を E，当初投資額を
除く耐用期間中の支出合計額を A とすると，資本利益率 R は次のように計算
される。

$$R = \frac{E - A}{I} - 1 \quad \cdots\cdots\cdots\cdots\cdots\cdots\cdots\cdots\cdots (1)$$

(2) 回収期間法

　回収期間法は，各年度の正味キャッシュ・フロー（収入額と支出額の差額）の合計額（$u_1 + u_2 + \cdots + u_t$）が当初投資額と等しくなる期間 t を求める方法である。

$$I = \sum_{i=1}^{t} u_1 \quad \cdots\cdots\cdots\cdots\cdots\cdots\cdots\cdots\cdots\cdots\cdots\cdots (2)$$

　このようにして算定された回収期間 t をあらかじめ定めた組織内部の回収期間基準やその他の要因を考慮して，それぞれの投資プロジェクトの採否が決定される。

　資本利益率法や回収期間法は，投資の時間価値を考慮しない方法であるため，欧米ではしばしば初歩的な方法（naive method）とよばれており，その利用率は高くない。一方，わが国では特に回収期間法の採用率は高い。もっとも，回収期間法のみによる投資決定が行われることはまれであり，多くの場合には他の評価方法と併用されるだけでなく，投資案件ごとに算定された回収期間を柔軟に解釈する（インフラ整備のための投資には，比較的長い回収期間を許容する一方で，専用設備への投資には非常に短い回収期間を要求することを通じて，汎用設備への投資を促進する）。また，回収期間法を投資の時間価値を考慮できるようにすることも可能である。

(3) 現在価値法 (present value method)

　投資の結果に生じるであろう収入・支出の金額を見積った後，割引利子率を用いてそれぞれの金額を現在価値に割り引き，各投資案件が当初投資額を上回る正味キャッシュ・フローが得られるかどうかを明らかにする方法である。割引利子率 i は長期的な借入資本利子率，資本を当該プロジェクトに投下することによって失われる機会原価などを考慮して決定される。

$$V = -I + \frac{u_1}{(I+i)} + \frac{u_2}{(I+i)^2} + \cdots\cdots + \frac{u_n}{(I+i)^n} \quad \cdots\cdots\cdots\cdots (3)$$

　ここで，現在価値 V が非負であれば，当該投資案件は資本コストを上回る利益率をもつことになる。もっとも，V が非負であるだけでは十分ではない。

276　第 10 章　マネジメントへの役立ち

いったん投資がなされれば，投資額は埋没原価となり他の目的に活用すること
はできなくなる。そこで，どの程度の現在価値が望ましいかを判定する基準が
必要となる。割引利子率の決定にあたって，数多くの要因が十分に検討されて
いるからという理由で，非負の現在価値をもつすべてのプロジェクトを採択す
るというわけにはいかない。投資に振り向けることができる金額には限りがあ
るし，投資全体の整合性をも併せて考慮しなければならない。設備投資の評価
方法だけで，実際の投資計画を立てることはできないことを十分承知しておく
必要がある。

(4)　内部利子率法（internal rate of return method）

投資の結果に生じるであろう収入・支出の金額を見積った後，当初投資額に
割引額の総和が等しくなるような利子率 r を求める方法である。

$$V = -I + \frac{u_1}{(I+r)} + \frac{u_2}{(I+r)^2} + \cdots\cdots + \frac{u_n}{(I+r)^n} \qquad \cdots\cdots\cdots\cdots (4)$$

つまり，設備の耐用年数，当初投資額，そして各年度の収入・支出の金額を
所与として，どの程度の利益率をもつ投資案であるかを求めるのが内部利子率
法なのである。したがって，求められた内部利子率は少なくとも，資本コスト
や他の投資プロジェクトの内部利子率などと比較し，当該投資案件の望ましさ
を判定する必要がある。

(5)　各評価方法の比較と適用限界

いずれの評価方法においても，当初投資額および各年度に期待されるキャッ
シュ・フローが与えられていることに注目しよう。つまり，これらの情報がな
ければ，設備投資計画の評価方法はどれ一つとして利用することはできない。
当初投資額は投資案件を検討する時点でそれを見積ることが比較的容易だとい
えるが，キャッシュ・フロー，特にキャッシュ・インフローの推定はそれが長
期間にまたがって生じることから非常に困難である。また，一般的な経済情勢
の変化，社会の構造的変化，技術革新，競争関係の変化などによって推定キャ
ッシュ・フローは大きな影響を受ける。このような将来に対する不確実性を十
分に検討し，実現するであろうキャッシュ・フローをできるだけ多面的な角度

からその妥当性を検討することが，いずれの評価方法を活用する場合にも不可欠である。

また，複数の投資プロジェクトを一括して検討するのではなく，個別案件ベースで分析することがこれらの評価方法では共通した前提となっている点に注意しよう。実際には，個別プロジェクトの検討だけではなく，特定年度に現金支出される複数プロジェクトを一括して採択する必要がある。この種の問題は，長期総合計画で検討されるべき問題であるが，その場合には投資全体のポートフォリオの適切性を，単に財務的観点からだけではなく，企業全体の長期計画との整合性といった観点からも総合的に分析検討する必要があるだろう。

2 意思決定とその支援

前節では，設備投資計画の評価方法として代表的な四つのものを検討した。しかし，忘れてはならないのは，評価だけが意思決定ではないということである。

意思決定は，一般には次のようなステップから形成されているといわれている。

- (a) 問題の認識
- (b) 関連情報の収集
- (c) 代替案の探究
- (d) 代替案の比較
- (e) 代替案の評価と選択

このステップをみれば明らかなように，前節での説明は設備投資計画について，(d)代替案の比較と(e)代替案の評価と選択の段階だけを取り上げたにすぎないのである。設備投資の必要性の認知（問題の認識），どのような設備投資が必要とされるかについての知識の集積（関連情報の収集），そして比較対照されるべき複数の設備投資案の提示（代替案の探究）のステップを踏んでようやく，比較・評価・選択活動を行うことができる。

以下では，上記の(a)から(e)までの設備投資意思決定のすべてのプロセスにお

278　第10章　マネジメントへの役立ち

いて，適切な行動をとることを支援する情報システムについて，その具備すべき機能と支援の具体的な内容に関して説明することにする。

(1)　問題の認識と関連情報の収集

設備投資を決意するにいたるプロセスの出発点は，投資機会を認識することから始まる。設備投資に関して決定権限をもつ管理者は，問題の認識段階において実に多様な情報を活用している。

組織外部の財務・非財務情報（たとえば，マクロ・ミクロの経済情報・経済指標とその動向，政府・地方自治体による各種規制，新聞記事をはじめとした各種データベース情報，競争企業・潜在的競争企業の経営成績・財務状況および設備投資動向など）はとりわけ重要な情報である。したがって，必要とされる情報を，利用者が精通した検索方法を利用すれば即座に入手できるように情報システムを構築する必要がある。そのためには，外部データベースへのアクセスおよびダウンローディング機能と複数データベースへのアクセスを可能とするプラットホームとなるソフトウェアが必要である。

(2)　代替案の探究

投資代替案の導出にあたっては，過去の設備投資意思決定に用いた情報が今回も利用可能かどうかを検討する活動と探索された代替案を修正したり，まったく新たな代替案を作成するという二つの活動がある。環境変化，とりわけ技術革新が急速に進みつつある昨今では，後者の活動がより重要なものとなる。もっとも，これまでの決定に関する情報に精通することは，新たな意思決定の場においても有用であり，前者の活動を支援することも必要となる。

代替案の探索活動に関しては，記憶探索，つまり他者によってなされた過去の意思決定についての情報を再検討することが有用である。どのような情報をどこから入手し，どのように処理し，その結果が意思決定にどのように結びついたかを示す情報は設備投資の事実関係を示す情報とならんで重要である。後者の情報は比較的よく整備されているが，前者の情報は特定個人の属人的情報である場合が多い。有能な管理者のこのような経験・知識を知識ベースに格納できれば，エキスパート・システムの助けを得ることもできる。探索活動に対

第 10 章 マネジメントへの役立ち 279

しては，支援システムのデータベース管理機能が活用される。

　新規代替案の開発にあたっては，支援システムの情報検索・加工・集計処理機能，表計算機能，レポート作成機能の支援を得て，代替案開発の生産性を上げ，より多くの代替案を生み出すことが可能になる。代替案開発段階ですでに，代替案の評価・選択で利用される計量的情報は準備されていなければならない。代替案の開発は，単に複数の投資プロジェクトを整備することだけを意味するのではなく，プロジェクトの評価のための情報を準備することも含む。いうまでもなく，代替案の開発には，設備投資の経済性計算のための財務情報だけでなく，定性的な情報も活用される。

　代替案の評価としてどのような方法を用いるにせよ，必要資本支出額，キャッシュ・フローの推定値，プロジェクトの予想経済命数，そして設備処分時のキャッシュ・フローの情報が必要である。また資本調達に要する資本コスト，投資リスクを明示的に考慮する場合には，プロジェクトのリスク推定値なども準備されなければならない。さらに CAPM を援用したモデルを投資プロジェクトの採択基準として用いる場合には，リスクフリー・レートや β 値を求めるための市場の期待収益率の数値なども必要となる。

　ここで注意すべきことは，これらの数値の算定にあたって，数多くの前提条件や仮定が置かれていることである。これら前提条件や仮定が異なれば，上記の数値はそれぞれ違った値をとることになる。つまり，生み出された一つの代替案の中にも無数の代替的要素が存在する。キャッシュ・フローの推定値がその代表例である。技術革新のスピード，競合他社の動向，景気変動をどのようにみるかによって，キャッシュ・フローの値は大きく変化する。プロジェクトの経済命数も技術革新の変数である。さらに，資金調達コストは直接金融であれ間接金融であれ環境依存的である。

　したがって，代替案を導出する場合でも一つの候補案を示すだけでは十分でなく，環境与件の変化がどのように代替案に影響を与えるかを分析できるシミュレーション機能（**what-if 分析**や**目標探索機能**）が重要となる。「実施が予定されている税制改正はキャッシュ・フローにどのような影響を与えるか。税制に

280　第10章　マネジメントへの役立ち

変更がなされない場合でも，候補案は有望か」，「長期的な金融市場の動向を勘案すれば，どのような資金調達方法が最も資本コストを低くすることができるか」，「同業他社が新たに設備投資を計画中であるという。どのような内容の設備投資を検討中なのか。その設備によって製造されるであろう新製品は，わが社の市場占有率に与える影響はどのようなものになりそうか」といった質問に対応できるようにシステムが構築されていれば，代替案についてよりきめ細かい分析が可能となるだろう。また事業戦略上でぜひとも採択したい代替案が存在する場合，回収期間が一定期間以内でプラスの現在価値をもち，さらに一定率を上回る内部利益率を達成するために，どの程度のキャッシュ・インフローが必要かといった問いに対しては，目標探索機能を活用できるモデルを開発すればよい。

　支援システムは，そのシミュレーション機能，内蔵されている財務モデル・財務関数やオペレーションズ・リサーチや経営科学のツールを活用して，代替案の開発業務を質的にも量的にも大幅に改善することができるようになる。

(3)　代替案の比較・評価・選択

　比較・評価・選択の各作業段階では，支援システムの各種モデル（設備投資の評価方法のそれぞれについてのモデル），モデルの操作言語，そして作表・グラフ作成機能，そしてレポート・ジェネレータ，データベース，データベース管理システム，そして対話型の問い合わせ言語が重要な役割を果たす。これらの機能を駆使して，意思決定者は予測，推定，シミュレーション，最適化，what-if 分析，目標探索などの操作を行い，複数の代替案相互の比較検討を行うことができる。

(4)　支援システムの貢献

　意思決定支援システムという範疇に入る情報システムは，上述したように設備投資意思決定のすべての段階の業務を支援する機能をもつことがわかった。最後に，支援システムの貢献について，まとめておくことにしよう。

　まず第一の貢献は，適時に目的適合的かつ正確な情報を情報利用者の望む形式で提出できるという点である。システムを洗練すれば，不適切な情報処理や

分析を実施しようとしたときに，アラームを出すようにシステムを設計することさえも可能である。このようなシステムは，人間の情報処理限界を事実上取り払う。その結果，意思決定者はより多くの情報処理が可能となるとともに，従来情報処理業務に費やしていた時間を，より創造的な業務へと振り向けることが可能となるのである。

　第二は，支援システムの構築のプロセスで設備投資問題への伝統的な会計アプローチの限界に気づくことがあげられる。会計学の観点から設備投資の問題に接近すれば，どうしても各種の評価方法や評価に際して用いられる予測会計情報に注目が集まることになるのは当然である。しかし，知らぬ間に設備投資の評価方法だけが，設備投資個別計画の最重要課題だという誤った認識に結びつく危険性がある。代替案の評価だけではなく，設備投資の必要性を知る問題認識段階や代替案の導出プロセスにおいても会計情報は活用される。そして，あらゆる経営意思決定では，会計情報を含むさまざまな情報が活用されていることを再確認することを支援システム作りは私たちに教えてくれる。

　第三は，設備投資とは何かという根本的な問題をより深く理解する契機を支援システムが適用してくれることがある。設備投資意思決定のすべてのプロセスを包含するシステム作りに一気に取り組む必要はない。必要最小限のシステムに関するグランド・デザインをもってさえいれば，設備投資決定にあたって，最も情報要求が高く，比較的構造解明が容易な部分からシステム化を進めてもかまわない。具体的には，投資プロジェクトの評価・選択活動を支援するシステムからシステム化に着手したり，設備投資関連データベースの整備に第1位の優先順位を与えるなどが考えられる。作成にあたっては，単独でそれぞれのサブセットが活用できる工夫をすることが重要である。システム設計過程でこれまで知覚されなかった数多くの問題や課題に直面するだろう。これらを一つひとつ克服していくプロセスがまた，設備投資に関する造詣を深め，それがまたシステムにも反映されていくだろう。

282　第 10 章　マネジメントへの役立ち

〔参　考　文　献〕

Ⅰ．管理会計の入門書および概論書

[1]　岡野　浩・中嶌道靖（共訳）『管理会計の回顧と展望』白桃書房，1992 年（R. W. Scapens, *Management, Accounting :A Review of Recent Development,* Macmillan Publishers, 1985）。

[2]　岡本　清・尾畑　裕・廣本敏郎・挽　文子『管理会計』中央経済社，2003 年。

[3]　加登　豊・梶原武久『管理会計入門』日経文庫，2017 年。

[4]　溝口一雄『管理会計』日本経済新聞社，1983 年。

[5]　————（編著）『管理会計の基礎』中央経済社，1988 年。

Ⅱ．管理会計の史的考証に関する文献

[6]　辻　厚生『管理会計発達史論（改訂増補版）』有斐閣，1988 年。

[7]　鳥居宏史（訳）『レレバンス・ロスト─管理会計の盛衰─』白桃書房，1992 年（Johnson, H. T. and R. S. Kaplan, *Relevance Lost: The Rise and Fall of Management Accounting,* Harvard Business School Press, 1987）。

Ⅲ．管理会計の基礎概念・基本的機能を考察した文献

[8]　高橋吉之助（訳）『経営管理システムの基礎』ダイヤモンド社，1968 年（R. N. Anthony, *Planning and Control Systems: A Framework for Analysis,* Graduate School of Business Administration, Harvard University, 1965）。

[9]　伊藤　博『管理会計論』同文舘出版，1977 年。

[10]　櫻井通晴（訳著）『AAA 原価・管理会計基準』中央経済社，1975 年。

[11]　津曲直躬『管理会計論』国元書房，1977 年。

[12]　宮本匡章『会計的情報と意思決定』中央経済社，1978 年。

Ⅳ．業績管理会計論に関する文献

[13]　伊丹敬之『マネジメント・コントロールの理論』岩波書店，1986 年。

[14]　————・加護野忠男『ゼミナール経営学入門（第 3 版）』日本経済新聞社，2003 年。

[15]　伊藤邦雄監訳『戦略評価の経営学・戦略実行を支える業績評価と会計システム』ダイヤモンド社，2003 年（R. L. Simons, *Performance Measurement and Control System for Implement Strategy,* Prentice Hall, 2000）。

[16]　井尻雄士『計数管理の基礎』岩波書店，1970 年。

[17]　加護野忠男『経営組織の環境適応』白桃書房，1980 年。

[18]　小林哲夫『現代原価計算論』中央経済社，1993 年。

[19]　————『原価計算（改訂版）』中央経済社，1988 年。

[20]　————『業績管理会計』新世社，1993 年。

[21]　佐藤紘光『業績管理原価計算』同文舘出版，1974 年。

[22]　谷　武幸『事業部制業績管理会計の基礎』国元書房，1983 年。

第 10 章　マネジメントへの役立ち　283

[23]　――――『事業部業績の測定と管理』税務経理協会，1987 年。

[24]　門田安弘『多目標と階層組織の管理会計』同文舘出版，1978 年。

[25]　吉川武男『責任会計による予算管理モデルの探求』多賀出版，1983 年。

Ⅴ．意思決定支援のための会計に関する文献

[26]　青木茂男（監修）『予算管理ハンドブック』中央経済社，1986 年。

[27]　石塚博司（編著）『意思決定の財務諸表分析』国元書房，1985 年。

[28]　加登　豊『管理会計研究の系譜：計量的意思決定モデルから意思決定支援システムへ』税務経理協会，1989 年。

[29]　小林啓孝・小松原宰明・山田方敏・加藤芳男・辺見和晃『リスク・リターンの経営手法：ケースでみる定量的評価，計画の実践』中央経済社，2006 年。

Ⅵ．わが国管理会計論のレビュー

[30]　溝口一雄（編著）『文献学説による管理会計論の研究』中央経済社，1984 年。

―――― 資　　料 ――――

【トーカロ株式会社　2024 年 3 月決算期】
財務諸表等（有価証券報告書から抜粋）
　　・貸借対照表
　　・損益計算書
　　・株主資本等変動計算書
　　・注記事項

286 　資　　料

【財務諸表】

① 【貸借対照表】

(単位：百万円)

	前事業年度 （2023 年 3 月 31 日）	当事業年度 （2024 年 3 月 31 日）
資産の部		
流動資産		
現金及び預金	13,089	12,959
受取手形	217	※3 166
電子記録債権	1,276	※3 1,524
売掛金	8,847	9,411
有価証券	4,000	4,000
仕掛品	1,365	1,694
原材料及び貯蔵品	2,456	2,461
前払費用	101	136
未収入金	28	37
未収消費税等	−	40
その他	4	34
貸倒引当金	△2	△2
流動資産合計	31,385	32,464
固定資産		
有形固定資産		
建物	11,669	11,338
構築物	543	491
機械及び装置	2,350	2,658
車両運搬具	7	5
工具，器具及び備品	399	436
土地	9,443	9,362
リース資産	23	16
建設仮勘定	627	1,366
有形固定資産合計	25,065	25,676
無形固定資産		
ソフトウエア	134	167
その他	4	2
無形固定資産合計	139	169
投資その他の資産		
投資有価証券	63	69
関係会社株式	4,333	4,333
関係会社出資金	475	475
長期前払費用	24	19
会員権	16	16
差入保証金	22	21
前払年金費用	−	236
繰延税金資産	1,057	780
その他	1	1
投資その他の資産合計	5,994	5,954
固定資産合計	31,199	31,800
資産合計	62,584	64,264

（単位：百万円）

	前事業年度 （2023 年 3 月 31 日）	当事業年度 （2024 年 3 月 31 日）
負債の部		
流動負債		
支払手形	77	※3 71
電子記録債務	5,031	6,061
買掛金	1,234	1,325
1 年内返済予定の長期借入金	1,447	1,297
リース債務	7	7
未払金	442	514
未払費用	1,239	1,207
未払法人税等	1,467	515
未払消費税等	339	－
預り金	169	257
賞与引当金	1,179	973
設備関係支払手形	38	14
流動負債合計	12,674	12,244
固定負債		
長期借入金	1,355	3,058
リース債務	19	11
退職給付引当金	305	－
固定負債合計	1,680	3,069
負債合計	14,354	15,314
純資産の部		
株主資本		
資本金	2,658	2,658
資本剰余金		
資本準備金	2,292	2,292
その他資本剰余金	52	－
資本剰余金合計	2,345	2,292
利益剰余金		
その他利益剰余金		
別途積立金	6,220	6,220
繰越利益剰余金	37,769	39,727
利益剰余金合計	43,989	45,947
自己株式	△757	△1,946
株主資本合計	48,236	48,952
評価・換算差額等		
その他有価証券評価差額金	△6	△2
評価・換算差額等合計	△6	△2
純資産合計	48,230	48,950
負債純資産合計	62,584	64,264

② 【損益計算書】

(単位:百万円)

	前事業年度 (自 2022 年 4 月 1 日 至 2023 年 3 月 31 日)	当事業年度 (自 2023 年 4 月 1 日 至 2024 年 3 月 31 日)
売上高	40,175	37,977
売上原価	26,403	25,890
売上総利益	13,771	12,087
販売費及び一般管理費	※2 5,213	※2 5,303
営業利益	8,557	6,783
営業外収益		
受取利息及び配当金	490	643
その他	450	504
営業外収益合計	941	1,148
営業外費用		
支払利息	5	3
その他	45	50
営業外費用合計	51	54
経常利益	9,447	7,877
特別利益		
固定資産売却益	2	5
特別利益合計	2	5
特別損失		
固定資産除売却損	18	12
特別損失合計	18	12
税引前当期純利益	9,432	7,869
法人税,住民税及び事業税	2,614	1,743
法人税等調整額	△38	275
法人税等合計	2,576	2,019
当期純利益	6,856	5,850

資　　料　　289

③【株主資本等変動計算書】

当事業年度（自 2023 年 4 月 1 日　至 2024 年 3 月 31 日）

（単位：百万円）

	株主資本						
		資本剰余金			利益剰余金		
	資本金	資本準備金	その他資本剰余金	資本剰余金合計	別途積立金	その他利益剰余金 繰越利益剰余金	利益剰余金合計
当期首残高	2,658	2,292	52	2,345	6,220	37,769	43,989
当期変動額							
剰余金の配当						△3,169	△3,169
当期純利益						5,850	5,850
自己株式の取得							
自己株式の処分			11	11			
自己株式の消却			△64	△64		△724	△724
株主資本以外の項目の当期変動額（純額）							
当期変動額合計	－	－	△52	△52	－	1,957	1,957
当期末残高	2,658	2,292	－	2,292	6,220	39,727	45,947

	株主資本		評価・換算差額等		純資産合計
	自己株式	株主資本合計	その他有価証券評価差額金	評価・換算差額等合計	
当期首残高	△757	48,236	△6	△6	48,230
当期変動額					
剰余金の配当		△3,169			△3,169
当期純利益		5,850			5,850
自己株式の取得	△1,999	△1,999			△1,999
自己株式の処分	22	34			34
自己株式の消却	788	－			－
株主資本以外の項目の当期変動額（純額）			4	4	4
当期変動額合計	△1,188	715	4	4	719
当期末残高	△1,946	48,952	△2	△2	48,950

290 資　料

【注記事項】
（重要な会計方針）
1. 資産の評価基準及び評価方法
　（1）有価証券の評価基準及び評価方法
　　① 満期保有目的の債券
　　　　償却原価法（利息法）
　　② 子会社株式及び関連会社株式
　　　　移動平均法による原価法
　　③ その他有価証券
　　　　市場価格のない株式等以外のもの
　　　　時価法（評価差額は全部純資産直入法により処理し，売却原価は移動平均法により算
　　　　定）
　　　　市場価格のない株式等
　　　　移動平均法による原価法

　（2）棚卸資産の評価基準及び評価方法
　　　　評価基準は原価法（収益性の低下による簿価切下げの方法）によっております。
　　① 原材料・貯蔵品
　　　　移動平均法
　　② 仕掛品
　　　　個別法

2. 固定資産の減価償却の方法
　（1）有形固定資産（リース資産を除く）
　　　　定率法を採用しております。ただし，1998 年 4 月 1 日以降に取得した建物（建物附属
　　　設備を除く）並びに 2016 年 4 月 1 日以降に取得した建物附属設備及び構築物については，
　　　定額法を採用しております。
　　　　なお，主な耐用年数は以下のとおりであります。
　　　　建物及び構築物　　　　　2〜50 年
　　　　機械装置及び車両運搬具　4〜 6 年

　（2）無形固定資産（リース資産を除く）
　　　　定額法を採用しております。
　　　　なお，自社利用のソフトウエアについては，社内における利用可能期間（5 年）に基づ
　　　く定額法を採用しております。

　（3）リース資産
　　　　所有権移転外ファイナンス・リース取引に係るリース資産については，リース期間を耐
　　　用年数とし，残存価額を零とする定額法を採用しております。

3. 引当金の計上基準
　（1）貸倒引当金
　　　　債権の貸倒れによる損失に備えるため，一般債権については貸倒実績率により，貸倒懸
　　　念債権等特定の債権については個別に回収可能性を検討し，回収不能見込額を計上してお

ります。

(2) 賞与引当金
　　従業員に対して支給する賞与の支出に充てるため，支給見込額に基づき当事業年度に見合う分を計上しております。

(3) 退職給付引当金
　　従業員の退職給付に備えるため，当事業年度末における退職給付債務及び年金資産の見込額に基づき計上しております。なお，当事業年度末では，年金資産の額が退職給付債務を超過しているため，当該超過額を前払年金費用（投資その他の資産）に計上しております。
① 退職給付見込額の期間帰属方法
　　退職給付債務の算定にあたり，退職給付見込額を当事業年度末までの期間に帰属させる方法については，給付算定式基準によっております。
② 数理計算上の差異及び過去勤務費用の費用処理方法
　　数理計算上の差異は，発生時に全額費用処理しております。
　　過去勤務費用は，その発生時の従業員の平均残存勤務期間以内の一定の年数（5年）による定額法により費用処理しております。

4. 収益及び費用の計上基準
　　当社は，顧客から預かった，もしくは自ら手配した基材に溶射加工を中心とした表面改質加工を行い，顧客の求める機能を持つ製品（皮膜）を提供したことによる対価を収益として計上しております。
　　このため，当社は顧客との契約に基づいて当該製品を引き渡す履行義務を負っており，製品に対する検収を受けた一時点において，顧客が製品に対する支配を獲得し，履行義務が充足されると判断しております。
　　しかし，出荷前検査等によって当該製品が顧客の求める品質を満たしていることを確認するほか，日本国内での製品引き渡しにおいては，出荷時点から製品の支配が顧客に移転するまでの期間が通常の期間であるため，国内取引においては出荷時点で収益を認識しております。
　　なお，顧客から受領する取引の対価は，財又はサービスを顧客に移転する時点から概ね一年以内に回収期日が到来し，重要な金融要素は含んでおりません。

5. その他財務諸表作成のための基本となる重要な事項
(1) 退職給付に係る会計処理
　　退職給付に係る未認識過去勤務費用の会計処理の方法は，連結財務諸表における会計処理の方法と異なっております。

(2) 外貨建の資産又は負債の本邦通貨への換算基準
　　外貨建金銭債権債務は，期末日の直物為替相場により円貨に換算し，換算差額は損益として処理しております。
　　また，外貨建その他有価証券は，期末日の直物為替相場により円貨に換算し，換算差額は純資産の部におけるその他有価証券評価差額金に含めております。

292　　資　　　料

（重要な会計上の見積り）
（棚卸資産の評価損）
　（1）当事業年度の財務諸表に計上した金額

（単位：百万円）

	前事業年度	当事業年度
原材料及び貯蔵品	217	232
仕掛品	383	313

　（2）識別した項目に係る重要な会計上の見積りの内容に関する情報
　　　連結財務諸表「注記事項（重要な会計上の見積り）（棚卸資産の評価損）（2）識別した項目に係る重要な会計上の見積りの内容に関する情報」に記載した内容と同一であります。

（貸借対照表関係）
1　関係会社に対する金銭債権・債務

	前事業年度 （2023 年 3 月 31 日）	当事業年度 （2024 年 3 月 31 日）
短期金銭債権	334 百万円	299 百万円
短期金銭債務	213	337

2　貸出コミットメント契約
　　運転資金の効率的な調達を行うため，取引銀行 4 行と貸出コミットメント契約を締結しております。
　　当事業年度末における貸出コミットメントに係る借入未実行残高等は，次のとおりであります。

	前事業年度 （2023 年 3 月 31 日）	当事業年度 （2024 年 3 月 31 日）
貸出コミットメントの総額	3,000 百万円	3,000 百万円
借入実行残高	－	－
差引額	3,000	3,000

※3　期末日満期手形
　　期末日満期手形の会計処理については，手形交換日をもって決済処理しております。
　　なお，当事業年度期末日が金融機関の休日であったため，次の期末日満期手形等が，期末残高に含まれております。

	前事業年度 （2023 年 3 月 31 日）	当事業年度 （2024 年 3 月 31 日）
受取手形	－ 百万円	24 百万円
電子記録債権	－	69
支払手形	－	10

（損益計算書関係）
1　関係会社との取引高

		前事業年度 （自 2022 年 4 月 1 日 至 2023 年 3 月 31 日）	当事業年度 （自 2023 年 4 月 1 日 至 2024 年 3 月 31 日）
営業取引	売　上	1,039 百万円	1,057 百万円
	仕　入	490	627
	その他	101	102
営業取引以外の取引	収入分	519	666
	支出分	－	－

※2　販売費及び一般管理費のうち主要な費目及び金額並びにおおよその割合は，次のとおりであります。

	前事業年度 （自 2022 年 4 月 1 日 至 2023 年 3 月 31 日）	当事業年度 （自 2023 年 4 月 1 日 至 2024 年 3 月 31 日）
貸倒引当金繰入額	0 百万円	△0 百万円
人件費	2,090	2,123
賞与引当金繰入額	346	274
退職給付費用	42	△78
減価償却費	168	147
研究開発費	876	961
おおよその割合		
販売費	41％	40％
一般管理費	59	60

（有価証券関係）
　子会社株式及び関連会社株式は，市場価格のない株式等のため，子会社株式及び関連会社株式の時価を記載しておりません。
　なお，市場価格のない株式等の子会社株式及び関連会社株式の貸借対照表計上額は次のとおりであります。

（単位：百万円）

区分	前事業年度 （2023 年 3 月 31 日）	当事業年度 （2024 年 3 月 31 日）
子会社株式	4,078	4,078
関連会社株式	254	254
計	4,333	4,333

（以下，転載省略）

索　引

〔あ 行〕

アクティビティ・コスト……………………… 261
預り金……………………………………… 165
後入先出法………………………………… 132
安全性分析…………………………… 226, 235
安全余裕率………………………………… 242

意思決定支援のための会計……………… 252
委託販売…………………………………… 127
１年基準…………………………………… 23, 208
一般債権…………………………………… 147
一般商品勘定……………………………… 103
移動平均法………………………………… 132
インタレストカバレッジレシオ…………… 236

受取手形…………………………………… 147
売上原価…………………………… 26, 99, 131
売上原価率………………………………… 247
売上債権…………………………………… 147
売上債権回転期間………………………… 231
売上債権回転率…………………………… 231
売上総利益………………………………… 205
売上高……………………………………… 26, 125
売上高利益率……………………………… 229
売掛金……………………………… 53-55, 147

営業外収益………………………………… 26
営業外費用………………………………… 26
影響システム……………………………… 258
営業循環基準……………………………… 23, 208
営業損益計算……………………………… 205
営業利益…………………………………… 205
英米式決算手続…………………………… 95

オペレーショナル・コントロール………… 250
親会社……………………………………… 218

〔か 行〕

買入部品費………………………………… 184

買掛金……………………………… 53, 164
開業費……………………………………… 158
会計監査人………………………………… 222
会計公準…………………………………… 28
会計情報…………………………………… 5
会計的負債………………………… 166, 167
会計方針…………………………………… 207
開始記入…………………………… 93, 118
開始残高勘定……………………………… 93
開始仕訳…………………………………… 93
会社計算規則……………………………… 211
会社法施行規則…………………………… 211
回収期間法………………………………… 275
階梯式計算法……………………………… 57
開発費……………………………………… 158
外部監査…………………………………… 13
外部分析…………………………………… 225
科学的管理法……………………………… 248
課業管理…………………………………… 248
掛売り……………………………………… 126
加工進捗度………………………………… 196
貸方………………………………………… 42
貸倒れ……………………………………… 108
貸倒懸念債権……………………………… 147
貸倒引当金勘定…………………………… 109
課税所得…………………………………… 13
活動基準原価計算………………………… 250
株式交付費………………………………… 158
株式払込剰余金…………………………… 168
株主………………………………………… 247
株主資本…………………………… 163, 168
株主資本等変動計算書………… 172, 212, 214
貨幣的測定の公準………………………… 30
貨幣的評価の要件………………………… 40
借入金……………………………………… 52, 56
借方………………………………………… 42
関係会社…………………………………… 218
監査………………………………………… 12
監査上の主要な検討事項………………… 224
監査報告書………………………………… 222

296　索　引

監査法人‥‥‥‥‥‥‥‥‥‥‥‥‥‥14
監査役監査‥‥‥‥‥‥‥‥‥‥‥‥‥13
勘定‥‥‥‥‥‥‥‥‥‥‥‥‥‥41, 57
勘定科目‥‥‥‥‥‥‥‥‥‥‥‥‥‥41
勘定記入の要件‥‥‥‥‥‥‥‥‥‥‥41
勘定形式‥‥‥‥‥‥‥‥‥‥‥‥‥‥57
勘定式‥‥‥‥‥‥‥‥‥‥‥‥‥‥206
勘定式計算法‥‥‥‥‥‥‥‥‥‥‥‥57
勘定表‥‥‥‥‥‥‥‥‥‥‥‥‥‥‥74
間接経費‥‥‥‥‥‥‥‥‥‥‥‥‥186
間接材料費‥‥‥‥‥‥‥‥‥‥‥‥186
間接費‥‥‥‥‥‥‥‥‥‥‥‥‥‥260
間接法‥‥‥‥‥‥‥‥‥‥‥‥‥‥216
間接労務費‥‥‥‥‥‥‥‥‥‥‥‥186
完全工業簿記‥‥‥‥‥‥‥‥‥‥‥189
管理会計‥‥‥‥‥‥‥‥‥‥‥‥‥‥6
管理会計情報‥‥‥‥‥‥‥‥‥‥‥247
管理可能利益‥‥‥‥‥‥‥‥‥‥‥257
管理不能費‥‥‥‥‥‥‥‥‥‥‥‥257
関連会社‥‥‥‥‥‥‥‥‥‥‥‥‥218
関連会社株式‥‥‥‥‥‥‥‥‥‥‥148
関連原価‥‥‥‥‥‥‥‥‥‥‥‥‥261

機会原価‥‥‥‥‥‥‥‥‥‥‥‥‥262
機械装置‥‥‥‥‥‥‥‥‥‥‥‥‥151
機械的組織‥‥‥‥‥‥‥‥‥‥‥‥254
期間原価‥‥‥‥‥‥‥‥‥‥‥‥‥180
期間損益計算‥‥‥‥‥‥‥‥‥45, 137
期間の対応‥‥‥‥‥‥‥‥‥‥‥‥138
企業会計基準委員会‥‥‥‥‥‥‥‥31
企業会計原則‥‥‥‥‥‥‥‥‥‥‥31
企業会計原則注解‥‥‥‥‥‥‥‥‥31
企業会計審議会‥‥‥‥‥‥‥‥‥‥31
企業実体の公準‥‥‥‥‥‥‥‥‥‥28
企業内容開示制度‥‥‥‥‥‥‥‥‥6
期中の取引総額の算出‥‥‥‥‥‥117
記帳原則‥‥‥‥‥‥‥‥‥‥‥‥‥58
期末仕掛品の評価‥‥‥‥‥‥‥‥195
キャッシュ・フロー計算書‥‥‥‥216
キャパシティ・コスト‥‥‥‥‥‥261
給付‥‥‥‥‥‥‥‥‥‥‥‥‥‥‥176
給付単位計算‥‥‥‥‥‥‥‥‥‥186
給料‥‥‥‥‥‥‥‥‥‥‥‥‥‥‥184
業績管理‥‥‥‥‥‥‥‥‥‥252, 267
　　――の会計‥‥‥‥‥‥‥‥‥252

業績評価‥‥‥‥‥‥‥‥‥‥‥‥249
共通費‥‥‥‥‥‥‥‥‥‥‥‥‥257
業務計画‥‥‥‥‥‥‥‥‥‥‥‥250
距離比較法‥‥‥‥‥‥‥‥‥‥‥47

口別損益計算‥‥‥‥‥‥‥‥‥‥45
組間接費‥‥‥‥‥‥‥‥‥‥‥‥197
組直接費‥‥‥‥‥‥‥‥‥‥‥‥197
組別総合原価計算‥‥‥‥‥‥‥‥192
繰越試算表‥‥‥‥‥‥‥‥‥‥‥96
繰越利益剰余金‥‥‥‥‥‥‥‥‥169
繰延べ‥‥‥‥‥‥‥‥‥‥‥128, 130
繰延資産‥‥‥‥‥‥‥‥‥‥‥‥157
繰延ヘッジ損益‥‥‥‥‥‥‥‥‥172

経営計画‥‥‥‥‥‥‥‥‥‥‥‥178
経営資本‥‥‥‥‥‥‥‥‥‥‥‥228
経営資本営業利益率‥‥‥‥‥‥‥228
経営資本集約度‥‥‥‥‥‥‥‥‥244
経営成績‥‥‥‥‥‥‥‥‥‥‥4, 20
経営損益計算‥‥‥‥‥‥‥‥‥‥206
経営分析‥‥‥‥‥‥‥‥‥‥‥‥225
経過勘定項目‥‥‥‥‥‥‥‥128, 130
計画‥‥‥‥‥‥‥‥‥‥‥‥‥‥250
計画会計‥‥‥‥‥‥‥‥‥‥‥‥250
経済活動‥‥‥‥‥‥‥‥‥‥‥‥3
経済事象‥‥‥‥‥‥‥‥‥‥‥‥4
計算書類‥‥‥‥‥‥‥‥‥‥‥‥211
経常利益‥‥‥‥‥‥‥‥‥‥‥‥206
継続企業の公準‥‥‥‥‥‥‥‥‥29
継続記録法‥‥‥‥‥‥‥‥‥‥‥131
継続性の原則‥‥‥‥‥‥‥‥‥‥34
継続的役務提供‥‥‥‥‥‥‥128, 130
経費‥‥‥‥‥‥‥‥‥‥‥‥‥‥185
決算‥‥‥‥‥‥‥‥‥‥‥‥‥‥83
決算残高勘定‥‥‥‥‥‥‥83, 88, 93
　　――の設定‥‥‥‥‥‥‥‥‥118
決算整理‥‥‥‥‥‥‥‥‥‥107, 117
決算整理仕訳‥‥‥‥‥‥‥‥‥‥109
決算短信‥‥‥‥‥‥‥‥‥‥‥‥221
決算振替仕訳‥‥‥‥‥‥‥‥‥‥85
決算本手続‥‥‥‥‥‥‥‥‥‥‥83
決算予備手続‥‥‥‥‥‥‥‥‥‥83
月次損益計算‥‥‥‥‥‥‥‥‥‥190
原価‥‥‥‥‥‥‥‥‥‥‥‥‥‥175

索　引　297

限界利益…………………………	262
原価—売上高—利益の関係……	240
原価管理………………………	177, 248
原価企画…………………………	271
原価基準…………………………	34
原価計算………………………	12, 177
——の目的……………………	177
原価計算期間……………………	186
原価計算基準…………………	31, 183
原価計算制度……………………	181
原価集合…………………………	131
減価償却………………………	110, 152
減価償却資産……………………	151
減価償却費……………………	111, 152
減価償却累計額…………………	152
減価償却累計額勘定……………	111
原価対象…………………………	176
原価の正常性……………………	176
原価配分………………………	110, 131
——の原則……………………	131
原価標準…………………………	267
原価要素…………………………	175
研究開発費………………………	158
現金……………………………	50-56
現金支出原価……………………	262
現金主義…………………………	106
現金主義会計…………………	36, 125
現金販売…………………………	126
現金・預金………………………	146
現在価値法………………………	275
現実的標準原価…………………	180
建設仮勘定………………………	151
減損処理…………………………	155
減損損失…………………………	155
減分原価…………………………	261
交換取引…………………………	63
工業簿記…………………………	187
工具器具備品……………………	151
合計残高試算表…………………	82
合計試算表………………………	79
——の作成……………………	117
貢献差益…………………………	262
工事完成基準……………………	128
工事収益…………………………	128

工事進行基準……………………	128
工場消耗品費……………………	184
構造計画…………………………	250
構築物……………………………	151
工程別総合原価計算……………	192
公認会計士………………………	14
公認会計士監査…………………	13
後発事象…………………………	207
子会社……………………………	218
子会社株式………………………	148
小書………………………………	71
国際会計…………………………	13
コスト・センター………………	255
コスト・ドライバー……………	270
古代ローマ起源説………………	43
固定資産…………………………	151
固定資産回転率…………………	231
固定性配列法……………………	209
固定長期適合率…………………	238
固定費…………………………	240, 260
固定比率…………………………	237
固定負債…………………………	165
個別計画…………………………	250
個別原価計算…………………	193, 199
個別支援…………………………	259
個別注記表………………………	212
個別的対応………………………	138
個別法……………………………	132
コミテッド・キャパシティ・コスト……	261
混合勘定…………………………	102
混合取引…………………………	63
コントローラー部門……………	249
混流生産…………………………	269

〔さ　行〕

債権者……………………………	247
債権者保護………………………	170
財産………………………………	62
財産交替取引……………………	63
財産法…………………………	47, 123
財産法等式………………………	47
財政状態………………………	4, 18, 145
再振替仕訳………………………	112
財務会計…………………………	6
財務会計情報……………………	247

298 索 引

財務諸表‥‥‥‥‥‥‥‥‥‥ 39, 91, 203, 247
　——の作成‥‥‥‥‥‥‥‥‥‥‥ 118
財務諸表規則‥‥‥‥‥‥‥‥‥‥‥ 213
財務諸表分析‥‥‥‥‥‥‥‥‥‥‥ 225
材料費‥‥‥‥‥‥‥‥‥‥‥‥‥‥ 184
差額原価‥‥‥‥‥‥‥‥‥‥‥‥‥ 261
差額収益‥‥‥‥‥‥‥‥‥‥‥‥‥ 261
差額的会計情報‥‥‥‥‥‥‥‥‥‥ 260
先入先出法‥‥‥‥‥‥‥‥‥‥‥‥ 132
雑給‥‥‥‥‥‥‥‥‥‥‥‥‥‥‥ 184
残存価額をゼロとする定額法‥‥‥‥ 156
残高式‥‥‥‥‥‥‥‥‥‥‥‥‥‥‥73
残高試算表‥‥‥‥‥‥‥‥‥‥‥‥‥80
三分法‥‥‥‥‥‥‥‥‥‥‥‥‥‥ 103

時価‥‥‥‥‥‥‥‥‥‥‥‥‥‥‥ 148
仕掛品‥‥‥‥‥‥‥‥‥‥‥‥‥‥ 176
時間基準‥‥‥‥‥‥‥‥‥‥‥ 128, 130
時間研究‥‥‥‥‥‥‥‥‥‥‥‥‥ 248
事業部制組織‥‥‥‥‥‥‥‥‥‥‥ 255
事業部長の業績評価‥‥‥‥‥‥‥‥ 257
事業報告‥‥‥‥‥‥‥‥‥‥‥‥‥ 212
事業利益‥‥‥‥‥‥‥‥‥‥‥‥‥ 228
資金の調達源泉‥‥‥‥‥‥‥‥‥‥ 163
自己株式‥‥‥‥‥‥‥‥‥‥‥‥‥ 169
事後管理‥‥‥‥‥‥‥‥‥‥‥‥‥ 253
自己資本‥‥‥‥‥‥‥‥‥‥‥‥‥ 163
自己資本当期純利益率‥‥‥‥‥‥‥ 228
自己資本比率‥‥‥‥‥‥‥‥‥‥‥ 237
資産除却債務‥‥‥‥‥‥‥‥‥‥‥ 152
試算表‥‥‥‥‥‥‥‥‥‥‥‥‥‥‥79
支出‥‥‥‥‥‥‥‥‥‥‥‥‥‥‥ 129
事前管理‥‥‥‥‥‥‥‥‥‥‥‥‥ 253
実現原則‥‥‥‥‥‥‥‥‥‥‥‥ 37, 125
実現主義‥‥‥‥‥‥‥‥‥‥‥‥‥ 125
実際原価‥‥‥‥‥‥‥‥‥‥‥ 179, 248
実質価額‥‥‥‥‥‥‥‥‥‥‥‥‥ 150
実数分析法‥‥‥‥‥‥‥‥‥‥‥‥ 227
実績主義‥‥‥‥‥‥‥‥‥‥‥‥‥ 221
支配力基準‥‥‥‥‥‥‥‥‥‥‥‥ 218
支払経費‥‥‥‥‥‥‥‥‥‥‥‥‥ 185
支払手形‥‥‥‥‥‥‥‥‥‥‥‥‥ 164
四半期決算短信‥‥‥‥‥‥‥‥‥‥ 221
四半期財務諸表‥‥‥‥‥‥‥‥‥‥ 221
資本‥‥‥‥‥‥‥‥‥‥‥‥‥ 163, 168

——の減少‥‥‥‥‥‥‥‥‥‥‥ 169
——の充実‥‥‥‥‥‥‥‥‥‥‥ 170
　維持すべき——‥‥‥‥‥‥‥‥ 140
資本回転率‥‥‥‥‥‥‥‥‥‥‥‥ 229
資本金‥‥‥‥‥‥‥‥‥‥ 50, 53-56, 168
資本コスト‥‥‥‥‥‥‥‥‥‥‥‥ 274
資本準備金‥‥‥‥‥‥‥‥‥‥‥‥ 168
資本剰余金‥‥‥‥‥‥‥‥‥‥‥‥ 168
資本等式‥‥‥‥‥‥‥‥‥‥‥‥‥‥62
資本と利益の区別の原則‥‥‥‥‥‥‥33
資本取引‥‥‥‥‥‥‥‥‥‥‥‥ 33, 63
資本取引・損益取引区分の原則‥‥‥‥64
資本分配率‥‥‥‥‥‥‥‥‥‥‥‥ 245
資本利益率‥‥‥‥‥‥‥‥‥‥ 227, 257
資本利益率法‥‥‥‥‥‥‥‥‥‥‥ 274
社会性分析‥‥‥‥‥‥‥‥‥‥ 226, 243
社会分配率‥‥‥‥‥‥‥‥‥‥‥‥ 245
社債‥‥‥‥‥‥‥‥‥‥‥‥‥‥‥ 166
社債発行費等‥‥‥‥‥‥‥‥‥‥‥ 158
写像‥‥‥‥‥‥‥‥‥‥‥‥‥‥‥‥ 4
車両運搬具‥‥‥‥‥‥‥‥‥‥‥‥ 151
収益‥‥‥‥‥‥‥‥‥‥‥‥‥‥ 46, 123
収益性分析‥‥‥‥‥‥‥‥‥‥ 226, 227
収益認識基準‥‥‥‥‥‥‥‥ 127, 141, 143
従業員賞与手当‥‥‥‥‥‥‥‥‥‥ 184
集権組織‥‥‥‥‥‥‥‥‥‥‥‥‥ 253
収入‥‥‥‥‥‥‥‥‥‥‥‥‥‥‥ 124
重要性の原則‥‥‥‥‥‥‥‥‥‥‥‥36
取得原価‥‥‥‥‥‥‥‥‥‥ 109, 129, 151
主要簿‥‥‥‥‥‥‥‥‥‥‥‥‥‥‥78
純額主義‥‥‥‥‥‥‥‥‥‥‥‥‥ 204
純資産の部‥‥‥‥‥‥‥‥‥‥‥‥ 172
純損益計算‥‥‥‥‥‥‥‥‥‥‥‥ 206
純損益の振替‥‥‥‥‥‥‥‥‥‥‥ 118
準変動費‥‥‥‥‥‥‥‥‥‥‥‥‥ 260
償却原価法‥‥‥‥‥‥‥‥‥‥‥‥ 149
償却資産‥‥‥‥‥‥‥‥‥‥‥‥‥ 155
条件付債務‥‥‥‥‥‥‥‥‥‥ 166, 167
商的工業簿記‥‥‥‥‥‥‥‥‥‥‥ 189
試用販売‥‥‥‥‥‥‥‥‥‥‥‥‥ 127
商品‥‥‥‥‥‥‥‥‥‥‥‥‥ 52, 53, 54
商品勘定‥‥‥‥‥‥‥‥‥‥‥‥‥‥98
情報提供機能‥‥‥‥‥‥‥‥‥‥‥‥ 9
消耗工具器具備品費‥‥‥‥‥‥‥‥ 184
消耗品‥‥‥‥‥‥‥‥‥‥‥‥‥‥‥51

索　引　299

剰余金……………………… 170
諸口…………………………・71
職能別組織………………… 255
仕訳…………………………・71
仕訳記入……………………・71
仕訳帳………………………・69
新株予約権………………… 172
真実性の原則………………・32
進捗管理…………………… 253
信用分析…………………… 225

趨勢分析…………………… 234
数値による管理…………… 249

正規の簿記の原則…………・32
生産性分析…………… 226, 243
生産高比例法……………… 153
精算表………………………・91
製造間接費………………… 185
製造間接費配賦率………… 198
製造間接費予定配賦率…… 200
製造原価明細書………… 190, 214
製造指図書………………… 193
製造直接費………………… 185
成長性分析………………… 226
製品原価…………………… 180
製品のライフサイクル…… 270
製品別原価計算…………… 187
税務会計……………………・13
税理士………………………・15
設備投資計画……………… 274
全社的品質管理…………… 271
船舶………………………… 151
全部原価…………………… 181
戦略的計画………………… 250

総額主義…………………… 204
総勘定元帳…………………・73
総記法……………………… 100
総合計画…………………… 250
総合原価計算……………… 192
総合支援…………………… 259
総資本経常利益率………… 227
総資本事業利益率………… 229
増分原価…………………… 261

創立費……………………… 158
測定…………………………・4
測定経費…………………… 185
素材費……………………… 184
その他資本剰余金………… 168
その他有価証券…………… 148
その他有価証券評価差額金… 172
その他利益剰余金………… 169
損益勘定……………… 66, 83, 85, 87
　──の設定………………… 118
損益計算……………………・44
損益計算書…………… 20, 46, 203
損益整理…………………… 111
損益取引……………… 33, 63
損益分岐点分析…………… 240
──の活用………………… 264
損益法………………・47, 123
損益法等式…………………・47
損失………………………… 130

〔た　行〕

対応原則……………………・37
貸借対照表………… 18, 45, 145, 203
貸借対照表等式……… 19, 50
貸借平均の原理……… 56, 79
退職給与引当金繰入額…… 184
耐用年数…………………… 110
大陸式決算手続……………・95
タスク・フォース………… 256
達成可能良好水準………… 268
建物………………………… 151
棚卸………………………… 102
棚卸計算法………………… 131
棚卸資産回転率…………… 231
棚卸減耗費………………… 136
棚卸評価損………………… 136
棚卸表……………………… 107
　──の作成………………… 117
棚卸法………………………・82
他人資本…………………… 163
多品種少量生産…………… 268
単一性の原則………………・35
短期借入金………………… 165
短期計画…………………… 250
短期利益計画……………… 178

単純仕訳………………………………71	特定商品勘定…………………45, 103
単純総合原価計算………………… 192	特別損失………………………………26
	特別利益………………………………26
中間財務諸表……………………… 221	土地…………………………… 151
注記………………………………… 207	トランスファー・マシーン……… 269
中世イタリア起源説………………43	取立不能見込額…………………… 147
長期請負工事……………………… 128	取引…………………………………48
長期借入金………………………… 165	――の二面性…………………………49
長期計画…………………………… 250	――の認識………………… 115
長期利益計画……………………… 263	――の分析…………………50, 115
帳簿決算手続…………………………83	――の類型……………………………62
帳簿の締切………………………… 118	
直接経費…………………………… 185	〔な 行〕
直接原価…………………………… 181	
直接材料費………………………… 185	内部監査………………………………13
直接費……………………………… 260	内部経営分析……………………… 225
直説法……………………………… 216	内部振替価格……………………… 257
直接労務費………………………… 185	内部利子率法……………………… 276
賃金………………………………… 184	流れ作業…………………………… 248
月割経費…………………………… 185	日記帳…………………………………71
	二面的記帳の要件……………………40
低価基準………………………34, 136	任意積立金………………………… 169
定額法……………………… 111, 153	
定型的計画………………………… 250	のれん…………………………156, 159
逓減費……………………………… 260	
ディスクロージャー…………………6	〔は 行〕
ディスクロージャー制度……………6	
逓増費……………………………… 260	配当可能利益概念………………… 170
定率法……………………………… 153	売買目的有価証券………………… 148
デュポンチャートシステム……… 230	破産更正債権等…………………… 147
転記……………………………74, 117	8桁精算表………………………… 113
電子記録債権……………………… 147	パチョーリ（Pacioli,L.）……………43
伝達……………………………………4	発生経費…………………………… 185
	発生原則………………………37, 130
当期純利益………………………… 206	発生主義………………………106, 130
動作研究…………………………… 248	発生主義会計…………………36, 125
当座資産…………………………… 146	払込資本………………………163, 168
当座比率…………………………… 236	バランス・スコアカード………… 250
投資その他の資産………………… 156	半期報告書………………………… 220
投資分析…………………………… 225	販売基準…………………………… 126
統制………………………………… 250	販売費及び一般管理費………………26
統制会計…………………………… 250	
特殊原価概念……………………… 183	引当金……………………………… 166
特殊原価調査……………………… 182	非原価項目………………………… 177
	非減価償却資産…………………… 151
	費消………………………………… 129

索　引　301

非償却資産……………………………… 156
非定型的計画…………………………… 250
1人あたり売上高……………………… 244
備品……………………………………… 51
費目別原価計算………………………… 186
費用………………………………… 46, 129
評価替…………………………………… 154
評価勘定………………………………… 109
評価差額………………………………… 148
評価性引当金…………………………… 168
費用支出………………………………… 129
費用収益対応の原則…………………… 138
標準原価…………………………… 179, 248
標準式…………………………………… 73
費用配分の原則………………………… 131
比率分析法……………………………… 227
比例費…………………………………… 260
非連結子会社…………………………… 219

付加価値………………………………… 243
付加価値生産性………………………… 244
付加価値率……………………………… 244
複合仕訳………………………………… 71
複式記入………………………………… 41
複式簿記……………………… 40, 41, 56, 68
　　──と二面的記帳………………… 68
福利費…………………………………… 185
負債……………………………………… 163
負債比率………………………………… 237
附属明細書……………………………… 213
物価変動会計…………………………… 31
部分原価………………………………… 181
部門共通費……………………………… 260
部門個別費……………………………… 260
部門別原価計算………………………… 186
振替……………………………………… 85
振替記入………………………………… 85
振替仕訳………………………………… 85
プロジェクト・チーム………………… 256
プロジェクト組織……………………… 256
プロフィット・センター……………… 256
分記法…………………………………… 99
分権組織………………………………… 254
粉飾決算………………………………… 32
分析的記録……………………………… 78

──の完成……………………………… 117
分配可能額……………………………… 171
分配性分析……………………………… 243

変動費……………………………… 240, 260

報告式…………………………………… 206
法定準備金……………………………… 170
簿記……………………………………… 39
　　──と会計………………………… 42
　　──と期間損益計算……………… 44
　　──の意義………………………… 39
　　──の目的………………………… 44
　　──の歴史………………………… 43
簿記手続の一巡………………………… 115
保守主義の原則………………………… 35
本社費…………………………………… 257

〔ま　行〕

埋没原価………………………………… 262
前受金…………………………………… 164
前受収益………………………………… 165
前払費用…………………………… 111, 151
前渡金…………………………………… 151
マトリクス組織………………………… 256
マネジド・キャパシティ・コスト…… 261
マネジメント・コントロール………… 250
満期保有目的の債権…………………… 148

見越し……………………………… 128, 130
未実現収益の認識……………………… 126
未収入金………………………………… 151
未払金……………………………… 51, 165
未払費用…………………………… 112, 165
未払法人税等…………………………… 165
未来原価………………………………… 179

無形固定資産…………………………… 155

明瞭性の原則…………………………… 33

目標探索機能…………………………… 279
持株基準………………………………… 218
持分法…………………………………… 219
元帳………………………………… 58, 73

元帳記録の検証‥‥‥‥‥‥‥‥‥‥‥ 117

〔や　行〕

有価証券‥‥‥‥‥‥‥‥‥‥‥‥‥‥ 147
　市場価格のない──‥‥‥‥‥‥‥‥ 150
　──の取得原価‥‥‥‥‥‥‥‥‥‥ 148
　──の評価‥‥‥‥‥‥‥‥‥‥‥‥ 148
　──の評価減‥‥‥‥‥‥‥‥‥‥‥ 150
有機的組織‥‥‥‥‥‥‥‥‥‥‥‥‥ 254
有形固定資産‥‥‥‥‥‥‥‥‥‥‥‥ 151
誘導法‥‥‥‥‥‥‥‥‥‥‥‥‥ 81, 85

予算‥‥‥‥‥‥‥‥‥‥‥‥‥‥‥‥ 264
予算管理‥‥‥‥‥‥‥‥‥‥‥ 178, 248
予算編成‥‥‥‥‥‥‥‥‥‥‥‥‥‥ 265
予測主義‥‥‥‥‥‥‥‥‥‥‥‥‥‥ 222
予定原価‥‥‥‥‥‥‥‥‥‥‥‥‥‥ 179
予約販売‥‥‥‥‥‥‥‥‥‥‥‥‥‥ 128

〔ら　行〕

利益‥‥‥‥‥‥‥‥‥‥‥‥‥‥‥‥‥46
利益準備金‥‥‥‥‥‥‥‥‥‥‥‥‥ 169
利害関係者‥‥‥‥‥‥‥‥‥‥‥‥‥ 247
利害調整機能‥‥‥‥‥‥‥‥‥‥‥‥‥ 9
履行義務‥‥‥‥‥‥‥‥‥‥‥‥‥‥ 142
流動資産回転率‥‥‥‥‥‥‥‥‥‥‥ 231
流動性配列法‥‥‥‥‥‥‥‥‥‥‥‥ 209
流動性分析‥‥‥‥‥‥‥‥‥‥‥ 226, 235

流動比率‥‥‥‥‥‥‥‥‥‥‥‥ 226, 235
流動負債‥‥‥‥‥‥‥‥‥‥‥‥‥‥ 164
留保利益‥‥‥‥‥‥‥‥‥‥ 163, 168, 169
臨時損失‥‥‥‥‥‥‥‥‥‥‥‥‥‥ 154

歴史的記録‥‥‥‥‥‥‥‥‥‥‥‥‥‥70
　──の完成‥‥‥‥‥‥‥‥‥‥‥‥ 115
レベニュー・センター‥‥‥‥‥‥‥‥ 255
連結キャッシュ・フロー計算書等の作成基準
　‥‥‥‥‥‥‥‥‥‥‥‥‥‥‥‥‥ 217
連結子会社‥‥‥‥‥‥‥‥‥‥‥‥‥ 219
連結財務諸表‥‥‥‥‥‥‥‥‥‥‥‥ 217
連結財務諸表規則‥‥‥‥‥‥‥‥‥‥ 217
連結財務諸表に関する会計基準‥‥‥‥ 217
連結損益計算書‥‥‥‥‥‥‥‥‥‥‥ 220
連結貸借対照表‥‥‥‥‥‥‥‥ 219, 283
連結の範囲‥‥‥‥‥‥‥‥‥‥‥‥‥ 217

労働分配率‥‥‥‥‥‥‥‥‥‥‥‥‥ 245
労務費‥‥‥‥‥‥‥‥‥‥‥‥‥‥‥ 184
6桁精算表‥‥‥‥‥‥‥‥‥‥‥‥‥‥92
ロット別個別原価計算‥‥‥‥‥‥‥‥ 193

〔欧文〕

CVP 分析 ‥‥‥‥‥‥‥‥‥‥‥‥‥ 178
FMS ‥‥‥‥‥‥‥‥‥‥‥‥‥‥‥‥ 269
JIT 生産方式‥‥‥‥‥‥‥‥‥‥‥‥ 270
what-if 分析 ‥‥‥‥‥‥‥‥‥‥‥‥ 279

1985年10月 1 日	初　　版　　発　　行	
1993年11月25日	第　二　版　発　行	
1999年10月25日	第二版補訂版発行	
2002年 4 月 5 日	第　三　版　発　行	
2006年 4 月 5 日	第　四　版　発　行	
2010年 3 月25日	第四版補訂版発行	
2013年 2 月15日	第　五　版　発　行	
2016年 3 月10日	第五版補訂版発行	
2019年 3 月25日	第　六　版　発　行	
2024年 3 月 5 日	第 六 版 5 刷 発 行	
2025年 3 月10日	第　七　版　発　行	略称—会計基礎（七）

会計学基礎論〔第七版〕

編　者　　神戸大学会計学研究室

発行者　　中　島　豊　彦

発行所　**同 文 舘 出 版 株 式 会 社**
東京都千代田区神田神保町 1-41　　〒101-0051
電話 営業 03（3294）1801　編集 03（3294）1803
振替 00100-8-42935 https://www.dobunkan.co.jp

ⓒ　神戸大学会計学研究室　　　　　　　　印刷：萩原印刷
Printed in Japan 2025　　　　　　　　　製本：萩原印刷
　　　　　　　　　　　　　　　　　　　　装丁：オセロ

ISBN 978-4-495-13570-6

JCOPY〈出版者著作権管理機構 委託出版物〉
本書の無断複製は著作権法上での例外を除き禁じられています。複製される
場合は，そのつど事前に，出版者著作権管理機構（電話 03-5244-5088,
FAX 03-5244-5089, e-mail: info@jcopy.or.jp）の許諾を得てください。